1000
COCKTAILS

© Naumann & Göbel Verlagsgesellschaft mbH in der
VEMAG Verlags- und Medien Aktiengesellschaft, Köln
Von Antje Breuer, überarbeitet und ergänzt durch Ulrich Höschen
Gesamtherstellung: Naumann & Göbel Verlagsgesellschaft, Köln
www.naumann-goebel.de

1000 COCKTAILS
aus aller Welt
Zutaten • Zubereitung • Dekoration

INHALT

EINLEITUNG
Seite 9

•

ALLES FÜR DIE BAR
Seite 10

•

STECKBRIEF DER ALKOHOLISCHEN ZUTATEN
Seite 12

•

SPIRITUOSEN – ABC
Seite 15

•

NICHTALKOHOLISCHE MIX-ZUTATEN
Seite 16

•

FÜR JEDEN DRINK DAS RICHTIGE GLAS
Seite 20

•

VERZIERUNGEN: DAS AUGE TRINKT MIT
Seite 22

•

JEDER DRINK EIN GENUSS
Seite 26

DRINKS MIT ALKOHOL
Seite 28

•

MIXEN MIT BRANDY/COGNAC/WEINBRAND
Seite 30

•

MIXEN MIT GIN
Seite 46

•

MIXEN MIT RUM
Seite 62

•

MIXEN MIT WHISKY
Seite 80

MIXEN MIT WODKA
Seite 96

•

MIXEN MIT LIKÖR, TEQUILA & CO.
Seite 106

•

MIXEN MIT SEKT/CHAMPAGNER
Seite 158

•

BOWLEN UND KALTER PUNSCH
Seite 174

•

KAFFEE, TEE UND MILCH MIT SCHUSS
Seite 194

•

HEISSE GETRÄNKE FÜR KALTE TAGE
Seite 212

DRINKS OHNE ALKOHOL
Seite 240

•

ERFRISCHENDE LONGDRINKS
Seite 242

•

BOWLEN UND KALTER PUNSCH
Seite 278

•

KÜHLE DRINKS MIT KAFFEE, TEE UND MILCH
Seite 288

•

FITNESS-DRINKS
Seite 314

•

HEISS SERVIERT
Seite 324

REZEPTREGISTER
Seite 332

EINLEITUNG

Nichts gegen ein Glas Champagner, ein gutes Glas Wein oder ein frisch gezapftes Bier – jeder wird es genießen, doch besonders einfallsreich ist es nicht. Und hier liegt der Reiz des Mixens: Mit jedem Cocktail und Longdrink können Sie Ihre Individualität und Ihre persönliche Kreativität unter Beweis stellen. Ob Sie ganz für sich allein oder in trauter Zweisamkeit die „Seele baumeln lassen", ein arbeitsreicher Tag ausklingt, ein besonders schöner Abend bevorsteht, Sie einige Freunde einladen oder in großer Runde feiern – mit Mix-Drinks schaffen Sie das Flair, das Entspannung schafft und die Stimmung hebt.

Cocktails und Longdrinks vermitteln das Gefühl von Lebensfreude und Freizeit, laden mit ihren fantasievollen Namen ein zu einer Reise rund um die Welt. Ein ganz persönlich für den Partner, Freund oder Gast gemixter Drink gleicht einem Geschenk, das man nicht so schnell vergisst. Lassen Sie sich inspirieren von den Rezepten – gemixt mit und ohne Promille, lieblich oder pikant, heiß oder kalt. Probieren und variieren Sie – je nach persönlichem Geschmack, nach Anlass, Stimmung, Tages- und Jahreszeit: ein appetitanregender Apéritif vor dem Essen, ein Digéstif als Krönung des Menüs, ein bekömmlicher Flip, ein zischender Fizz, ein erfrischender Collins, ein dekorativer Fantasiedrink oder ein heißer Grog an einem kalten Winterabend …

Mit Mix-Getränken können Sie immer wieder für neue Überraschungseffekte sorgen. Um diesem Hobby zu frönen, brauchen Sie keinen Partykeller, keine exklusiv ausgestattete Hausbar und kein unüberschaubares Arsenal von Flaschen: Ein Servierwagen reicht völlig aus. Denn nicht auf die Ausstattung kommt es an, sondern auf die Zeit und die Gedanken, die Sie investieren. Sie selbst setzen die Akzente. Und wenn es Ihnen gelingt, dass der Funke überspringt, wird jeder Cocktail und Longdrink für Sie und Ihre Gäste ein Anlass sein, Goethes Faust zu zitieren: „Hier bin ich Mensch, hier darf ich sein."

ALLES FÜR DIE BAR

Mit dem richtigen Handwerkzeug macht das Mixen noch mehr Spaß. Auf dem Foto sehen Sie alles, was es für die Bar gibt. Das eine oder andere Zubehör werden Sie sicherlich ohnehin besitzen, und auf einiges können Sie – zumindest am Anfang – auch verzichten.

1. Wein- und Sektflaschenkühler

Er erspart Ihnen den ständigen Griff in den Kühlschrank. Mit Eis gefüllt, hält der Kübel den Inhalt der angebrochenen Flaschen schön kalt.

2. Eisbehälter

Die meisten Drinks werden eiskalt serviert. Der Eisbehälter garantiert Ihnen, dass Ihr Eiswürfelvorrat nicht dahinschmilzt.

3. Eiszange

Mit der Eiszange haben Sie jeden Würfel fest im Griff.

4. Boston-Shaker

Er besteht aus einem größeren Metallbecher und einem etwas kleineren Rührglas.

5. Barlöffel

Spezielle Barlöffel erleichtern Ihnen durch die schmale, lange Form das Umrühren. Profis verwenden ihn häufig auch verkehrt herum.

6. Shaker

Ein Shaker gehört unbedingt zur Grundausstattung. Er sorgt dafür, dass alle Zutaten eines Drinks optimal durchgeschüttelt werden.

7. Messbecher

Wer sichergehen will, verlässt sich nicht auf sein Augenmaß. Die meisten Messbecher fassen auf der einen Seite 2 cl und auf der anderen Seite 4 cl.

8. Flaschenverschluss

Für Sekt- und Weinflaschen gibt es spezielle Verschlüsse in verschiedenen Variationen. Sie garantieren, dass die edlen Tropfen bis zur Neige nichts von ihrer Qualität einbüßen.

9. Flaschenöffner

Ein gut funktionierender Flaschenöffner muss immer zur Hand sein.

10. Barmesser

Kein Muss, aber sehr hilfreich ist ein Barmesser. Mit ihm lassen sich Früchte leichter schneiden, schälen und aufspießen als mit einem normalen Küchenmesser.

11. Barzange

Die Barzange ist ein sehr praktisches und vielseitiges Utensil, aber für den Hobby-Mixer durchaus entbehrlich.

12. Sektkorkenzange

Wer nur ab und zu eine Sektflasche öffnet, kommt auch ohne diese spezielle Zange aus.

13. Barsieb

Auf ein Barsieb, auch Strainer genannt, sollte man nicht verzichten. Durch die Spirale passt es sich jeder Shaker- oder Glasöffnung an und hält beim Eingießen das Eis zurück.

14. Flaschenöffner und -verschluss

Mit der einen Seite öffnet man die Flasche, und mit der anderen kann man sie direkt wieder verschließen.

15. Weinthermometer

Ein Weinthermometer zeigt genau an, welche Temperatur der Flascheninhalt – nicht nur Wein – haben sollte und tatsächlich hat.

16. Ausgießer

Flaschen mit Ausgießer erleichtern die Dosierung der kostbaren Spirituosen, da es bei Mix-Drinks meist um nur ganz geringe Mengen geht.

17. Korkenzieher

Mit so genannten Glocken- oder Hebelkorkenziehern lässt sich jeder Korken ohne Kraftakt sauber entfernen.

18. Kellnerkorkenzieher

Ein Gerät mit drei Funktionen: Korkenzieher, Flaschenöffner und kleines Messer.

19. Trinklöffel

Praktisch für Mixgetränke mit Eis oder Früchten: ein Löffel mit integriertem Strohhalm.

20. Cocktailpicker

Kleine Cocktailspieße gibt es aus vielen Materialien und in vielen Farben.

STECKBRIEF DER ALK

die Art und Dauer der Reife. So muss ein Weinbrand mindestens sechs Monate (mit Qualitäts- oder Altersprädikat mindestens zwölf Monate) und ein Cognac mindestens zwei Jahre in kleinen Eichenholzfässern lagern. Das ursprünglich farblose Destillat verbindet sich mit den holzeigenen Stoffen und nimmt mit der Zeit eine goldgelbe bis goldbraune Farbe an. So haben das für die Fässer verwendete Holz und die Dauer der Lagerung entscheidenden Einfluss auf Farbe, Aroma und Geschmack von Weinbrand und Cognac. Der Mindestalkoholgehalt von Weinbrand liegt bei 38 % Vol.

Goldgelb bis goldbraun – je nach Alter und Lagerung – sind Brandy, Cognac und Weinbrand

Unüberschaubar und verwirrend ist das Angebot an Spirituosen. Das sollte jedoch Ihre Freude am Mixen von Cocktails und Longdrinks nicht trüben. Entscheidend ist nicht die Quantität der Flaschen in Ihrer Hausbar, sondern die Qualität und Ihre eigene Kreativität. Hier zunächst die alkoholischen Grundzutaten, die Sie dann peu à peu ganz nach persönlichem Geschmack durch weitere Spirituosen ergänzen können.

BRANDY COGNAC WEINBRAND

Drei Worte, ein Begriff? Die Franzosen und Cognac-Experten würden energisch protestieren. Brandy ist die englische Bezeichnung für Weinbrand, während als Cognac grundsätzlich nur der Weinbrand bezeichnet werden darf, der aus den Weinen des Anbaugebiets Cognac im südfranzösischen Département Charente gewonnen wird. Diese Bestimmung geht auf den Versailler Vertrag zurück, der 1919 unterzeichnet wurde. Weinbrand hingegen ist die geschützte Bezeichnung für Qualitätsbranntwein aus Wein, der in Deutschland hergestellt ist. In Frankreich wird Wein schon seit dem 16. Jahrhundert gebrannt, während in Deutschland die ersten Weinbrennereien vor etwa hundert Jahren entstanden. Die Herstellung von Weinbrand und Cognac unterliegt strengen Vorschriften. Entscheidend für Qualität, Geschmack und Preis eines Weinbrands bzw. Cognacs sind nicht nur die verwendeten Rebsorten und das Destillationsverfahren, sondern vor allem

GIN

Gin darf in keiner Hausbar fehlen, ist er doch die Basis für unzählige Cocktails und Longdrinks. Auch wer sich bisher kaum mit dem Thema Mix-Drinks befasst hat, kennt den Gin Tonic und den Gin Fizz. Vor über zweihundert Jahren entwickelten die Engländer die Rezeptur für Gin. Der holländische Genever hatte sie auf den Geschmack gebracht. Gin und Genever – beide Namen sind abgeleitet von „genièvre", dem französischen Wort für Wacholder. Gemeinsam ist beiden der Wacholdergeschmack, der jedoch beim Gin durch eine zweite

OHOLISCHEN ZUTATEN

Gin – das „Herz des Cocktails" – verträgt sich mit vielen Zutaten.

Destillation und die Kombination mit verschiedenen Gewürzen (Koriander, Kardamom, Orange, Angelikawurzel etc.) nicht so ausgeprägt ist. So eignet sich Gin im Gegensatz zum Genever hervorragend zum Mixen und gilt international als „Herz des Cocktails", da er sich mit vielen anderen Zutaten verträgt.

RUM

Die Heimat des Rums sind die Inseln im Karibischen Meer: Kuba, Jamaica, Haiti, Puerto Rico, Guadeloupe, Martinique, Barbados und Trinidad. Im tropischen Klima dieser Inseln wächst das Zuckerrohr, bei dessen Verarbeitung neben Zucker Melasse, eine dickflüssige Substanz, zurückbleibt. Sie ist der Grundstoff jeden Rums. Die Geschmacksunterschiede der verschiedenen Rum-Typen ergeben sich durch die weitere Behandlung, wie zum Beispiel die Zugabe von spezieller Hefe, die Destillation und die Dauer der Lagerung (sechs Monate bis zu mehreren Jahren). Sie erfolgt wie beim Weinbrand und Cognac in Fässern aus Eichenholz. Die Farbskala des Rums reicht von Weiß über Gold bis zu tiefdunklem Braun. Je dunkler der Rum, desto intensiver ist das Aroma. Weißer Rum (37,5 % Vol) eignet sich daher besonders zum Mixen von leichten Cocktails und Longdrinks, während hochprozentiger, dunkler Rum (bis 75 % Vol) ideal ist für heiße Mixgetränke wie Grog und Punsch.

WHISKEY & WHISKY

Das „e" im Whisky ist ein Hinweis, dass er aus Irland oder den USA stammt. Unterschiedlich wie die Schreibweise ist auch der Geschmack der verschiedenen Whisk(e)y-Sorten. Keine gleicht der anderen, auch wenn die Grundlage immer ein Getreidebranntwein ist. Selbst Scotch ist nicht gleich Scotch, obwohl er ausschließlich in Schottland hergestellt wird. Der Grain (Getreide)-Whisky ist milder als der Malt (Malz)-Whisky. Der rauchige Geschmack entsteht durch das Trocknen des Malzes über schwelendem Torffeuer. Am häufigsten wird der Blended Scotch angeboten – eine Mischung aus Malt- und Getreide-Whisky. Irish Whiskey wird nicht über offenem Feuer gedarrt (getrocknet), ist mild und hat einen intensiveren Malzgeschmack. Bourbon Whiskey, meist nur Bourbon genannt, wird in den Vereinigten Staaten aus einer Getreidemischung hergestellt, die zu mindestens 51 Prozent aus Mais besteht. In Amerika und Kanada wird der überwiegend aus Roggen bestehende schwere Rye Whisk(e)y gebrannt, während der leichte Canadian Whisky zu 51 Prozent aus Roggen besteht. Deutscher Whisky hat den leicht rauchigen Geschmack des Blended Scotch Whisky. Der Alkoholgehalt von Whisky liegt in der Regel bei 40 % Vol. Das Wort Whisky ist

STECKBRIEF DER ALKOHOLISCHEN ZUTATEN

übrigens abgeleitet von dem gälischen „uisge beatha", zu deutsch Lebenswasser. Ob wir dieses Lebenswasser nun den Schotten oder Iren zu verdanken haben, ist bis heute nicht eindeutig geklärt.

WODKA

Keine Zweifel über die Urheberschaft gibt es beim Wodka – dem russischen Nationalgetränk. Mit den russischen Emigranten kam er in den Westen. Für die Herstellung von Wodka, was übersetzt ganz einfach Wässerchen heißt, wird das Destillat aus Getreide oder Kartoffeln durch aktive Holzkohle gefiltert. Während die Russen ihren Wodka pur genießen, ist er – neutral in Farbe und Geschmack – im Westen vor allem als ideale Basis für Cocktails und Longdrinks beliebt. Wodka-Mixgetränke wie „Bloody Mary" und „Screwdriver", in Amerika kreiert, trinkt man heute weltweit. Der Alkoholgehalt von Wodka liegt bei 40 bis 45 % Vol.

LIKÖR

Likör bzw. Liqueur gibt es in unzähligen Geschmacks- und Farbvarianten. Hergestellt wird er aus Branntwein, Zuckerlösung, Fruchtsäften und Aromastoffen, die hauptsächlich aus Kräutern, Gewürzen und Früchten gewonnen werden. Kein Likör besteht aus nur einem Aroma. Es handelt sich immer um eine Komposition. Man unterscheidet zwischen Zitruslikören, Fruchtsaftlikören, Fruchtaromalikören, Kakao-, Kaffee- und Teelikören, Emulsionslikören (Eier-, Schokoladen-, Sahne- und Milchlikör), Kräuterlikören und Honiglikören. Hinzu kommen die Individualisten unter den Likören wie beispielsweise Drambuie und Grand Marnier, die sich keiner dieser Gruppen zuordnen lassen. Als Brandy werden Fruchtsaft- oder Fruchtaromaliköre bezeichnet, wenn sie einen bestimmten Anteil an Obstbranntwein enthalten. Bei „Crème de ..." bzw. „Cream" handelt es sich um besonders süße, dickflüssige Liköre. Der Alkoholgehalt eines Likörs liegt zwischen 15 und 30 % Vol.

SEKT CHAMPAGNER

Bis zum Ende des Ersten Weltkriegs wurde jeder Schaumwein als Champagner bezeichnet. Erst seit der Unterzeichnung des Versailler Vertrages 1919 ist dieser Begriff allein dem Schaumwein aus der Champagne vorbehalten. Und er wird nach wie vor nach der sehr aufwändigen „Méthode Champenoise" hergestellt. Dennoch sollten Sie ihn nicht wie einen Schatz hüten. Da Champagner – und das gleiche gilt für Sekt – beim Verlassen der Kellerei die optimale Reife erreicht hat, kann er durch lange Lagerung nicht gewinnen, sondern nur verlieren. Champagner und Sekt gibt es in den Geschmacksrichtungen brut (herb), extra brut bzw. dry (extra herb bzw. trocken), sec (trocken) und demi-sec (halbtrocken). Für Mixgetränke und für Bowlen sind trockene Sorten am besten geeignet. Im Übrigen sollten Champagner und Sekt zwar kühl, aber nie eiskalt serviert werden. Bei zu niedrigen Temperaturen erfriert die Blume. Gläser immer mit klarem Wasser aus- bzw. nachspülen. Spülmittelreste können nicht nur den Geschmack verändern, sondern verhindern auch das Perlen.

Viele klassische Mixgetränke werden auf der Basis von Wodka, dem russischen Nationalgetränk, hergestellt.

SPIRITUOSEN – ABC

Amaretto: Italienischer Likör auf Mandel- und Aprikosenbasis, ergänzt durch verschiedene Kräuter (28 % Vol).

Angostura: Aromatischer Kräuterbitter, ursprünglich aus Ciudad Bolivar, dem früheren Angostura, heute aus Trinidad (44 % Vol).

Anisette: Französischer Kräuterlikör.

Aperol: Italienischer Bitter-Apéritif mit Ingredienzen wie Rhabarber, Chinarinde, Enzian, Bitterorangen und anderen Kräutern (11,5 % Vol).

Apricot Brandy: Fruchtaromalikör, hergestellt aus Aprikosen, Aprikosengeist und Weinbrand.

Aquavit: Trinkbranntwein mit Kümmelaroma.

Bénédictine: Goldfarbener französischer Likör auf Branntweinbasis, der nach dem Rezept eines Benediktiner-Mönchs aus 27 Pflanzen und Kräutern hergestellt wird (43 % Vol).

Blackberry Brandy: Fruchtsaftlikör aus Brombeersaft und -geist.

Calvados: In Frankreich hergestellter Apfel-Branntwein (40 % Vol).

Campari: Italienischer Bitter, der als Apéritif „on the rocks", mit Soda oder Sekt getrunken, aber auch häufig für Mix-Drinks verwendet wird (25 % Vol).

Cassis: Auch Crème de Cassis. Französischer Likör aus dem Saft schwarzer Johannisbeeren.

Chartreuse: Ein Likör, der aus 135 Kräutern hergestellt wird. Chartreuse vert (grün) enthält 55 % Vol. Alkohol, Chartreuse jaune (gelb) 43 % Vol.

Cherry Heering: Dänischer Kirschlikör mit Bittermandelgeschmack (25 % Vol).

Cointreau: Französischer Curaçao-Likör, hergestellt aus Schalen von grünen und bitteren Orangen (40 % Vol).

Crème de Bananes: Weißer oder gelbbrauner Likör mit Bananengeschmack.

Crème de Cacao: Weißer oder brauner Likör mit Kakaogeschmack.

Crème de Framboise: Himbeerlikör.

Crème de Menthe: Weißer oder grüner Pfefferminzlikör.

Curaçao: Süßer Likör, der aus der Schale der grünen Curaçao-Orange hergestellt wird. In Weiß, Blau, Orange und Grün. Curaçao Triple Sec ist farblos und etwas herber.

Drambuie: Scotch-Whisky-Likör mit Kräutern und schottischem Heidehonig (40 % Vol).

Dubonnet: Französischer Likörwein auf Pflanzen- und Kräuterbasis.

Edelobstbranntwein: Er wird ausschließlich aus einer Frucht- bzw. Beerensorte (Kirschen, Mirabellen, Birnen, Zwetschen, Himbeeren, Brombeeren usw.) ohne jeden Zusatz hergestellt.

Escorial grün: Deutscher Kräuterlikör.

Galliano: Italienischer Kräuterlikör.

Gammel Dansk Bitter Dram: Dänischer Kräuterlikör.

Grand Marnier: Französischer Likör aus Cognac und dem Aroma von Bitterorangen (40 % Vol).

Kahlúa: Mexikanischer Kaffeelikör.

Kroatzbeere: Likör, der aus wild wachsenden Brombeeren hergestellt wird.

Licor 43: Spanischer Likör mit Vanillenote.

Maraschino: Farbloser italienischer Likör, der aus halbreifen Maraschinokirschen und Gewürzen hergestellt wird.

Marsala: Italienischer Süßwein.

Peach Brandy: Pfirsichlikör mit Weinbrand.

Pernod: Französischer Branntwein, der aus Anis-Essenz und verschiedenen Kräutern hergestellt wird.

Sambuca: Italienischer Anislikör.

Southern Comfort: Bourbon Whiskey-Likör (40 % Vol).

Tequila: Farbloser bis goldbrauner Agavenschnaps. Nationalgetränk der Mexikaner.

Tia Maria: Auf der Basis von Jamaica Rum hergestellter Likör mit Kaffeearoma.

Vermouth (Wermut): Eine Mischung aus Wein, Alkohol und zahlreichen Kräutern und Aromen. Vermouth gibt es in vier Geschmacksrichtungen: Bianco, Dry, Rosso und Rosé.

NICHTALKOHOLI-

EIER

Mit Eiern gemixte Cocktails – man nennt sie Flips – erfreuen sich besonderer Beliebtheit. Wichtig ist aber gerade bei der Verwendung von rohen Eiern, dass sie absolut frisch sind. Die beste Garantie sind deutsche Eier aus der engeren Umgebung. Bei einem aufgeschlagenen Frischei ist das Dotter hochgewölbt und zeigt einen festen, dicken Eiweißring. Mit zunehmendem Alter flacht der Dotter ab, und das Eiweiß läuft dünnflüssig auseinander.

Und hier noch ein weiteres Frische-Merkmal: Beim frischen Ei ist die Luftkammer, die sich an der stumpfen Seite befindet, nur einige Millimeter groß. Je älter ein Ei ist, desto größer ist die Luftkammer. Besonders deutlich wird das beim Kochen: Das frische Ei mit kleiner Luftkammer sinkt auf den Boden, während das Ei mit großer Luft-Kammer nach oben steigt. Frische Eier enthalten hochwertiges Eiweiß, leicht verdauliches Fett, eine Menge Mineralien, Spurenelemente und lebenswichtige Vitamine.

Frische Eier an der Bar? Man braucht sie für die Prärie-Oyster wie auch für die beliebten Flips.

KAFFEE

Kaffee beflügelt Geist und Fantasie. Der schwarze Muntermacher schmeckt jedoch nicht nur solo. Als Mixdrink serviert – heiß oder kalt, mit oder ohne Schuss –, wird er zum Hochgenuss. Allerdings hängen Qualität und Geschmack von vielen Faktoren ab. Da wäre zunächst einmal die Kaffeesorte. Sie haben die Wahl zwischen milden und kräftigen Mischungen bis hin zum Mokka und Espresso. Für den Kannenaufguss sollte er mittelgrob gemahlen sein, für Filterkaffee mittelfein und für Espresso und türkischen Mokka sehr fein. Für die meisten Kaffee-Mix-Getränke ist löslicher Kaffee (auch Instant oder Extrakt genannt) ebenfalls bestens geeignet. Er wird ausschließlich aus Röstkaffee unter Verwendung von Wasser hergestellt. Ob löslicher oder Röstkaffee – der Geschmack hängt wesentlich von der Qualität des Wassers ab. Zu weiches Wasser betont die Säure des Kaffees (etwas Kochsalz hinzugeben), während zu hartes Wasser den Kaffee „verschleiert" und fad werden lässt. Eine Alternative ist die Verwendung von Mineral- oder Heilwasser.

Löslichen Kaffee im Gegensatz zu Röstkaffee mit heißem, aber nicht sprudelnd kochendem Wasser aufgießen. Pro Tasse nimmt man bei Röstkaffee 6 bis 8 g (ein gestrichenes Kaffeelot) und bei löslichem Kaffee ca. 1,8 g (ein bis zwei Kaffeelöffel). Eine entscheidende Rolle spielt auch die Zubereitung. Kaffee sollte – egal, ob er heiß oder kalt getrunken wird – stets frisch aufgebrüht werden. Für kalte Mix-Getränke immer schnell abkühlen, da sonst Aromastoffe verloren gehen und der Kaffee einen bitteren Geschmack bekommt. Bewahren Sie Ihren Kaffee in einem gut verschlossenen Behälter auf – am besten im Kühlschrank. Vor Licht und Luft geschützt, bewahrt er länger sein Aroma.

...HE MIX-ZUTATEN

MILCH

Milch enthält fast alle Nährstoffe, die der Mensch zum Leben braucht: Milcheiweiß, Milchzucker, Milchfett, wertvolle Mineralstoffe (Calcium und Phosphor) sowie ein Vielzahl von Vitaminen. Und Milch lässt sich vielseitig mit Frucht- und Gemüsesäften, Obst und Kräutern mixen – ganz nach Geschmack süß oder pikant, kalt oder heiß, mit oder ohne Alkohol. Immer erst die Milch und dann die Zutaten in das Gefäß geben und kräftig mixen, damit die Milch nicht gerinnt. Vielfältig ist auch das Angebot an Milch-

Milch-Shakes sind unvergessene Klassiker aus den fünfziger Jahren. Doch Milch kann auch ganz anders schmecken ...

mischgetränken wie beispielsweise Kakao, Himbeer- und Erdbeermilch. Alle Vorzüge der Milch sind auch in den so genannten Milchfrischprodukten enthalten, zu denen Buttermilch, Sauermilch bzw. Dickmilch, Joghurt und Kefir ebenso gehören wie Sahne und Speiseeis. Milch und Milchfrischprodukte gibt es in verschiedenen Fettgehaltsstufen. Da sie leicht Fremdgerüche annehmen, wärme- und lichtempfindlich sind, sollte man sie immer gut verschlossen, kühl und dunkel (im Kühlschrank) aufbewahren. Dann behalten sie ihren Geschmack und den vollen Nährstoffgehalt.
Und hier noch einige nützliche Tipps: Wenn Sie den Kochtopf mit kaltem Wasser ausspülen, brennt die Milch nicht so leicht an. Und wenn Sie die Milch nach dem Aufkochen mit einem Eiswürfel abschrecken, bildet sich keine Haut. Kalte Schlagsahne wird schneller steif, und Speiseeis lässt sich am besten portionieren bei einer Temperatur von minus 14 bis 12 Grad Celsius. Daher Eis schon einige Minuten vor der Verwendung aus dem Gefrierschrank nehmen.

SÄFTE UND LIMONADEN

Fruchtsaft, Nektar, Fruchtsaftgetränk und Limonade – wo liegt der Unterschied?
Fruchtsaft besteht grundsätzlich und ausschließlich aus dem Saft frischer Früchte. Er enthält keinerlei Konservierungs- oder Farbstoffe und ist meist ohne Zuckerzusatz hergestellt. Fruchtsäfte gibt es sortenrein wie Apfelsaft, Orangensaft und Traubensaft oder aus mehreren Fruchtarten wie Apfel-Orangen-Maracujasaft, Apfel-Kirschsaft oder Multi (Mehr)-Fruchtsaft. Fruchtsäfte sind klar, naturtrüb oder fruchtfleischhaltig. Multi-Vitamin-Fruchtsäfte sind mit zusätzlichen Vitaminen angereichert.
Fruchtnektar heißen Getränke, die einen Mindestgehalt von Fruchtsaft und Fruchtmark – er liegt je nach Frucht zwischen 25 und 50 Prozent – haben und mit Wasser und Zucker bzw. Honig hergestellt werden. Auch Nektar gibt es aus einer Fruchtart, mehreren Früchten und mit zusätzlichen Vitaminen angereichert. Außerdem wird Diät-Fruchtnektar angeboten, der anstelle von Zucker Süßstoff enthält. Auch Nektar wird ohne Konservierungsstoffe hergestellt. Für Fruchtsaft und -nektar gilt: Geöffnete Flaschen und Packungen kühl und lichtgeschützt aufbewahren und spätestens innerhalb von drei bis vier Tagen aufbrauchen!

Fruchtsäfte bringen Vitamine ins Glas.

Fruchtsaftgetränke enthalten Fruchtsaft, Fruchtsaftkonzentrat, Fruchtmark und Fruchtmarkkonzentrat. Der Mindestfruchtsaftgehalt liegt bei Fruchtsaftgetränken aus Kernobst oder Trauben bei 30 Prozent, aus Zitrusfrüchten bei 6 Prozent und aus anderen Fruchtsaftarten bei 10 Prozent. Kalorienarme Fruchtsaftgetränke sind mit Süßstoff gesüßt.
Limonaden enthalten Aromen (Essenzen) mit natürlichen Aromastoffen und in der Regel Zitronensäure, Weinsäure, Milchsäure oder Apfelsäure sowie deren Salze. Tonic Water, Bitter Lemon und Bitter Orange erhalten ihren leicht bitteren Geschmack durch Chinin (Extrakt aus der Rinde des Chinabaums), während Ginger Ale mit Ingweressenz hergestellt wird.

Gemüsesaft ist ebenso wie Fruchtsaft und -nektar frei von Konservierungsstoffen. Mischungen aus Gemüsesäften werden auch als Gemüsesaft-Cocktail bezeichnet.
Gemüsetrunk ist über die ursprüngliche Saftstärke hinaus verdünnt. Beim Mixen von Cocktails und Longdrinks spielt vor allem Zitronensaft eine entscheidende Rolle. Wenn Sie Zitronen auspressen, ergibt eine Frucht etwa 4 cl Saft. Etwas saurer und kleiner als Zitronen sind Limonen bzw. Limetten. Neben reinen Zitronensäften werden speziell zum Mixen von Cocktails und Longdrinks auch Zitronenspezialitäten wie Lime Juice (gesüßtes Zitronen-Konzentrat) und Pulco (ohne Zucker und Konservierungsstoffe) angeboten.

SIRUP

Sirup wird aus mit Zucker verkochten natürlichen Früchten bzw. Fruchtsäften hergestellt. Durch die hohe Zuckerkonzentration ist kein Konservierungsstoff erforderlich. Bewahren Sie angebrochene Flaschen im Kühlschrank auf. So unterschiedlich wie Geschmack und Farbe der Früchte ist auch der aus ihnen gewonnene Sirup. Besonders beliebt in Cocktails und Longdrinks ist Sirup aus exotischen Früchten wie Kokosnuss (auch als Crème erhältlich), Mango, Maracuja, Guave usw. Ganz obenan steht Grenadine, der orangerote, fruchtig-süße Sirup aus Granatäpfeln und Kräutern.

TEE

„Tee regt an, aber nicht auf," behaupten überzeugte Teetrinker. Der Grund: Das mit dem Coffein vergleichbare Teein wirkt nicht über Herz und Kreislauf, sondern über das Nervensystem. Die belebende Wirkung stellt sich langsamer, aber dafür anhaltender ein. Eine beruhigende Wirkung hat Tee, wenn er länger als drei Minuten zieht, da sich dann die Gerbstoffe des Tees im heißen Wasser gelöst haben. Länger als fünf Minuten sollte er allerdings nie ziehen, da zu viele Gerbstoffe einen bitteren Geschmack erzeugen. Zieht er dagegen zu kurz, kann sich sein Aroma nicht entfalten. So verschieden wie die Herkunft des Tees ist seine Farbe, sein Aroma und sein Geschmack. Darjeeling Tee, der aus den hochgelegenen indischen Anbaugebieten am Himalaya stammt, ist sehr mild, Ceylon-Tee hat einen frisch-herben Geschmack, während der aus dem Norden Indiens stammende Assam-Tee dunkler, sehr kräftig und würzig ist. Außerdem werden aromatisierte Tees in vielen verschiedenen Geschmacksvarianten angeboten. Hinzu kommen Kräuter- und Früchtetees. Auch bei der Zubereitung von Tee spielt die Qualität des Wassers eine entscheidende Rolle. Ist es zu weich, zu hart oder stark

NICHTALKOHOLISCHE MIX-ZUTATEN

gechlort, sollten Sie daher besser Mineral- oder Heilwasser verwenden. Wichtig ist, dass Sie Tee immer mit frisch gekochtem, sprudelndem Wasser aufgießen. Teekenner verwenden kein Tee-Ei, sondern geben die Teeblätter (ca. 1,5 g = 1 gehäufter TL pro Tasse) direkt in die vorgewärmte Teekanne, in ein Teenetz, ein Sieb oder einen Teefilter. Natürlich können Sie auch Teebeutel verwenden, deren Inhalt identisch ist mit dem losen Tee. Übrigens sollte man die Teekanne nur mit heißem Wasser ohne Spülmittel reinigen. Kenner schwören darauf, dass der entstehende Belag den Geschmack des Tees fördert.

Jedes Wasser schmeckt anders.

WASSER

Wasser ist nicht gleich Wasser. Insgesamt werden rund 400 Sorten natürliches Mineralwasser und 65 Sorten Heilwasser aus deutschen Brunnen angeboten. Gemeinsam ist ihnen, dass sie absolut kalorienfrei sind. Sehr verschieden hingegen ist die Zusammensetzung und Konzentration von Mineralien und Spurenelementen, die über Wirkung und Geschmack des Wassers entscheiden. Hier ein kurzer Überblick, was die Angaben auf dem Etikett aussagen: Natrium aktiviert Nerven und Muskeln, Kalium ist wichtig für das Wachstum der Zellen, Calcium ist ein wichtiger Baustein von Knochen und Zähnen, Magnesium regt die Muskeltätigkeit an und stärkt die Knochensubstanz, Eisen ist ein Teil des roten Blutfarbstoffs, Chlorid sorgt für Salzsäurebildung im Magen, Sulfat regt die Gallenfunktion an und stärkt die Leber, Hydrogencarbonat reguliert den Säurespiegel des Blutes und fördert die Magen-Darm-Funktion. Tafel (Soda)-Wasser ist eine Mischung aus Trink-, Quell- und natürlichem Mineralwasser, das mit natürlichem Salz- und Meerwasser vermengt werden darf. Professionelle Mixer produzieren es mit Hilfe eines Siphons selbst.
Welches Wasser Sie für Ihre Drinks verwenden, ist letztlich eine Geschmackssache. Mit Wasser aus der Flasche sollten Sie auch Eiswürfel, Kaffee und Tee zubereiten, wenn Ihr Wasser aus der Leitung zu hart oder stark gechlort ist.

Für jeden Drink der richtige Zucker.

ZUCKER

In Cocktails und Longdrinks wird Zucker überwiegend als Sirup verwendet, da er sich schneller als Kristallzucker mit den übrigen Zutaten verbindet. Zuckersirup können Sie leicht selbst herstellen: 500 Gramm Zucker mit einem halben Liter Wasser unter Rühren so lange sprudelnd kochen lassen, bis sich der Zucker aufgelöst hat, abkühlen lassen, in eine Flasche oder ein Glas füllen, fest verschließen und im Kühlschrank aufbewahren.

Unentbehrlich ist Zucker für den so genannten Crustarand, den Sie durch Verwendung von braunem oder Hagelzucker variieren können. Schlagsahne bleibt länger fest, wenn man sie erst kurz vor dem Steifwerden mit Puderzucker süßt. Zum Süßen von heißen Getränken ist Würfelzucker am besten geeignet, während Teetrinker Kandis bevorzugen. Auch Würfelzucker und Kandis gibt es „gebräunt". Alle braunen Zuckersorten haben ein leichtes Karamelaroma. Und schließlich wäre da noch der Zuckerhut, den Sie für Ihre Feuerzangenbowle benötigen. Wer aus gesundheitlichen Gründen oder aus Angst um die Linie keinen Zucker verwenden darf oder möchte, kann auch mit Süßstoff süßen, den es flüssig (für kalte Drinks) und in Tablettenform (für heiße Getränke) gibt.

FÜR JEDEN DRINK

Rotweinglas · Weißweinglas · Dessertweinglas · Sherryglas

Bordeauxglas · Rosé- und Weißherbstglas · Burgunderglas

Starre Regeln, in welchem Glas man welches Getränk serviert, gibt es bei Cocktails und Longdrinks nicht. Die Größe ergibt sich ohnehin meist schon durch das Volumen des Drinks. Dass man für Longdrinks größere Gläser verwendet, sagt schon der Name. Im Zweifelsfalle ist es immer besser, sich für ein etwas größeres als für ein zu kleines Glas zu entscheiden. Man muss es ja nicht randvoll füllen. Schließlich soll das Servieren und Trinken nicht zum Balanceakt werden. Viel wichtiger als die Form ist die Optik des Glases. Es sollte nicht nur farb- und schnörkellos sein, damit der Drink so richtig zur Geltung kommt, sondern auch absolut sauber und fleckenfrei. Spülen Sie jedes Glas mit klarem, heißem Wasser nach und polieren Sie es mit einem fusselfreien Tuch. Und hier ein Überblick über die verschiedenen Gläser und wofür man sie verwenden kann:

Weingläser unterscheiden sich in Form und Größe je nach Art des Weines, für den sie bestimmt sind. Weißweingläser haben ein Fassungsvermögen von 10 bis 15 cl und sind vor allem für Cocktails ideal, die mit Crusta-Rand serviert werden. Aber auch die etwas größeren Rotwein-, Bordeaux- und vor allem die ballonartigen Burgundergläser sind bestens für Cocktails geeignet. Im Sherryglas kommen Shortdrinks, deren Zutaten übereinander geschichtet sind, optisch gut zur Geltung.

Sektgläser gibt es als Kelche und Schalen. Ihr Fassungsvermögen liegt je nach Größe bei 10 bis 25 cl. In den kleineren Sektkelchen können Sie Sekt-Cocktails und Flips kredenzen, in den etwas größeren auch Cobblers, Sorbets, Frappés und die so genannten „Fancy-Drinks". Am vielseitigsten verwendbar ist die Sektschale – ideal für alle Cocktails, die mit Sekt aufgefüllt werden.

Longdrinkgläser haben ein Fassungsvermögen von 20 bis 25 cl. In ihnen können Sie alle Drinks kredenzen, die mit Soda-, Tonic- und Mineralwasser oder mit Fruchtsäften aufgefüllt bzw. mit viel Eis serviert werden. Ideal auch für alle Milch-Mix-Getränke.

Whiskygläser, auch Tumbler oder – seltener – Old Fashioned genannt, sind keineswegs dem Whisky vorbehalten. Mit ihrem Fassungsvermögen

DAS RICHTIGE GLAS

von 5 bis 25 cl sind sie für Old Fashioned, Fizzes, Sours, Highballs, kalte Punsche und auch für Longdrinks geeignet.

Mineralwassergläser und **Pilstulpen** können Sie ebenfalls für Longdrinks mit und ohne Alkohol verwenden.

Schnapsgläser sind nützlich, wenn Sie kein spezielles Messglas besitzen. Der Inhalt eines Schnapsglases entspricht 2 bis 2,5 cl.

Martinigläser bzw. Vermouthgläser haben einen langen Stiel und eine weite Öffnung. In ihnen werden speziell Apéritifs wie der Martini Dry und der Gibson serviert.

Cocktailschalen gibt es in verschiedenen Größen mit einem Fassungsvermögen von 5 bis 10 cl. In ihnen können Sie alle Cocktails servieren. Kleinere Cocktailschalen sind ideal für alle Drinks mit Crusta-Rand.

Likörgläser gibt es in Schalen- und Kelchform. Sie sind mit ihrem geringen Fassungsvermögen (5 cl) kaum für Mix-Drinks geeignet, aber wie die Schnapsgläser nützlich als Messglas.

Champagnerglas · Sektkelch · Sektschale

Mineralwasserglas · Pilstulpe · Whiskyglas · Schnapsglas · Longdrinkglas

Martiniglas · Cocktailschale · Likörschale · Likörkelch · Cognacschwenker

VERZIERUNGEN: DAS

Man muss kein Künstler sein, damit aus dem Drink nicht nur ein Genuss für den Gaumen, sondern auch für das Auge wird. Je fruchtiger und erfrischender ein Longdrink ist, desto fantasievoller darf die Verzierung sein.

Der **Crustarand** ist nicht nur sehr dekorativ, sondern auch ganz einfach herzustellen: Den Glasrand mit einem Zitronenstück befeuchten oder direkt in Zitronensaft und dann in Zucker tauchen. Wenn Sie das Glas anschließend einige Minuten in den Kühlschrank stellen, wird der Crustarand haltbarer.

Statt des Zitronensafts können Sie auch Eiweiß, jeden anderen Fruchtsaft oder auch Sirups verwenden. Nehmen Sie zum Beispiel Grenadine, wenn ein roter Rand zum Inhalt des Longdrinks passt. Oder tauchen Sie den angefeuchteten Glasrand in gemahlene oder geraspelte Haselnüsse bzw. Mandeln.

Eine andere interessante Variante ist der Kokosnussrand: Glas in Kokosnussirup oder -likör tauchen und dann in Kokosraspeln.

Kaffee- und Schokoladendrinks können Sie verzieren, indem Sie den angefeuchteten Glasrand in braunen Zucker, Kaffee- oder Schokoladenpulver tauchen. Und Kinder sind begeistert, wenn ihnen der Drink mit einem Rand aus bunten Zuckerperlen serviert wird.

Der **Salzrand** für herzhafte Drinks ist so einfach wie der Zuckerrand: Befeuchten Sie den Glasrand ebenfalls mit Zitronensaft und tauchen Sie ihn dann in normales Speisesalz oder in Selleriesalz.

Zitrusfrüchte gehören zu den beliebtesten Verzierungen von Cocktails und Longdrinks. Verwenden Sie für diesen Zweck nur unbehandelte Zitronen, Orangen, Grapefruits und Limetten (die westindischen, sehr aromatischen Zitronen mit grüner Schale werden auch Limonen genannt). Immer unter fließendem Wasser gründlich abbürsten und anschließend trockentupfen.

Eine dekorative Zitrusspirale erhalten Sie, indem Sie mit einem Schälmesser dicht an der Oberfläche (oberhalb der weißen Innenhaut) rundum gleichmäßige Streifen herausschälen. Ganz schmale Streifen können Sie auch zusätzlich noch dekorativ verknoten.

Selbst Zitrusscheiben, die in den Drink gegeben oder auf den Glasrand gesteckt werden, können Sie ganz einfach verzieren: Ritzen Sie, bevor Sie die Frucht in Scheiben schneiden, mit dem Schälmesser mehrere schmale Streifen in die Schale.

Sehr effektvoll sind auch in Windungen auf Spießchen gesteckte Zitrusscheiben, die man mit Cocktailkirschen kombinieren kann.

Aufgespießte Zitrusfrüchte

Kirsche mit rosa Crustarand

Weißer Crustarand   *Bunter Zuckerrand*

Dekorative Ergänzung zum Inhalt des

AUGE TRINKT MIT

Tropische Früchte wie die sternförmige Karambole (daher auch Sternfrucht genannt), die Kumquat (die Zwergorange wird mit Schale gegessen), die Physalis (Kapstachelbeere) sowie Papaya, Ananas, Kiwi, Melone und Banane machen – aufgespießt oder auf den Glasrand gesteckt – jeden Longdrink zur Augenweide. Und nicht zu vergessen die aus China stammende süß-saure Lychee, die man auch so schreibt wie man sie spricht: Litschi.

Aber auch unsere einheimischen Früchte wie Erdbeeren, Kirschen, Pfirsiche, Äpfel und Trauben sind ideal für dekorative Verzierungen. Geschälte Bananen und Äpfel sollten Sie sofort mit Zitronensaft beträufeln, damit sie sich nicht verfärben.

Wichtig bei allen Früchten ist, dass sie frisch, reif und makellos sind. Bei Honigmelonen sollten Sie folgenden Test machen, da die Farbe nichts über die Reife verrät: Drücken Sie leicht auf die dem Stiel gegenüberliegende Seite. Wenn sie nachgibt, ist die Frucht reif.

Reife Ananasfrüchte erkennen Sie an dem intensiven Duft speziell am Stielansatz. Die Blätter sind im Übrigen auch eine sehr schöne Dekoration.

Physalis

Rote Weintrauben

Karambole

Spießchen

Allerdings sollten Sie Ananas nicht zusammen mit Milchprodukten verwenden. Das erzeugt einen bitteren Geschmack.

Spießchen, ins Glas gestellt oder über den Rand gelegt, bieten eine Vielzahl von Variationsmöglichkeiten: Melonenstückchen oder -kugeln, Kirschen und Erdbeeren, Orangen- oder Zitronenscheiben mit Kirschen, Kirschen und Ananasstückchen, Grapefruit-, Bananen- und Limonenscheiben, Ananas-, Kiwi- und Papayascheiben, Kirsche, Papaya- und Sternfruchtscheiben, Kirsche, Pfirsich- und Kiwischeiben etc.

Mixgetränks: Fruchtstückchen und aromatische Blätter

Obstspirale

VERZIERUNGEN: DAS AUGE TRINKT MIT

Dekorativ sind aber auch Spießchen mit nur einer Fruchtsorte wie zum Beispiel hellen oder dunklen Trauben, Bananenscheiben, Kirschen oder Melonenkugeln. Wenn Sie keine Cocktailspießchen zur Hand haben, können Sie auch Zahnstocher verwenden.

Zitronenmelisse verleiht den Drinks nicht nur optisch ein frisches Aroma. Wenn Sie keinen Garten oder Balkon haben, können Sie frische Zitronenmelisse auch wunderbar im Blumentopf auf der Fensterbank ziehen. Falls Sie Zitronenmelisse im Bund kaufen, sollten Sie die Stiele sofort ins Wasser stellen. Auch zum Einfrieren ist Melisse geeignet: Waschen, trockentupfen und im Gefrierbeutel ins Tiefkühlfach legen.

Minze ist ebenfalls sehr beliebt wegen ihres intensiven Aromas und sehr dekorativ. Auch sie lässt sich wunderbar im Garten, auf dem Balkon und mit ein bisschen Glück im Blumentopf auf der Fensterbank ziehen. Am intensivsten ist das Aroma kurz vor der Blüte im Juli/August.

Melissezweig

Eisstückchen: Frucht- und sternförmig eingefrorener Fruchtsaft, Früchte in Würfeln eingefroren.

Ausgehöhlte Grapefruit mit einer Garnitur aus Fruchtspießchen und Melisseblättern.

Eiswürfel werden zur farbenfrohen Dekoration, wenn Sie Säfte oder Sirupe pur oder gemischt mit kohlensäurearmem Mineral- oder Heilwasser einfrieren. Legen Sie kleine Ausstechformen (Herzen, Sterne etc.) in die Eiswürfelschale, wenn Ihnen quadratische Würfel zu langweilig sind. Kurz vor dem Servieren unter fließendes Wasser halten. Oder benutzen Sie Eiskugelschalen bzw. -beutel.

Überraschen Sie Ihre Gäste mit „Fancy-ice-cubes" Für die Fantasie-Eiswürf brauchen Sie lediglich einige tadellose Früchte wie Erdbeeren, Kirschen, Himbeeren, Johannisbeeren, Weintrauben oder kleine Stückchen von Zitrusfrüchten: Die Früchte in die Eiswürfelschale verteilen und mit Mineralwasser auffüllen. Auch Zitronenmelisse, Minze und Oliven lassen sich wunderbar in Eiswürfeln einfrieren. Nach wenigen Stunden sind die Früchte-Eiswürfel fertig.

VERZIERUNGEN: DAS AUGE TRINKT MIT

Wenn Sie die Früchte lieber ohne den Eismantel servieren, halten Sie die Eisschale kurz unter fließendes Wasser, bis sich die äußere Eishülle gelöst hat. Sie können die geeisten Früchte dann einzeln in den Drink geben.

„Fancy-ice-cubes" mit noch mehr Farbe und Geschmack für fruchtige Sommerdrinks: Grenadine-, Waldmeister- und Maracujasirup mit kaltem Malvenblütentee und Mineralwasser mischen, in verschiedene Eiswürfelformen füllen, Kirschen mit Stiel, kleine Melissenzweige und Zitronenstücke hineingeben und mit Mineralwasser auffüllen.

Trinkhalme in verschiedenen Farben und Formen haben den Vorteil, dass die Gäste nicht versehentlich am Glas ihres Nachbarn nippen. Verwechslungen können Sie auch ausschließen durch fantasievolle Rührstäbe und originelle Dekorationen, die auf den Glasrand gesteckt werden. Kleine und große Gäste freuen sich über diese Souvenirs, die sie an einen schönen Nachmittag oder Abend erinnern.

JEDER DRINK

Auch beim Mixen macht Übung den Meister. Schnell werden Ihnen die Grundregeln geläufig sein. Dann schütteln auch Sie jeden Drink wie ein professioneller Barmixer sozusagen aus dem Handgelenk. Und da wären wir bereits beim ersten Stichwort:

Schütteln. Schütteln bedeutet immer, dass der Drink im Shaker zubereitet wird. Und dabei handelt es sich vor allem um Drinks, die schwer zu vermischende Zutaten wie Likör, Sirup, Sahne, Milch, dickflüssige Säfte und Eier enthalten. Sekt und kohlensäurehaltige Zutaten gehören grundsätzlich nicht in den Shaker, sondern werden anschließend aufgegossen.

Geschüttelt wird kurz und kräftig (10 bis 20 Sekunden) waagerecht vom Körper weg. Halten Sie den Deckel vorsichtshalber mit einem Finger fest. Durch das Schütteln wird das Getränk nicht nur gut gemixt, sondern auch gut gekühlt, ohne zu verwässern. Und damit kämen wir zum zweiten Stichwort – dem Eis.

Je größer, glasiger, frischer und trockener die Eiswürfel sind, desto besser schmeckt der Drink. Geben Sie fünf bis sechs Eiswürfel in den Shaker, wenn Sie einen Drink zubereiten. Bei mehreren Drinks weniger. Auf das Eis kommen zunächst die nichtalkoholischen Zutaten und zum Schluss der Alkohol. Nach dem Schütteln wird der Drink durch ein Barsieb (Strainer) abgeseiht. Das Eis, das im Shaker zurückbleibt, nicht mehr verwenden! Gießen Sie die Gläser nicht in einem Schwung randvoll, sondern „mit Gefühl" – dem Geschmack und der Optik zuliebe.

Im *Rührglas* werden vor allem Drinks mit dünnflüssigen Zutaten – auf viel Eis – gemixt. Rühren Sie vorsichtig mit einem langstieligen Barlöffel oder einem so genannten Stirrer, bis das Glas beschlagen ist. Wie beim Shaken wird der Drink anschließend durch ein Barsieb in das Glas abgeseiht. Je nach Drink eventuell im Kühlschrank oder Tiefkühlfach vorkühlen! Im Gegensatz zu den geschüttelten Drinks bleiben im Rührglas zubereitete Mixgetränke klar.

Die dritte, beispielsweise beim Collins, angewandte Mix-Methode ist die Zubereitung direkt im *Glas:* Zutaten auf Eiswürfel in einen Tumbler oder ein Longdrinkglas geben und kurz umrühren.

Vor allem die vorwiegend mit Rum zubereiteten Karibik-Drinks und die so genannten Fancy (Fantasie)- Drinks werden häufig mit gestoßenem Eis (*crushed ice*) gemixt. Wenn Sie keine Eismühle besitzen, geben Sie das Eis in ein sauberes Geschirrtuch und zerstoßen es mit dem Nudelholz oder dem Fleischklopfer. Gestoßenes Eis nicht auf Vorrat herstellen und immer erst im letzten Augenblick in das Glas geben, da es schneller schmilzt als Eiswürfel.

EIN GENUSS

Entscheidend für den Geschmack eines Drinks ist nicht so sehr die Mixtechnik, sondern die Qualität der *Zutaten*.

Verwenden Sie möglichst frisch ausgepresste Zitrussäfte. Vorsicht ist geboten bei allen Zutaten mit intensivem Aroma wie Angostura, Likör, Sirup und Bitters. Bereits ein Tropfen zu viel kann den Geschmack des Drinks verfälschen. Verlassen Sie sich daher besser nicht auf Ihr Augenmaß, sondern auf das Messglas.

Die in den Rezepten angegebenen Mengen beziehen sich auf einen Drink, sofern nichts anderes genannt ist. Ob Cocktail oder Longdrink – die Grenzen sind fließend. In der Regel besteht ein Cocktail aus 5 cl Flüssigkeit, ein Longdrink aus 10–15 cl. Und schließlich sollten Sie noch wissen, dass die Menge eines Bar- und Teelöffels (0,5 cl) identisch, ein Schuss etwa 1 cl und ein Dash ein Spritzer ist. Fünf Spritzer entsprechen der Menge eines Bar- bzw. Teelöffels.

Wenn jetzt alle für die von Ihnen ausgewählten Drinks notwendigen Zutaten bereitstehen, die Gläser auf Hochglanz poliert sind und Sie die Grundregeln des Mixens nicht ignorieren, können Sie sicher sein, dass jeder Drink ein Genuss ist.

DIE MENGEN AUF EINEN BLICK*

1 l	=	10 dl	=	100 cl	= 1000 ml	=	1000 g
3/4 l	=	7,5 dl	=	75 cl	= 750 ml	=	750 g
1/2 l	=	5 dl	=	50 cl	= 500 ml	=	500 g
1/4 l	=	2,5 dl	=	25 cl	= 250 ml	=	250 g
1/8 l			=	12,5 cl	= 125 ml	=	125 g
1 EL			=	1,5 cl	= 15 ml	=	15 g
1 TL			=	0,5 cl	= 5 ml	=	5 g
1 Schnapsglas			=	2 cl	= 20 ml		
1 Weißweinglas			=	15 cl	= 150 ml		
1 Likörglas			=	5 cl	= 50 ml		
1 Tasse			=	15 cl	= 150 ml		

* Die Gramm-Angaben beziehen sich auf Wasser und können je nach Konsistenz der verwendeten Flüssigkeit geringfügig abweichen.

Abkürzungen: l (Liter), dl (Deziliter), cl (Zentiliter), ml (Milliliter), g (Gramm), EL (Esslöffel), TL (Teelöffel).

DRINKS MIT ALKOHOL

Mit Alkohol gemixte Cocktails und Longdrinks sind keine Durstlöscher, sondern ein Genuss, für den man sich Zeit nimmt – bei der Zubereitung und beim Trinken. Ein guter Drink zeichnet sich nicht durch hochprozentigen Inhalt aus, sondern durch die Komposition. Und da ist weniger oft mehr. Großzügigkeit, ansonsten eine durchaus lobenswerte Eigenschaft, kann beim Mixen von Nachteil sein. Halten Sie sich bei den alkoholischen Zutaten möglichst genau an die angegebenen Mengen, damit der Drink nicht verfälscht wird und Sie und Ihre Gäste einen klaren Kopf behalten. Vorsichtige Dosierung ist nicht nur bei den hochprozentigen Zutaten angebracht, sondern auch bei Likören, Sirups und Bitters. Da kann jeder kleine Tropfen zu viel oder zu wenig von großer Bedeutung sein.

MIXEN MIT BRANDY

BERMUDA HIGHBALL

3 cl Cognac
2 cl Gin
1 Spritzer Orangenbitter
Ginger Ale
Orangenscheibe

Cognac, Gin und Orangenbitter im Mixglas verrühren, in Longdrinkglas abseihen und mit Ginger Ale auffüllen. Mit Orangenscheibe servieren.

CAPRI COCKTAIL

3 cl Cognac
1 cl Vermouth Rosso
1 Spritzer Angostura
1 TL Grenadine
Kirsche

Zutaten im Mixglas verrühren und in ein Cocktailglas abseihen. Mit Kirsche servieren.

COGNAC SOUR

4 cl Cognac
2 cl Zitronensaft
1 cl Zuckersirup
Sodawasser
1/2 Zitronenscheibe

Cognac, Saft und Sirup im Shaker auf Eis gut schütteln und in einen Tumbler abseihen. Mit etwas Sodawasser auffüllen und mit der halben Zitronenscheibe dekorieren.

BLOCK AND FALL

2 cl Cognac
2 cl Cointreau
1 cl Calvados
1 cl Pernod

Zutaten im Shaker mit drei bis vier Eiswürfeln kurz und kräftig schütteln und in ein Likörglas oder einen Südwein-Kelch abseihen.

SIDE CAR

3 cl Brandy
3 cl Cointreau
3 cl Zitronensaft

Zutaten im Shaker auf Eis gut mixen und in ein vorgekühltes Cocktailglas abseihen.

Capri Cocktail · Cognac Sour

30

COGNAC/WEINBRAND

COGNAC TROPICAL

4 cl Cognac
2 cl Orangenlikör
2 cl frischer Zitronen- oder Limettensaft
4 cl Orangensaft
4 cl Ananassaft
frische Minze
Orangen- oder Ananasscheibe
Muskatnuss

Cognac, Likör und Säfte im Shaker auf Eiswürfeln schütteln und in ein Longdrinkglas abseihen. Mit Minze, Orangen- oder Ananasstück dekorieren und mit Muskatnuss bestäuben.

SUMMER-TIME

4 cl Cognac
1 cl Cassis
1 cl frischer Zitronensaft
10 cl Ginger Ale
1/2 Orangenscheibe
2 Cocktailkirschen

Cognac, Cassis und Zitronensaft auf Eiswürfel in ein Longdrinkglas geben und mit Ginger Ale auffüllen. Mit der halben Orangenscheibe und Kirschen dekorieren.

Cognac Tropical · Summertime

COGNAC FRAMBOISE

1 EL in Cognac eingelegte Himbeeren
1 EL Saft der eingelegten Himbeeren
trockener Sekt oder Champagner

Die Himbeeren und den Saft in ein Sektglas geben und mit Sekt bzw. Champagner auffüllen.

Tipp: Die Cognac-getränkten Himbeeren können Sie ohne großen Aufwand selbst zubereiten. Das
Rezept reicht für viele Drinks. 500 g frische Himbeeren vorsichtig waschen und gut abtropfen lassen. Tiefgefrorene Himbeeren auftauen
lassen. Mit 200 g Zucker in ein gut verschließbares Gefäß füllen und mit einem Liter Cognac übergießen. Das geschlossene Gefäß längere Zeit stehen lassen und ab und zu vorsichtig umrühren.

CHAMPS-ELYSÉES

3 cl Cognac
1 cl Bénédictine
1 TL Zitronensaft
1 Spritzer Angostura

Zutaten im Shaker mit gestoßenem Eis mixen und in Cocktailschale abseihen.

BOMBAY

2 cl Cognac
1 cl Vermouth Dry
1 cl Vermouth Bianco
2 Spritzer Curaçao
1 Spritzer Anis

Zutaten auf Eiswürfeln im Mixglas verrühren und in einer vorgekühlten Cocktailschale servieren.

BRANDY CRUSTA

5 cl Brandy
1 cl Zitronensaft
1 TL Zuckersirup
3 cl Angostura
1 TL Maraschino
Zitronenspirale
Für den Zuckerrand:
Zitrone und Zucker

Den Rand eines Weißweinglases in Zitronensaft und dann in Zucker tauchen. Zutaten im Shaker auf Eis schütteln und in das Glas abseihen. Mit einer Zitronenspirale dekorieren.

CHERRY BLOSSOM

2 cl Brandy
2 cl Cherry Brandy
1 cl Cointreau
1 cl Zitronensaft
1 cl Grenadine

Alle Zutaten im Shaker auf Eis mixen und in eine Cocktailschale abseihen.

Cognac Framboise

PRIVATE LOVER

3 cl Weinbrand
2 cl Pfirsich-Nektar
2 cl Grapefruitsaft
Sternfruchtscheibe
Erdbeere

Weinbrand und Säfte im Shaker mixen und in eine Cocktailschale geben. Mit Sternfrucht und Erdbeere dekorieren.

STINGER

4 cl Brandy
2 cl Crème de Menthe weiß

Brandy und Pfefferminzlikör im Mixglas mit Eis verrühren und in ein Cocktailglas oder einen Cognacschwenker abseihen. Sie können den Stinger auch auf Eiswürfeln im Tumbler servieren.

AMERICAN BEAUTY

2 cl Brandy
2 cl Vermouth Rosso
2 cl Orangensaft
3 cl Crème de Menthe weiß
2 cl Portwein

Brandy, Vermouth, Orangensaft und Crème de Menthe auf Eis im Shaker mixen, in ein Longdrinkglas auf Eiswürfeln abseihen und Portwein darüber gießen.

SUNSET

3 cl Weinbrand
2 cl Edelkirsch Cream
6 cl Ananassaft
6 cl Orangensaft
Limonenscheibe
Erdbeere

Weinbrand, Likör und Säfte im Shaker auf Eis mixen und in ein Longdrinkglas auf Eiswürfel abseihen. Limone und Erdbeere auf den Glasrand stecken.

Private Lover

Sunset

MIXEN MIT BRANDY/COGNAC/WEINBRAND

BETWEEN THE SHEETS

2 cl Cognac
2 cl weißer oder brauner Rum
2 cl Curaçao Triple Sec
1 cl Zitronensaft
Cocktailkirsche oder Zitronenschale

Zutaten auf Eis im Shaker mixen und in ein Martini-Glas oder eine Cocktailschale abseihen. Mit Kirsche oder Zitronenspirale verzieren.

KIRSCH-KUSS
Für 4 Personen

8 cl Weinbrand
4 cl Kirschlikör
8 cl Orangensaft
4 cl Zitronensaft
Ginger Ale
4 Kirschen
Zitronenmelisse

Weinbrand, Kirschlikör und Säfte auf Eiswürfel in vier hohe Gläser geben, umrühren und mit Ginger Ale auffüllen. Mit Kirschen und Zitronenmelisse dekorieren.

French Cocktail · Cognac Collins · Cognac Cocktail

FRENCH COCKTAIL

4 cl Cognac
2 cl Grand Marnier
3 Spritzer Grenadine
4 cl Sodawasser

Cognac, Grand Marnier und Grenadine im Shaker auf Eis gut schütteln und in ein Cocktailglas abseihen. Mit Sodawasser abspritzen.

COGNAC COLLINS

4-6 cl Cognac
2 TL Zuckersirup
Saft 1/2 Zitrone
4 cl Sodawasser
Zitronenscheibe
Kirsche

Sirup, Saft und Cognac mit fein zerstoßenem Eis im Longdrinkglas verrühren und mit kaltem Sodawasser abspritzen. Mit Zitronenscheibe, Kirsche und Strohhalm servieren.

Kirsch-Kuss

34

MIXEN MIT BRANDY/COGNAC/WEINBRAND

MORNING GLORY

2 cl Weinbrand
2 cl Whisky
1 Spritzer Pernod
2 Spritzer Curaçao
2 TL Zuckersirup
Sodawasser
Zitronenspirale

Zutaten im Mixglas auf Eis verrühren, in ein großes Cocktail-oder Ballonglas abseihen und mit Sodawasser auffüllen. Mit einer schönen Zitronenspirale garnieren.

BRANDY DAISY

2 cl Brandy
2 TL Pernod
Saft 1/2 Zitrone
Sodawasser
Maraschino-Kirschen

Brandy, Pernod und Zitronensaft im Shaker auf Eis kräftig schütteln und in eine Sektschale abseihen. Mit Sodawasser abspritzen und mit Kirschen dekorieren.

COGNAC COCKTAIL

3 cl Cognac
1 cl Gin
1 cl Orangensaft
2 Spritzer Curaçao
Zitronensaft

Cognac, Gin, Orangensaft und Curaçao im Shaker auf Eis schütteln und in ein Cocktailglas abseihen. Mit etwas Zitronensaft beträufeln.

TOP TEN

3 cl Weinbrand
4 cl Pfirsich-Nektar
6 cl Sauerkirsch-Nektar
4 cl Grapefruitsaft
Sternfruchtscheibe
1 Physalis

Weinbrand und Säfte im Shaker schütteln und auf Eiswürfeln in ein Longdrinkglas geben. Mit Sternfruchtscheibe und einer Physalis dekorieren.

Top Ten

35

MIXEN MIT BRANDY/COGNAC/WEINBRAND

*Happy France · Cognac Orange
Printemps*

HAPPY FRANCE

2 cl Cognac
2 cl Curaçao
1 cl Zitronensaft
1/2 Eiweiß

Zutaten auf Eis im Shaker schütteln und in ein Cocktailglas abseihen.

PRINTEMPS

6 cl Cognac
1 TL Puderzucker
4-5 frische Minzeblätter
1 Orangenscheibe
1 Zitronenscheibe

Cognac, Puderzucker und Minzeblätter in ein Longdrinkglas geben, mit gestoßenem Eis auffüllen und vorsichtig umrühren, bis die Minzeblätter auf dem Eis liegen. Mit Orangen- und Zitronenscheibe dekorieren.

COGNAC ORANGE

4 cl Cognac
2 cl Orangen-Likör
1 cl frisch gepresster Zitronensaft
Cocktailkirsche

Cognac, Likör und Saft im Shaker auf Eis gut schütteln und in ein gekühltes Cocktail- oder Sektglas abseihen. Kirsche hineingeben.

JARDIN D'OR

6 cl Weinbrand
2 cl Zitruslikör
1 cl Zitronensaft
6 cl Aprikosen-Nektar
Sekt

Zwei Eiswürfel in ein Longdrinkglas geben, Weinbrand, Likör und Zitronensaft dazugießen. Aprikosen-Nektar hinzugeben und mit Sekt auffüllen.

Jardin d'or

TIGER-LILLY

2 cl Weinbrand
2 EL Zitronensaft
2 EL Ahornsirup
1/4 l weißer Traubensaft
Weintrauben

Weinbrand, Zitronensaft und Ahornsirup in einem Longdrinkglas verrühren. Mit gut gekühltem Traubensaft auffüllen und mit Weintrauben dekorieren.

LE DOUX JARDIN

5 cl Weinbrand
roter Traubensaft
Bitter Lemon
einige Trauben
Limonen- oder Zitronenscheibe

Weinbrand auf zwei Eiswürfel in einen Tumbler oder in ein Longdrinkglas gießen und durchschwenken. Zu zwei Dritteln mit Traubensaft und zu einem Drittel mit Bitter Lemon auffüllen. Abwechselnd weiße und rote Trauben auf einen Cocktailspieß stecken. Mit dem Spieß und Zitronenscheibe dekorieren.

Tiger-Lilly
Le Doux Jardin

MIXEN MIT BRANDY/COGNAC/WEINBRAND

Blue Dream

Caribbean Cherry

DIPLOMAT

3 cl Weinbrand
8 cl naturtrüber Apfelsaft
6 cl Orangensaft
Cocktailkirsche
Kumquat
Minzblätter

Weinbrand und Säfte im Shaker schütteln und in ein Longdrinkglas geben. Mit den Früchten und Minze dekorieren.

COCTEAU COCKTAIL

2 cl Cherry Brandy
2 cl Weinbrand
2 cl Orangensaft
Kirsche

Likör, Weinbrand und Saft im Cocktailglas auf Eis servieren. Mit Kirsche garnieren.

BLUE DREAM

2 cl Weinbrand
3 cl Cream-Likör
2 cl Curaçao blue
Sternfruchtscheibe
Cocktailkirsche

Weinbrand, Likör und Curaçao im Shaker mixen und in Cocktailschale servieren. Mit Sternfrucht und Kirsche dekorieren.

CARIBBEAN CHERRY

2 cl Edelkirsch Cream
2 cl Weinbrand
6 cl Sauerkirsch-Nektar
6 cl Ananassaft
Sternfruchtscheibe
Erdbeere

Likör, Weinbrand und Säfte im Shaker mixen und in ein Longdrinkglas geben. Mit Sternfrucht und Erdbeere dekorieren.

Diplomat

MIXEN MIT BRANDY/COGNAC/WEINBRAND

B AND B

2 cl Brandy

2 cl Bénédictine

Brandy und Likör im Mixglas auf Eis verrühren und in ein Likörglas oder einen Cognacschwenker abseihen. Oder auf Eis im Tumbler servieren.

B AND P

3 cl Weinbrand

3 cl Portwein

Minzblätter

Weinbrand und Portwein in ein Südwein-Glas oder einen Cognac-Schwenker geben. Sie können den B and P auch auf Eis im Tumbler servieren. Mit Minzblättern dekorieren.

NOTBREMSE

2 cl Weinbrand

2 cl Zitronensaft

3 cl Orangensaft

1 TL Zucker

Cola

Zitronenscheibe

Weinbrand, Säfte und Zucker im Longdrinkglas verrühren, Eiswürfel dazugeben und mit Cola auffüllen. Mit Zitronenscheibe dekorieren.

B and P

BRANDY ALEXANDER

3 cl Brandy

3 cl Crème de Cacao braun

3 cl süße Sahne

Muskat

Brandy, Crème de Cacao und Sahne auf Eis im Shaker mixen, in ein Cocktailglas abseihen und mit Muskat bestreuen.

Chérie

CHÉRIE

2 cl Weinbrand

2 cl Erdbeer-Sirup

3 cl Ananassaft

Sternfruchtscheibe

Erdbeere

Weinbrand, Sirup und Saft im Shaker mixen und in Cocktailschale geben. Mit Sternfrucht und Erdbeere dekorieren.

MIXEN MIT BRANDY/COGNAC/WEINBRAND

CREAMY ORANGE

4 cl Weinbrand
2 cl Sherry Cream
1,5 cl Sahne
Orangensaft
Orangenscheibe

Weinbrand, Sherry und die flüssige Sahne im Shaker auf Eis gut schütteln, über ein Barsieb in ein hohes Cocktailglas füllen und mit gekühltem Orangensaft auffüllen. Den Glasrand mit einer Orangenscheibe garnieren.

ERDBEER-BRANDY-FRAPPÉ

4 cl Weinbrand
1/2 TL Erdbeersirup
4 cl Erdbeerpüree
1 TL Läuterzucker
1 TL Zitronensaft
Erdbeeere

Die Zutaten mit Eis im Blender zu einem Frappé aufschlagen. In einer Cocktailschale servieren und mit einer frischen Erdbeere garnieren.

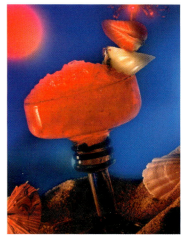

CARITA FLIP

2 cl Armagnac
2 cl Cointreau
Champagner
1 Eigelb
1 EL Honig
Ananasstück
Cocktailkirsche

Alle Zutaten, ohne Champagner, in einem Shaker auf Eis kräftig mischen und anschließend in ein Cocktailglas seihen. Randvoll mit eisgekühltem Champagner auffüllen. Mit Ananas und Cocktailkirsche servieren.

ALABAMA COCKTAIL

3,5 cl Brandy
1 cl Curaçao orange
0,7 cl Läuterzucker
1,5 cl Zitronensaft
Orangenschale

Alle Zutaten im Shaker auf Eis gut durchmischen. Anschließend über einen Strainer in ein hohes Cocktailglas geben. Streifen einer Orangenschale zufügen.

BRANDIED GINGER

3 cl Brandy
1 cl Ginger Liqueur
2 EL Orangensaft
2 EL Limettensaft
1 Limette

Brandy, Ingwerlikör und die Säfte mit viel Eis in einen Shaker geben und gut durchmischen. Im Longdrinkglas mit Eiswürfeln servieren und mit einer Limettenspalte garnieren.

CARROL COCKTAIL

4 cl Brandy
1 cl Vermouth Rosso
1 Schuss Maraschino
Cocktailkirsche

Den Brandy mit Maraschino in ein Barglas mit Eis geben und gut umrühren, anschließend in ein Cocktailglas füllen. Nun den roten Vermouth langsam hineinfüllen, mit einer Cocktailkirsche garnieren.

BÉNÉDICTINE COCKTAIL NO.1

3 cl Weinbrand
1 cl Bénédictine
1 cl Zitronensaft
Limettenscheibe

Im Shaker auf Eis alle Zutaten gut durchschütteln und in eine Cocktailschale geben. Den Glasrand mit einer Limettenscheibe schmücken.

FRUIT BRANDY

2 cl Brandy
4 cl Mangosaft
2 cl Limettensaft
3 cl Erdbeersirup
Orangensaft
Limette
Cocktailkirsche

Alle Zutaten, ohne Orangensaft, im Shaker auf Eis kräftig schütteln, anschließend über ein Barsieb in ein Ballonglas mit Crushed Ice seihen. Mit kaltem Orangensaft auffüllen. Mit einem Fruchtspieß garnieren.

40

MIXEN MIT BRANDY/COGNAC/WEINBRAND

O'HEARN SPECIAL

4 cl Brandy
1 cl Scotch Whisky
Ginger Ale

In ein Longdrinkglas mit vielen Eiswürfeln den Brandy und den Whisky geben, mit Ginger Ale auffüllen.

BRANDY-ORANGE-SQUIRT

4,5 cl Brandy
1 cl Läuterzucker
2 TL Grenadine
Orangensaft

Brandy, Läuterzucker und Grenadine im Shaker auf Eis gut durchmischen, danach in ein großes Longdrinkglas mit Eiswürfeln geben. Langsam mit gekühltem Orangensaft auffüllen.

CAPE TOWN COCKTAIL

3 cl Brandy
3 cl Amaraula
3 Spritzer Angostura
3 Spritzer Curaçao Triple Sec

Idealerweise südafrikanischen Brandy und den Likör in einen Shaker füllen, Curaçao Triple Sec und Angostura hinzugeben und auf Eis gut durchmischen. Im Cocktailglas servieren.

ARMAGNAC COLLINS

4,5 cl Armagnac
3,5 cl Zitronensaft
0,5 cl Läuterzucker
Soda

Die Zutaten, ohne Soda, im Shaker auf Eis gut schütteln und mit Eiswürfeln in ein Longdrinkglas geben. Mit Soda auffüllen.

ARMAGNAC SOUR

4 cl Armagnac
1 cl Läuterzucker
2 cl Zitronensaft
Cocktailkirschen

Den Armagnac mit den übrigen Zutaten und Eiswürfeln in ein Barglas geben und rühren. Anschließend über einen Strainer in einen Tumbler seihen und Cocktailkirschen dazugeben.

BETSY ROSS COCKTAIL

3 cl Cognac
3 cl Portwein
1 Spritzer Orangenlikör
2 Spritzer Angostura
Zitronenschale

Cognac und Portwein mit Orangenlikör und Angostura im Shaker auf Eiswürfeln gut schütteln, in ein Portweinglas abseihen. Mit Zitronenschale abspritzen.

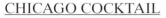

CHICAGO COCKTAIL

6 cl Weinbrand
2 cl Curaçao Orange
1 Spritzer Angostura
Zucker

Den Weinbrand mit dem Curaçao Orange und Angostura in ein Barglas mit Eiswürfeln geben und gut verrühren. Anschließend im Cocktailglas mit Zuckerrand servieren.

BRANDIED CORDIAL MÉDOC

1,5 cl Brandy
1 cl Cordial Médoc
1 cl Zitronensaft
Orangenschale

Brandy, Cordial Médoc und Zitronensaft mit viel Eis in einen Shaker geben, durchmischen und in einer Cocktailschale mit Chrushed Ice servieren. Als Garnitur einen Streifen Orangenschale hinzufügen.

MIXEN MIT BRANDY/COGNAC/WEINBRAND

DIRTY MOTHER

3 cl Brandy
3 cl Kaffeelikör
Cocktailkirsche

Brandy und Kaffeelikör im Barglas mit viel Eis verrühren und in ein Cocktailglas seihen. Mit einer Cocktailkirsche servieren.

CLARET COOLER

1,5 cl Brandy
12 cl Rotwein
1,5 cl Zitronensaft
Sodawasser
1,5 cl Grenadinesirup

In ein Longdrinkglas 2 Eiswürfel geben, Grenadinesirup, Zitronensaft und Rotwein hinzugeben. Danach den Brandy darüber geben und das Glas vorsichtig mit Sodawasser auffüllen.

FROZEN BRANDY

4 cl Weinbrand
2 cl Curaçao
3 cl Zitronensaft
Zucker
Limettenschale

Die Zutaten mit Crushed Ice in einen elektrischen Mixer geben und zu einem Frappé aufschlagen. In einer Cocktailschale mit Zuckerrand servieren. Mit einer Limettenschale garnieren.

BRANDY AND SODA

6 cl Brandy
Sodawasser
Zitrone

Den Brandy auf Eiswürfel in einen Tumbler geben und mit gekühltem Soda auffüllen. Nach Geschmack Zitronenspalte oder Zitronenschale hinzugeben.

BIG BOY

3 cl Brandy
1 cl Cointreau
1 cl Zitronensirup

Alle Zutaten im Shaker auf Eis gut durchmischen. Danach in einem Tumbler mit 3 Eiswürfeln servieren.

DA'BERRY

3,5 cl Cognac
1,5 cl Dubonnet
Orangenbitter

Die Spirituosen mit einem Spritzer Orangenbitter im Shaker auf Eis gut schütteln, über ein Barsieb in ein Cocktailglas füllen.

DOUBLE 07

3 cl Weinbrand
2 cl Wodka
2 cl Bourbon Whiskey
1,5 cl Ouzo
Orangensaft
Zitronenlimonade
Limettenscheiben

Für mehrere Longdrinks die Spirituosen in eine Karaffe auf Eis geben und mit Orangensaft und Limonade im Verhältnis 3:1 auffüllen. Mit viel Eis und Limettenscheiben im Longdrinkglas servieren.

BITTER TEARS

2 cl Brandy
1 cl Curaçao Orange
2 cl Vermouth Dry
3 Spritzer Orangen Bitter
2 Spritzer Angostura

Brandy, Curaçao Orange und Vermouth mit viel Eis in ein Barglas geben, Orangenbitter und Angostura hinzufügen und rühren. In einer kleinen Cocktailschale servieren.

MIXEN MIT BRANDY/COGNAC/WEINBRAND

PINK FIRE

8 cl Weinbrand
4 EL Himbeersirup
10 cl Grapefruitsaft
Mineralwasser
Grapefruitspalte
Kirsche

Weinbrand und Himbeersirup mit den Eiswürfeln in einem Barbecher verrühren. Mit Grapefruitsaft und Mineralwasser auffüllen, in zwei Longdrinkgläser füllen und servieren.

AMARETTO-BRANDY-COCKTAIL

3 cl Weinbrand
3 cl Amaretto
3 cl flüssige Sahne
Kakaopulver

Die Zutaten ohne Eis im Shaker kräftig schütteln und in einem Cocktailglas servieren. Mit Kakaopulver bestreuen.

BRANDY MELBA

3 cl Cherry Brandy
2 cl Pfirsichlikör
2 cl Grenadine
1 cl Zitronensaft
5 cl Pfirsichsaft
Sodawasser

Spirituosen und Säfte im Shaker auf Eis kräftig schütteln und in ein Longdrinkglas geben. Mit eiskaltem Sodawasser auffüllen und nach Geschmack garnieren.

OLYMPIA

2 cl Cherry Brandy
2 cl weißer Rum
2 cl Lime Juice
Limonenschale

Die Zutaten im Shaker auf Eis kräftig schütteln, anschließend über ein Barsieb in ein Cocktailglas seihen. Limonenschale hineingeben.

RED DAISY

3 cl Brandy
1 cl Zitonensaft
1 cl Grenadine
Zitronenscheibe

Alle Zutaten im Shaker auf Eis kräftig schütteln und in ein Cocktailglas abseihen. Mit der Zitronenscheibe garnieren.

BRANDY PUNCH

3 cl Brandy
2 cl Jamaica Rum
2 cl Ananassirup
2 cl Zitronensaft
Sodawasser
Orangenspalte
Cocktailkirsche

Die Zutaten ohne Sodawasser im Rührglas auf Eis vermischen, anschließend in ein Longdrinkglas geben. Orangenspalte und Cocktailkirsche hineingeben und mit Soda auffüllen.

BRANDY BUCK

3 cl Brandy
1 cl Lime Juice
Ginger Ale
Orangenscheibe
Limonenscheibe
Cocktailkirsche

Brandy und Lime Juice im Shaker auf Eis kräftig schütteln und in einen Tumbler abseihen. Mit Ginger Ale auffüllen und die Früchte ins Glas geben.

BRANDINI

3 cl Vecchia Romana
3 cl Vermouth Dry
Olive

Brandy und Vermouth im Barglas auf Eis verrühren, in eine Cocktailschale seihen und mit einer Olive garnieren.

MIXEN MIT BRANDY/COGNAC/WEINBRAND

COGNAC HIGHBALL

6 cl Cognac
Soda
Zitronenspalte

3 Eiswürfel in einen Tumbler geben, nun den Cognac darüber schütten und mit kaltem Soda auffüllen. Die Zitronenspalte hinzugeben.

BLACK RUSSIAN

3 cl Brandy
3 cl Wodka
3 cl Sodawasser

Den Brandy in einen Tumbler gießen, 2 Eiswürfel dazugeben, Wodka und Soda im Rührglas auf Eis vermischen und langsam über den Brandy seihen.

BRANDY-CHAMPAGNER-PUNSCH

2 cl Brandy
1 cl Bénédictine
1 cl Maraschino
3 cl Champagner
1 cl Läuterzucker
Sodawasser
Cocktailkirsche

Alle Zutaten ohne Soda im Barglas auf Eis verrühren und in ein Sektglas abseihen. Mit Sodawasser auffüllen und mit einer Cocktailkirsche garnieren.

APPLE

3 cl Brandy
2 cl Calvados
4 cl Apfelsaft
1 TL Zitronensaft
Limettenscheiben

Die Zutaten im Rührglas mit Eiswürfeln gut verrühren. In ein Longdrinkglas mit Eiswürfeln abseihen und Limettenscheiben dazugeben.

AZOREN-COCKTAIL

2 cl Cognac
2 cl Strega-Likör
3 cl Madeira
3 cl Orangensaft

Die Zutaten im Shaker auf Eis kräftig schütteln und anschließend über ein Barsieb in ein Cocktailglas seihen.

BRANDY MELBA II

3 cl Brandy
4 cl Peach Liqueur
1 cl Zitronensaft
4 cl Grenadinesirup
Pfirsichspalten

Den Brandy, Likör, Zitronensaft und Sirup in einen Shaker geben und auf Eis gut durchmischen. In ein großes Glas mit Eiswürfeln füllen und nach Belieben Pfirsichspalten dazugeben.

ORANGE-APRICOT-MIX

4 cl Apricot Brandy
4 cl Weinbrand
8 cl Orangensaft
165 ml Kokosmilch

4 Eiswürfel in einen Glaskrug geben. Apricot Brandy und Weinbrand hinzugeben. Anschließend mit der Kokosmilch und dem Orangensaft verrühren.

FAIR WEATHER

3 cl Weinbrand
2 cl Grenadine
2 cl Vermouth Dry
2 Spritzer Angostura
Tonic Water

Weinbrand, Grenadine und Vermouth mit Angostura im Shaker auf Eis kräftig schütteln, anschließend in ein Longdrinkglas geben und mit Tonic auffüllen und garnieren.

COGNAC AMER

4 cl Cognac
2 cl Picon
Limetten

Cognac und Picon in einen Tumbler auf 3 Eiswürfel geben. Limettenspalten hinzufügen und mit Stirer servieren.

MIXEN MIT BRANDY/COGNAC/WEINBRAND

JAMES

2 cl Cognac
2 cl Gin
3 cl Chartreuse Verte
1,5 cl Zitronensaft
Limettenschale

Alle Zutaten im Shaker auf Eis gut durchmischen. Anschließend in eine Cocktailschale abseihen und ein Stück Limettenschale hinzugeben.

CHINESE

2 cl Brandy
2 cl Maraschino
1 cl Curaçao orange
1 cl Grenadine

Die Zutaten im Shaker auf Eis gut durchmischen und über ein Barsieb in ein Cocktailglas seihen.

GOLDEN-ORANGE-FIZZ

3 cl Brandy
10 cl Orangensaft
1 cl Limettensaft
1 cl Läuterzucker
Sodawasser

Die Zutaten im Shaker auf Eis kräftig schütteln, in ein Glas abseihen und mit Sodawasser auffüllen.

CREAM FIZZ

4 cl Weinbrand
3 cl Sahne
2 cl Vanillelikör
1 cl Zitronensaft
Sodawasser

Die Zutaten ohne Sodawasser im Shaker auf Eis kräftig schütteln, abseihen und mit Sodawasser auffüllen.

ALBA

2 cl Cognac
2 cl Orangensaft
1 cl Himbeersirup
Cocktailkirsche

Im Shaker auf Eiswürfeln kräftig schütteln, in vorgekühlte Cocktailschale abseihen. Mit Cocktailkirsche garnieren.

ZOOM

2 cl Cherry Brandy
2 cl Vermouth Rosso
2 cl Vermouth Dry
Limonenschale

Die Zutaten im Shaker auf Eis kräftig schütteln, anschließend über ein Barsieb in ein Cocktailglas seihen. Limonenschale hineingeben.

ORANGE CRUSTA

3 cl Brandy
1 cl Curaçao Orange
1 cl Zitronensaft
10 cl Orangensaft
2 Spritzer Angostura
Zitronenscheiben
Zucker

Die Zutaten im Shaker auf Eis kräftig schütteln und in ein Longdrinkglas mit Zuckerrand seihen. Mit Zitronenscheiben garnieren.

GARIBALDI

2 cl Brandy
2 cl Orangenlikör
3 cl Campari
Orangensaft
Orangenscheibe

Die Spirituosen im Shaker auf Eis kräftig schütteln und anschließend in ein Longdrinkglas seihen. Mit Orangensaft auffüllen und umrühren. Mit einer Orangenscheibe garnieren.

GINGER'S LUCK

3 cl Weinbrand
kaltes Ginger Ale
1 Spritzer Angostura
1 Zitrone

Einen langen Streifen der Zitronenschale mit Eiswürfeln in ein Cocktailglas geben. Nun Weinbrand und Ginger Ale mit Angostura darüber gießen.

MIXEN MIT GIN

SINGAPORE SLING

6 cl Gin
2 cl Cherry Brandy
1 TL Zuckersirup
1 Spritzer Grenadine
Saft einer halben Zitrone
Sodawasser
1/2 Zitronenscheibe
Cocktailkirschen

Zutaten in einem Rührglas mixen, durch einen Strainer in einen Tumbler geben, mit Sodawasser auffüllen. Zitronenscheibe und Cocktailkirschen hinzufügen.

TOM COLLINS

4 cl Gin
1 TL Zuckersirup
etwas Zitronensaft
Sodawasser
Zitronenscheibe

Gin, Zuckersirup und Zitronensaft in ein Longdrinkglas auf Eiswürfel geben, umrühren und mit kaltem Sodawasser auffüllen. Halbe Zitronenscheibe in das Glas geben oder auf den Rand stecken.

FIFTY-FIFTY

3 cl Dry Gin
3 cl Vermouth Dry

Gin und Vermouth im Mixglas auf Eiswürfeln gut verrühren und durch einen Strainer in ein Cocktailglas geben.

FRENCH COCKTAIL

3 cl Gin
2 cl Pernod
1 Spritzer Grenadine

Alle Zutaten über Eis in einen Shaker geben, kurz schütteln und in ein Cocktailglas seihen.

PINK GIN

5 cl Gin
Angostura

Gekühltes Cocktailglas mit wenig Angostura ausschwenken und den eisgekühlten Gin hineingeben.

SURFER

3 cl Curaçao blue
2 cl Gin
2 cl Zitronensaft
3 Spritzer Bitter Orange

Zutaten auf Eis in ein Longdrinkglas geben und mit Tonic Water auffüllen.

FIREBALL

3 cl Orangenlikör
2 cl Gin
Tonic Water

Zutaten auf Eis in ein Longdrinkglas geben und mit Tonic Water auffüllen.

CLARIDGE

2 cl Vermouth Dry
2 cl Gin
1 cl Apricot Brandy
1 Spritzer Orange Bitter

Zutaten in einem Mixglas mit Eis verrühren und in ein gekühltes Cocktailglas füllen.

CASINO

4 cl Dry Gin
2 cl Cointreau
1 cl Zitronensaft
1 Spritzer Angostura Bitter
Cocktailkirsche

Zutaten im Shaker auf Eis gut schütteln und durch einen Strainer in ein Cocktailglas abseihen. Kirsche hineingeben.

GIN MANHATTAN

4 cl Dry Gin
2 cl Vermouth Rosso
1 Spritzer Angostura
Cocktailkirsche

Gin, Vermouth und Angostura im Mixglas auf Eis verrühren, in ein Cocktailglas gießen und Kirsche hineingeben.

Singapore Sling · Tom Collins
Casino · Gin Manhattan
Fifty-Fifty

PEACH PALOMA

4 cl Pfirsichlikör
2 cl Gin
Tonic Water
1 kleiner Zweig Minze

Peach Paloma

Pfirsichlikör und Gin in einem Becherglas verrühren. Mit eiskaltem Tonic Water auffüllen und einem kleinen Minzezweig dekorieren.

WHITE LADY

3 cl Gin
3 cl Cointreau
3 cl Zitronensaft
1 TL Eiweiß

Shaker zur Hälfte mit zerkleinerten Eisstücken füllen, mit den Zutaten gut durchschütteln und durch einen Strainer in ein Cocktailglas gießen.

GREEN MORNING

4 cl Dry Gin
2 cl Curaçao blue
2 cl Grapefruitsaft
2 cl Orangensaft
2 cl Ananassaft

Zutaten im Shaker schütteln und in ein Longdrinkglas abseihen. Mit Ananas und Cocktailkirsche garnieren.

White Lady
Green Morning

PARTY-LÖWEN-COCKTAIL

1/3 Gin
1/3 Cassis
1/3 Pernod
Eiswürfel aus Johannisbeersaft

Alle Zutaten mit den Eiswürfeln im Shaker mixen und in gekühlte Sektkelche geben.

JOKER III

6 cl Dry Gin
2 cl Zitronensaft
1 cl Apricot Brandy

Alle Zutaten auf Eis im Shaker mixen, in ein Longdrinkglas geben und mit einer Cocktailkirsche servieren.

PINK BABY

2 cl Dry Gin
1 TL Eiweiß
1 TL Zitronensaft
1 TL Grenadine

Zutaten im Shaker gut schütteln und in ein Ballonglas abseihen.

BLUE DREAM

2 cl Dry Gin
2 cl Curaçao blue
1 cl Zitronensaft

Alles gut durchschütteln und in einem Cocktailglas servieren.

Pink Baby
Joker III
Blue Dream

ANGEL FACE

1/3 Gin
1/3 Apricot Brandy
1/3 Calvados

Zutaten im Shaker mit drei bis vier Eiswürfeln schütteln und in ein Cocktailglas abseihen.

TROPICAL RED

3 cl Orangenlikör
2 cl Gin
4 cl Grapefruitsaft
6 cl Orangensaft

Alle Zutaten im Shaker schütteln und auf Eis im Longdrinkglas servieren.

GIN FIZZ

5 cl Dry Gin
3 cl Zitronensaft
1 cl Zuckersirup
Sodawasser

Gin, Saft und Sirup in den zur Hälfte mit klein gehacktem Eis gefüllten Shaker geben, kräftig schütteln, in ein Longdrinkglas abseihen und mit Sodawasser auffüllen.

FROZEN CARUSO COCKTAIL

2 cl Crème de Menthe
2 cl Gin

Mit gestoßenem Eis im Cocktailglas servieren.

Tropical Red

Frozen Caruso Cocktail

MIXEN MIT GIN

GIMLET

4 cl Dry Gin
2 cl Lime Juice
1 TL Zuckersirup

Zutaten in ein bis zur Hälfte mit Eisstücken gefülltes Rührglas geben, gut umrühren und durch einen Strainer in einen Tumbler geben. Je nach Geschmack mit Sodawasser auffüllen.

MARTINI DRY

5 cl Gin
1 cl Vermouth Dry
1 Olive

Eisstücke in ein Mixglas geben, Gin und Vermouth hinzufügen, umrühren und in ein Cocktailglas abseihen. Eine Olive mit Kern hinzugeben.

Gimlet · Martini Dry

MIXEN MIT GIN

Rickey · Gin Salty Dog

RICKEY

3 cl Dry Gin
1 cl Zitronensaft
1 TL Zuckersirup
Sodawasser
Limonenscheibe

Gin, Saft und Sirup in ein Cocktailglas auf Eisstücke geben und mit Sodawasser auffüllen. Limonenscheibe auf den Glasrand stecken.

GIN SALTY DOG

3 cl Dry Gin
6 cl Grapefruitsaft
1 Prise Salz

Den Gin über drei bis vier Eisstücke in ein Cocktailglas gießen. Den Grapefruitsaft und eine Prise Salz hinzufügen.

BRONX

4 cl Gin
2 cl Vermouth Bianco
2 cl Vermouth Rosso
2 cl Orangensaft
Orangenscheibe

Zutaten auf Eis im Shaker mixen, in gekühltes Cocktailglas abseihen und mit Orangenscheibe dekorieren.

ROLLS ROYCE

4 cl Vermouth Dry
2 cl Vermouth Rosso
2 cl Gin
1 Spritzer Bénédictine

Zutaten auf viel Eis im Mixglas verrühren und in einer gekühlten Cocktailschale servieren.

VIVA ESPAÑA

4 cl Gin
1 cl Sherry
2 Spritzer Pernod
Zitronenschale

Gin und Sherry im Rührglas mit Eis gut verrühren. Ein Cocktailglas mit 2 Spritzern Pernod ausschwenken, die Mischung hineinseihen und über dem fertigen Drink ein Stück Zitronenschale ausdrücken. Zitronenschale ins Glas geben.

YELLOW STAR

2 cl Pernod
2 cl Crème de Bananes
2 cl Gin
1 cl Maracujasirup
8 cl Orangensaft
Bananenstückchen
Cocktailkirschen

Die Zutaten mit Eiswürfeln im Shaker gut schütteln und in ein Longdrinkglas abseihen. Einen Fruchtspieß aus Bananenstückchen und Cocktailkirschen über den Glasrand legen.

BANANA BOAT

3 cl Crème de Bananes
2 cl Gin
1 Spritzer Grenadine

Zutaten über Eiswürfel in ein Longdrinkglas geben und mit Orangensaft auffüllen.

Banana Boat

GIN TONIC

4 cl Gin
Tonic Water
Zitronenscheibe

Eisstücke in ein Longdrinkglas geben, Gin hinzufügen, mit Tonic Water auffüllen und Zitronenscheibe auf den Glasrand stecken.

DELICIOUS SOUR

3 cl Cherry Brandy
2 cl Gin
2 cl Zitronensaft

Alle Zutaten im Shaker mit Eis gut durchschütteln und in einem kleinen Tumbler servieren.

Delicious Sour

PINK LADY

4 cl Gin
2 cl Calvados
1 cl Grenadine
1 Eiweiß
1 cl Zitronensaft

Alle Zutaten über Eis in den Shaker geben, gut schütteln und in eine Cocktailschale oder ein Stielglas abseihen.

MIXEN MIT GIN

GIN OLD FASHIONED

4 cl Dry Gin
1 Spritzer Angostura Bitter
1 TL Zucker
Sodawasser
Orangen- und Zitronenscheibe
3 Cocktailkirschen

Zucker in einem Tumbler auflösen, Eisstücke, Gin und Angostura hinzufügen und mit Sodawasser auffüllen. Mit einer halben Orangen- und Zitronenscheibe und Cocktailkirschen servieren.

GRAND ROYAL

4 cl Dry Gin
1,5 cl Grenadine
1 cl Zitronensaft
1 Ei

Alle Zutaten im Shaker auf Eiswürfeln gut schütteln und in eine Sektschale oder in ein Weißweinglas abseihen.

NEW ORLEANS

4 cl Gin
1 TL Eiweiß
2 TL Zuckersirup
3 TL frische Sahne

Alle Zutaten über Eis im Shaker mixen und durch einen Strainer in ein Cocktailglas gießen.

ORANGE BLOSSOM SPECIAL

3 cl Dry Gin
3 cl Orangensaft

Shaker zur Hälfte mit Eisstücken füllen, Gin und Orangensaft hinzufügen und gut schütteln. Durch einen Strainer ins Cocktailglas gießen.

GIN DAIQUIRI

4 cl Dry Gin
1 cl Zitronensaft
1 cl Maraschino

Gin, Saft und Likör im Shaker auf Eiswürfeln gut mixen und durch einen Strainer in ein Cocktailglas abseihen.

MIXEN MIT GIN

MARTINI SWEET

5 cl Gin
2,5 cl Vermouth Rosso
1 Cocktailkirsche

Gin und Vermouth im Mixglas mit Eisstücken verrühren, in ein Cocktailglas gießen und die Kirsche hineingeben.

EMPIRE

2,5 cl Dry Gin
1,2 cl Calvados oder Cognac
1,2 cl Apricot Brandy
1 Kirschenpaar

Eiswürfel mit den Zutaten in ein Mixglas geben und gut umrühren. In ein Cocktailglas abseihen. Mit dem Kirschenpaar dekorieren.

OLYMPIA

3 cl Gin
2 cl Aperol
2 cl Zitronensaft
1 cl Zuckersirup
Cocktailkirsche

Die Zutaten im Shaker mit Eiswürfeln gut schütteln und in ein Cocktailglas abseihen. Cocktailkirsche dazugeben.

NORMANDY GOLDEN DAWN

3 cl Calvados
3 cl Gin
1 cl Grenadine
3 cl Aprikosensaft
3 cl Orangensaft
Orangenscheibe

Alle Zutaten im Shaker schütteln und in einem Tumbler auf drei bis vier Eiswürfel abseihen. Mit einer Orangenscheibe garnieren.

LOS ANGELES

2 cl Grand Marnier
3 cl Gin
1 cl Zitronensaft
4 cl Orangensaft
1 Spritzer Grenadine

Zutaten im Shaker auf Eis gut schütteln und in eine vorgekühlte Cocktailschale abseihen.

MARTINI MEDIUM

4 cl Gin
1 cl Vermouth Rosso
1 cl Vermouth Dry
Zitronenschale

Zutaten im Mixglas mit Eis verrühren, in Cocktailschale gießen und Zitronenschale darüber ausdrücken.

NODDY

2,5 cl Gin
1,5 cl Bourbon
1 cl Pernod

Alle Zutaten in den Shaker geben, schütteln und in ein Cocktailglas seihen.

Gin Old Fashioned ·
Gin Daiquiri ·
Orange Blossom Special ·
New Orleans · Grand Royal

MIXEN MIT GIN

ADDISON

3 cl Gin
4,5 cl Vermouth Bianco
Oliven

Den Gin und den süßen Vermouth in ein Barglas geben und umrühren. Im Cocktailglas mit Oliven servieren.

BLUE VELVET

2,5 cl Gin
2 cl Blue Curaçao
1,5 cl Vermouth Dry
Cocktailkirsche
Orangenschale

Die Spirituosen im Rührglas auf Eiswürfeln verrühren, in eine Cocktailschale abseihen und mit Cocktailkirsche und Orangenschale servieren.

LONDON FEVER

3 cl Gin
2 cl weißer Rum
3 cl Limettensirup
2 cl Grenadine
Sodawasser
Zitronenschale

Alle Zutaten in einen Tumbler auf 3 Eiswürfel schütten, umrühren und eine Zitronenschale hineingeben.

DESERT STORM

4 cl Gin
2 cl Sambuca
4 cl Sahne
1 Schuss Sodawasser

Die Zutaten, ohne Soda, im Shaker auf Eis kräftig schütteln und anschließend in ein Cocktailglas abseihen. Sodawasser dazugeben.

PINK PANTHER

2 cl Gin
2 cl Wodka
1 cl Grenadine
1 cl Zitronensaft
1 Eiweiß
1 TL Zucker (Puderzucker)

Alle Zutaten im elektrischen Mixer mit Crushed Ice frappieren und in einem Cocktailglas mit Strohhalm servieren.

NEW ORLEANS FIZZ

5 cl Gin
3 cl Zitronensaft
1 Eiweiß
1 TL Zucker (Puderzucker)
1 cl Orangenlikör
Sodawasser
Cocktailkirsche

Gin, Zitronensaft, Eiweiß, Zucker und Orangenlikör im Shaker auf Eiswürfeln kräftig schütteln, in ein Glas abseihen, mit Soda auffüllen und mit einer Cocktailkirsche garnieren.

BULL DOG COOLER

3 cl Gin
3 cl Apfelsaft
1 cl Curaçao Triple Sec
Ginger Ale

Gin, Apfelsaft und Curaçao im Shaker auf Eiswürfeln gut schütteln, in ein großes Glas mit Eiswürfeln gießen, mit Ginger Ale auffüllen und nochmals umrühren.

GREEN DEVIL

4 cl Gin
1 cl Lime Juice
1 cl Créme de Menthe
1 cl Sahne
Sodawasser
Melonenspalten

Die Zutaten, ohne Sodawasser, im Shaker auf Eiswürfeln kräftig schütteln, in ein Cocktailglas abseihen und mit Soda auffüllen. Mit Melonenspalten garnieren

MIXEN MIT GIN

GREAT BRITAIN

3 cl Gin
3 cl Drambuie
3 cl Zitronensaft
Sodawasser

Gin, Drambuie und Zitronensaft im Shaker kräftig mischen und in ein Whiskyglas auf Eis geben, mit Sodawasser auffüllen.

RESOLUTE

2 cl Gin
2 cl Apricot Brandy
Zitronenlimonade
Pfirsichspalten

Gin und Brandy im Shaker auf Eiswürfeln mixen, in ein Longdrinkglas auf Eiswürfel abseihen und mit Zitronenlimonade auffüllen. Pfirsichspalten hineingeben.

BLUE TOP

2,5 cl Gin
1,5 cl Vermouth Dry
2 cl Blue Curaçao

Gin und Vermouth mit Crushed Ice im elektrischen Mixer frappieren und 2/3 der Masse in ein hohes Longdrinkglas geben. Nun den Blue Curaçao in den Mixer geben und kurz durchmixen. Mit dem blauen Frappé den Drink krönen.

MESSICANO

2 cl Gin
2 cl Galliano
1 cl Amaretto
1 cl Grenadine
Sodawasser
Zitronenscheibe

Alle Zutaten ohne Sodawasser im Shaker auf Eis kräftig schütteln, in einen Tumbler geben und mit Soda auffüllen. Mit einer Zitronenscheibe garnieren.

WHITE ROSE

4 cl Gin
2 cl Limettensaft
1 cl Maraschino
1 Eiweiß

Die Zutaten im Shaker auf Eis kräftig schütteln und in eine Cocktailschale seihen.

PINK LADY II

4 cl Gin
2 cl Cherry Heering
2 cl Zitronensaft
Tonic Water
Zitronenscheibe
Cocktailkirsche

Gin, Likör und Zitronensaft in ein Longdrinkglas mit viel Eis geben, mit Tonic auffüllen und umrühren. Mit Zitronenscheibe und Cocktailkirsche garnieren.

NICKY

3 cl Gin
2 cl Brandy
2 Spritzer brauner Rum
1 cl Zitronensaft
Sodawasser
Limettenspalte

Gin und Brandy zusammen mit Rum und Zitronensaft im Longdrinkglas auf Eiswürfeln verrühren, mit Soda auffüllen und nochmals vorsichtig umrühren. Mit Limettenspalten servieren.

POGO STICK II

3 cl Gin
2 cl Cointreau
1 cl Zitronensaft
5 cl Apfelsaft
Limettenscheibe

Die Zutaten im Shaker auf Eiswürfeln gut schütteln, anschließend in einen Tumbler auf Eis abseihen. Limettenscheibe an den Glasrand stecken.

57

MIXEN MIT GIN

ACE

3 cl Gin dry
Eiweiß (von 1/2 Ei)
1 cl Grenadinesirup
1 cl Sahne
1 Prise Muskatnuss

Alle Zutaten im Shaker auf Eis gut durchmischen. Anschließend den schaumigen Drink ohne das Eis in ein Ballonglas geben.

GIN SAFARI

4 cl Gin
2 Spritzer Amarula-Likör
Tonic Water
Zitrone
Cocktailkirsche

In einen Tumbler mit Eiswürfeln Gin und Amarula-Likör geben. Mit eiskaltem Tonic Water auffüllen. Mit Zitronenscheibe und Cocktailkirsche servieren.

MY OWN

3 cl Gin
5 cl Orangensaft
2 cl Campari
Orangenscheibe

Gin und Orangensaft im Longdrinkglas auf Eiswürfeln verrühren, Orangenscheibe an den Glasrand stecken und Campari darüber gießen.

FROZEN BRONX

1 cl Vermouth Rosso
1 cl Vermouth Bianco
3 cl Gin
4 cl Orangensaft
Limettenscheibe

Alle Zutaten mit dem Crushed Ice in einem Mixer frappieren. In eine Cocktailschale geben und mit einer Limettenscheibe garnieren.

BANJINO COCKTAIL

3 cl Gin
1 cl Bananenlikör
Orangensaft
Orangenscheibe

Gin und Bananenlikör im Shaker kräftig schütteln und in ein Longdrinkglas mit vielen Eiswürfeln geben. Mit Orangensaft auffüllen und die Orangenscheibe hineingeben.

BLUEBACK

4 cl Gin
1 cl Blue Curaçao
4 cl Tonic Water
2 Oliven

Die Zutaten im Barglas langsam verrühren, über einen Strainer in ein kleines Cocktailglas seihen und mit den Oliven servieren.

RIDLEY

3 cl Gin
3 cl Tequila
2 Spritzer Galliano
Zitronenscheibe

Gin, Tequila und Galliano im Barglas auf viel Eis gut verrühren. Im Longdrinkglas mit einer Zitronenscheibe servieren.

GOLDEN DAWN

3 cl Gin
15 cl Orangensaft
1 cl Zitronensaft
2 cl Apricot Brandy
3 Spritzer Grenadine
2 Orangenscheiben

Die Zutaten im Shaker auf Eiswürfeln gut schütteln. Im Longdrinkglas mit viel Eis servieren. Mit Orangenscheiben garnieren.

ALLRED

4 cl Gin dry
1 cl Vermouth Rosso
1 Spritzer Angostura

Alle Zutaten im Shaker auf Eis gut durchmischen. Anschließend über einen Strainer in ein hohes Cocktailglas abseihen.

MIXEN MIT GIN

CONCORDE

3 cl Gin
1 cl Apricot Brandy
1 cl Campari
1 cl Grenadine
Sodawasser
Cocktailkirsche
Orangenscheibe

Die Zutaten im Shaker auf Eiswürfeln gut schütteln und in ein großes Ballonglas auf Eiswürfel abseihen. Mit Sodawasser auffüllen und die Früchte auf einem Spieß dazugeben.

AGA KHAN

3 cl Gin
1,5 cl Apricot Brandy
5 cl Orangensaft
1,5 cl Ananassaft
Ananas

Den gekühlten Orangensaft in ein großes Glas mit 2 Eiswürfeln geben. Die übrigen Zutaten im Shaker kräftig mixen und dann langsam in das Glas geben. Mit frischer Ananas garnieren.

IMPERIAL

2,5 cl Gin
2,5 cl Vermouth Dry
3 Spritzer Maraschino
Cocktailkirsche

Die Zutaten im Rührglas auf Eiswürfeln gut verrühren, in ein vorgekühltes Martiniglas abseihen, mit einer Cocktailkirsche servieren.

BLUE EYES

3 cl Gin
2 cl Vermouth Bianco
1 cl Blue Curaçao
Tonic Water

Die Spirituosen in einem Shaker auf Eis kräftig mischen und in ein dekoratives Glas mit Crushed Ice geben. Mit Tonic auffüllen und nach Geschmack garnieren.

HOLLAND HOUSE

3 cl Gin
1,5 cl Vermouth Dry
1 Spritzer Maraschino
1 Spritzer Zitronensaft
2 Oliven

Gin und Vermouth mit Maraschino und Zitronensaft im Shaker auf Eiswürfeln gut schütteln, in eine Cocktailschale abseihen und mit den Oliven servieren.

TRINITY

2 cl Gin
2 cl Vermouth Bianco
2 cl Vermouth Dry
1 Limette

Die Zutaten im Rührglas mit Eiswürfeln verrühren, dann in einen vorgekühlten Tumbler auf Eiswürfel abseihen und Limettenspalten hinzugeben.

BLUE GIN KINLEY

4 cl Gin
2 cl Blue Curaçao
4 cl Ananassaft
Tonic Water
Ananasstück
Cocktailkirsche

Die Zutaten ohne Tonic im Rührglas vermischen und in ein halb mit Crushed Ice gefülltes Longdrinkglas geben. Mit Tonic auffüllen und garnieren.

JAMAICAN GINGER

2 cl Gin
2 cl Campari
3 TL Ingwerextrakt
Orangensaft
Orangenscheibe

Gin, Campari und Ingwerextrakt im Shaker mit 3 TL Crushed Ice kräftig schütteln, in ein Longdrinkglas abseihen und mit Orangensaft auffüllen. Mit der Orangenscheibe garnieren.

MIXEN MIT GIN

AFRIKANER

3 cl Gin dry
3 cl Crème de Curaçao
2 Spritzer Karawankenperle
5 Spritzer Angostura

Den Gin und den Likör in einen Shaker mit Eis geben, Karawankenperle und Angostura zufügen, kräftig schaumig schütteln und in ein Cocktailglas abseihen.

BIJOU

3 cl Gin
2 cl Vermouth Dry
1 cl Chartreuse Verte
Cocktailzwiebel

Die Zutaten im Rührglas auf Eiswürfeln verrühren. Durch ein Barsieb in eine Cocktailschale abseihen und eine Zwiebel hineingeben.

BATIDA FIZZ

4 cl Gin
3 cl Zitronensaft
4 cl Batida de Coco
1 cl Läuterzucker
4 cl Sahne
Sodawasser
Kiwischeibe

Die Zutaten ohne Soda im Shaker auf Eis kräftig schütteln, in ein Longdrinkglas seihen und mit Soda auffüllen. Mit der Kiwischeibe garnieren.

MONTE CARLO IMPERIAL

2 cl Gin
1 cl Crème de Menthe
2 cl Zitronensaft
Champagner
Früchte

Gin, Likör und Zitronensaft im Shaker auf Eis kräftig schütteln und in ein hohes Sektglas gießen. Mit Champagner auffüllen. Mit einem Spieß aus verschiedenen Früchten garnieren.

COSMO

3 cl Gin
2 cl Grand Marnier
2 cl Preiselbeersaft
1 cl Lime Juice

Alle Zutaten im Shaker auf Eis kräftig schütteln und in ein Cocktailglas abseihen.

ANNABELLA-COCKTAIL

2 cl Gin
2 cl Vermouth Dry
1 cl Curaçao Triple Sec
1 Spritzer Grenadinesirup
Olive

Die Zutaten auf Eis im Shaker kräftig schütteln. Anschließend im Cocktailglas servieren. Mit einer Olive garnieren.

GREEN FIZZ

5 cl Gin
2 cl Crème de Menthe
3 cl Ananassirup
1 cl Läuterzucker
1 Eiweiß
Sodawasser
Ananasspalte

Die Zutaten ohne Soda im Shaker auf Eis kräftig schütteln und anschließend in ein großes Cocktailglas abseihen, mit Soda auffüllen und eine Ananasstück an den Rand stecken.

LEMON-KIWI-SORBET

2 cl Gin
2 cl Kiwilikör
2 cl Vermouth Dry
6 cl Bitter Lemon
Limonenscheibe
Zucker

Die Zutaten im Blender mit 3 EL Crushed Ice zum Sorbet aufschlagen. Im Cocktailglas mit Zuckerrand servieren.

MIXEN MIT GIN

FRIENDS
3 cl Gin
3 cl Aperol
1 cl Minzlikör
Zitronenscheibe

Die Zutaten in einem Shaker auf Eis kräftig schütteln und mit den Eiswürfeln in ein Cocktailglas geben. Mit Zitronenscheibe garnieren.

GIN-LEMON-DRINK
2 cl Gin
2 cl Apérol
3 cl Vermouth Dry
1 cl Lime Juice
Zitronenscheibe

Die Zutaten im Shaker auf Eis kräftig schütteln, in ein Cocktailglas seihen und die Zitronenscheibe an den Rand stecken.

FLORIDA COCKTAIL
3 cl Gin
2 cl weißer Rum
6 cl Orangensaft
Bitter Lemon
Limonenscheibe
Cocktailkirsche

Gin, Rum und Orangensaft im Shaker auf Eis kräftig schütteln, anschließend in ein Longdrinkglas abseihen. Mit Bitter Lemon auffüllen und mit der Limonenscheibe und der Cocktailkirsche garnieren.

SOUTHERN GIN
3 cl Gin
1 cl Southern Comfort
1 cl Curaçao Triple Sec
1 Spritzer Angostura
Kiwischeibe

Alle Zutaten im Shaker auf Eis kräftig schütteln, anschließend über ein Barsieb in ein Aperitifglas abseihen. Mit einer Kiwischeibe garnieren.

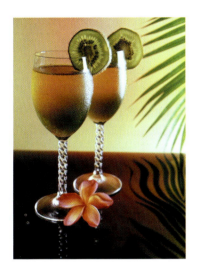

MARTINEZ
4 cl Gin
2 cl Vermouth Dry
2 Spritzer Orange Bitter
2 Spritzer Curaçao Triple Sec
Limette

Gin und Vermouth mit Orange Bitter und Curaçao Triple Sec im Shaker auf viel Eis gut schütteln, anschließend in einem Tumbler mit Eiswürfeln servieren.
Mit Limettenvierteln garnieren.

PALE CHERRY
2 cl Gin
2 cl Kirschlikör
2 cl Maraschino
Sodawasser

Die Spirituosen im Shaker auf Eis kräftig schütteln, in ein Cocktailglas geben und mit kaltem Sodawasser auffüllen.

OLD OPERA
3 cl Gin
2 cl Campari
3 cl Zitronensaft
1 Eiweiß
1 cl Läuterzucker
Sodawasser

Die Zutaten ohne Soda im Shaker auf Eis kräftig schütteln und anschließend in ein Longdrinkglas abseihen, mit Soda auffüllen und nach Wunsch garnieren.

NICE ADVENTURE
3 cl Gin
3 cl Calvados
3 cl Grapefruitsaft
Bitter Lemon
Limonenscheibe
Cocktailkirsche

Gin, Calvados und Grapefruitsaft im Shaker auf Eis kräftig schütteln, in ein Longdrinkglas seihen und mit Bitter Lemon auffüllen. Mit der Limonenscheibe und der Cocktailkirsche garnieren.

GIN & IT
5 cl Gin
2 cl Vermouth Bianco
Tonic Water

Gin und Vermouth im Shaker auf Eis kräftig schütteln, in ein Longdrinkglas seihen und mit Tonic Water auffüllen.

MIXEN MIT RUM

COSTA DEL SOL

4 cl weißer Rum
2 cl Vermouth Rosso
1 TL Zuckersirup
Saft 1/2 Zitrone
Sodawasser
Zitronenscheibe

Rum, Vermouth, Sirup und Zitronensaft in ein Longdrinkglas auf vier bis fünf Eiswürfel geben und mit Sodawasser auffüllen. Mit Zitronenscheibe dekorieren.

GOLDEN RUM SHAKE
Für 2 Gläser

6 cl brauner Rum
2 cl Grenadine
Grapefruitsaft
Cocktailkirschen
Grapefruitscheiben

Rum und Sirup im Shaker über Eis mixen und Drink in zwei Longdrinkgläser verteilen. Mit gut gekühltem Grapefruitsaft auffüllen. Zur Dekoration Grapefruitscheibe und Kirsche auf Spieß über den Glasrand legen.

RUM TONIC

4 cl weißer, brauner oder Jamaica Rum
Tonic Water
1/2 Zitronenscheibe

Rum mit Eiswürfeln ins Longdrinkglas gießen, eine halbe Zitronenscheibe hineingeben und mit Tonic Water auffüllen.

KONFETTI

3 cl Drambuie
3 cl weißer Rum
3 cl Grapefruitsaft
Zitronenlimonade

Drambuie, Rum und Saft im Shaker auf Eiswürfeln schütteln und in ein Longdrinkglas abseihen. Mit Zitronenlimonade auffüllen.

Golden Rum Shake

KIWI COLADA
Für 4 Gläser

4-5 Kiwis
1 Zitrone
2 TL Puderzucker
1/8 l Kokosmilch
1/8 l weißer Rum
4 Kiwischeiben

Kiwis und die Zitrone schälen, in Würfel schneiden und pürieren. Mit dem Puderzucker, der Kokosmilch und dem Rum vermischen und in vier Cocktailgläser auf zerstoßenes Eis gießen. Mit Kiwischeiben garnieren und sofort servieren.

ORANGE DAIQUIRI

4 cl weißer oder brauner Rum
Saft 1/2 Orange
1 TL Zuckersirup
Orangenscheibe

Rum, Saft und Sirup im Shaker mit gestoßenem Eis gut schütteln und in ein Cocktailglas abseihen. Mit Orangenscheibe dekorieren.

RUM JULEP

4 cl brauner Rum
1 TL feiner Zucker
Sodawasser
frische Minze

Im Tumbler einige Minzblätter und den Zucker mit einem Barlöffel zerreiben, Rum und einen Schuß Sodawasser zugeben, mit gestoßenem Eis auffüllen und so lange kräftig verrühren, bis das Glas beschlagen ist. Mit frischer Minze und Trinkhalm servieren.

RUM COLLINS

4 cl weißer Rum
1 TL Zuckersirup
Saft 1/2 Zitrone
Sodawasser
Cocktailkirsche
Zitronenscheibe

Sirup, Saft und Rum auf Eiswürfel in einen Tumbler geben, mit Sodawasser auffüllen und umrühren. Dann Cocktailkirsche und Zitronenscheibe hineingeben.

Kiwi Colada

OLD SAN JUAN COCKTAIL

4 cl brauner Rum
1 cl Ananassaft
1 cl Grenadine
1 cl Limetten- oder Zitronensaft

Zutaten auf Eis im Mixglas verrühren und in ein Cocktailglas abseihen.

CARIBBEAN NIGHTMARE

2 cl brauner Rum
2 cl Kokosnusscreme
Cola

Rum und Kokosnusscreme im Shaker auf Eis schütteln und in ein Longdrinkglas abseihen. Mit Cola auffüllen.

BLACK DAISY

5 cl brauner Rum
3 cl Himbeersirup
Saft 1/2 Zitrone
Sodawasser
Himbeeren

Rum, Sirup und Zitronensaft mit Eiswürfeln im Shaker mixen, über zerstoßenes Eis in ein Longdrinkglas abseihen. Mit Sodawasser auffüllen, umrühren und einige Himbeeren hineingeben.

BLACK DAIQUIRI

4 cl brauner Rum
2 cl Zitronensaft
1-2 TL Zuckersirup
1 Spritzer Maraschinolikör
frische Minze

Zutaten über Eis im Shaker mixen und in ein Cocktailglas abseihen. Mit Minze garnieren.

Black Daiquiri · Black Daisy

MIXEN MIT RUM

SOUTHERN MAMA

5 cl weißer Rum

3 cl brauner Rum

3 cl Orangenlikör

4 cl Mango-Nektar

2 cl Maracuja-Nektar

Saft einer Orange

Zutaten im Shaker auf Eis mixen und in hohes Longdrinkglas abseihen.

BLACK COCO

4 cl weißer oder brauner Rum

2 cl Limonensaft

4 cl Kokos-Sirup

frische Minze

Rum, Saft und Sirup im Shaker auf Eis gut schütteln und in ein Longdrinkglas auf Eiswürfel abseihen. Mit frischer Minze dekorieren.

Barracuda

BARRACUDA

4 cl weißer oder brauner Rum

2 cl Vanille-Likör

6 cl Ananassaft

3 cl Zitronen- oder Limonensaft

Ananasscheibe

Kirsche

Die Zutaten auf Eiswürfel in ein kurzes Stielglas geben und umrühren. Mit Ananas, Kirsche und Trinkhalm servieren.

JAMAICA INN

2 cl Grenadine

2 TL Zucker

5 cl brauner Rum

2 cl Zitronensaft

Ananas- und Aprikosen-Nektar

Ananaswürfel

Aprikosenspalten

Rand eines Longdrink- oder großen Burgunder-Weinglases in Grenadine und dann in Zucker tauchen. Rum und Zitronensaft ins Glas gießen, zwei Eiswürfel hinzufügen und umrühren. Je zur Hälfte mit Ananas- und Aprikosen-Nektar auffüllen. Aufgespießte Ananaswürfel und Aprikosenspalten über den Glasrand legen.

Jamaica Inn

MIXEN MIT RUM

PLANTER'S PUNCH

4 cl Jamaica Rum
2 cl weißer Rum
2 cl Zitronensaft
4 cl Ananassaft
6 cl Orangensaft
1 cl Grenadine
Orangenscheibe
Zitronenmelisse

Rum, Säfte und Grenadine auf Eiswürfel in ein Longdrinkglas gießen und gut umrühren. Mit Orangenscheibe und Zitronenmelisse garnieren.

DREAM FOR TWO
Für 2 Gläser

1 große Ananas
1/2 Dose Cola
2 TL Zitronensaft
8 cl brauner Rum
Minzezweige

Von der Unterseite der Ananas einen schmalen Streifen abschneiden, damit sie sicher auf einem Teller steht. Oben so weit abschneiden, daß man die Frucht aushöhlen kann. Fruchtfleisch auspressen, den Saft in die Höhlung gießen und mit der Cola vorsichtig auffüllen. Zitronensaft und Rum dazugießen, umrühren und drei bis fünf Eiswürfel hineingeben. Minze über den Rand hängen und mit Trinkhalmen servieren.

GREEN BANANA

3 cl Grüne Banane Likör
2 cl weißer Rum
8 cl Ananassaft
2 cl Kokosnusslikör

Zutaten im Shaker gut schütteln und auf Eis in ein Ballonglas abseihen.

CUBA LIBRE

4 cl weißer Rum
Cola
Zitronenscheibe

Den Rum auf Eiswürfel in ein Longdrinkglas geben, mit Cola auffüllen und Zitronenscheibe hineingeben.

RUM ORANGE

4 cl weißer, brauner oder Jamaica Rum
Orangensaft
Orangenscheibe

Rum über Eiswürfel in ein Longdrinkglas gießen, mit Orangensaft auffüllen und Orangenscheibe hineingeben.

BACARDI COCKTAIL

4 cl weißer Rum
2 cl Limetten- oder Zitronensaft
1/2 TL Grenadine
1/2 TL Zuckersirup

Zutaten im Shaker über drei bis vier Eiswürfel gut schütteln und in eine Cocktailschale abseihen.

MAI TAI

2 cl weißer Rum
2 cl brauner Rum
2 cl Jamaica Rum
2 cl Limetten- oder Zitronensaft
2 cl Mandelsirup
1 Limetten-Viertel
frische Minze
Cocktailkirsche

Mai Tai

Rum, Saft und Sirup im Shaker auf Eis kräftig schütteln, in ein Longdrinkglas auf zerstoßenes Eis gießen und Limettenviertel hineingeben. Mit Minze und Kirsche garnieren.

Planter's Punch

MIXEN MIT RUM

CARIBBEAN NIGHT

3 cl brauner Rum
1 cl Zitronensaft
3 cl Orangensaft
4 cl Ananassaft
1 cl Zuckersirup
Cocktailkirsche
Orangenscheibe

Zutaten im Shaker auf Eis gut schütteln und in ein Longdrinkglas auf Eiswürfel abseihen. Mit Kirsche und Orangenscheibe dekorieren.

RUM CRUSTA

4 cl weißer Rum
1 TL Curaçao Triple Sec
1 cl Zitronensaft
1 cl Ananassaft
Zitronenspirale
Für Zuckerrand:
Zitronensaft und Zucker

Den Rand eines Cocktailglases in Zitronensaft und dann in Zucker tauchen. Zutaten im Shaker mit gestoßenem Eis kurz und kräftig schütteln, in das vorbereitete Cocktailglas abseihen und Zitronenspirale hineinhängen.

GRASS-HOPPER

3 cl weißer Rum
3 cl Crème de Menthe grün
3 cl Sahne

Zutaten im Shaker auf Eis mixen und in Cocktailschale abseihen.

Rum Crusta

Grasshopper

67

MIXEN MIT RUM

MOJITO

4-6 cl weißer Rum
Saft 1/2 Zitrone
1-2 Spritzer Angostura Bitter
1-2 TL Zuckersirup
Sodawasser
frische Minze

Mojito

Rum, Saft, Sirup und Angostura in ein Longdrinkglas geben. Mit gestoßenem Eis auffüllen, umrühren und mit Sodawasser abspritzen. Mit Minze dekorieren.

BANANA DREAM

4 cl weißer Rum
6 cl Bananensaft
6 cl Maracuja-Nektar
3 cl flüssige Sahne
Orangenschale

Zutaten im Shaker auf Eis mixen, in ein Cocktail- oder Burgunderglas gießen und mit geraspelter Orangenschale bestreuen.

BLACK SUNSET

4 cl brauner Rum
Saft 1/2 Zitrone
Zitronenlimonade
Zitronenscheibe
Cocktailkirsche

Rum und Zitronensaft auf Eiswürfel in ein Longdrinkglas geben und mit Zitronenlimonade auffüllen. Mit Zitronenscheibe und Kirsche dekorieren.

NEVADA

2 cl weißer Rum
2 cl Pfirsichlikör
2 cl Himbeerlikör
3 cl Ananassaft
2 cl Orangensaft
1 cl Grenadine
Kiwischeibe
Erdbeere

Rum, Liköre und Säfte im Shaker mit Eiswürfeln kräftig schütteln und in ein Longdrinkglas abseihen. Mit Kiwischeibe und Erdbeere auf Cocktailspieß dekorieren.

RUM SOUR

4 cl brauner Rum
2 cl Zitronensaft
1 TL Zuckersirup
1 TL Orangensaft
1 Spritzer Angostura Bitter
Orangenscheibe
Cocktailkirsche

Zutaten im Shaker auf Eis gut schütteln und in einen Tumbler auf Eiswürfel abseihen. Mit je einer Cocktailkirsche und Orangenscheibe garnieren.

Banana Dream

Rumba

WILD KIWI

4 cl Kiwilikör
1 cl weißer Rum
Tonic Water
Zitronenscheibe
Orangenscheibe
Limonenscheibe

Zutaten in ein Cocktail- oder Martiniglas auf Eiswürfel geben und mit Tonic Water auffüllen. Mit Orangen-, Zitronen- und Limonenscheiben garnieren.

RUMBA

4 cl brauner Rum
2 cl Zitronensaft
2 cl Maracujasirup
Ananas-Nektar
1 cl Curaçao blue

Rum, Zitronensaft und Sirup auf zwei Eiswürfel in ein Longdrinkglas gießen, umrühren und mit Ananas-Nektar auffüllen. Anschließend Curaçao „hineinwölken" lassen.

PRESIDENTE

2 cl weißer Rum
4 cl Vermouth Rosso
2 cl Curaçao Triple Sec
1/2 Orangenscheibe

Alle Zutaten im Shaker auf Eis schütteln, in ein Cocktailglas abseihen und mit der halben Orangenscheibe dekorieren.

Wild Kiwi

MIXEN MIT RUM

Carmencita · Pineapple Daiquiri

RUM GIMLET

4 cl weißer oder brauner Rum

2 cl Lime Juice

Limonenscheibe

Rum und Saft im Mixglas auf Eiswürfel verrühren und in Cocktailglas abseihen. Limonenscheibe hineingeben.

PINEAPPLE DAIQUIRI

4 cl weißer oder brauner Rum

1 Scheibe Ananas

Saft 1/2 Zitrone

1 TL Zuckersirup

Ananasscheibe

Ananasscheibe, Rum, Zitronensaft und eine halbe Tasse gestoßenes Eis kurz in einen Elektromixer geben und den Drink im Cocktailglas servieren. Mit Ananasscheibe dekorieren.

Tipp: Sie können den Drink variieren, indem Sie statt der Ananasscheibe einen halben Pfirsich, fünf Erdbeeren oder das Drittel einer zerdrückten Banane in den Mixer geben.

DAIQUIRI

5 cl weißer Rum

3 cl Zitronensaft

2 cl Zuckersirup

Zitronenscheibe

Zitronenmelisse

Rum, Zitronensaft und Sirup im Shaker mit viel Eis kräftig mixen und in ein Cocktailglas abseihen. Zitronenscheibe hineingeben und mit Zitronenmelisse garnieren.

CARMEN-CITA

3 cl brauner Rum

2 TL Limettensaft

4 cl Kirschlikör

Ginger Ale

frische Minze

Rum, Saft und Likör mixen und auf eine Hand voll Eiswürfel in ein großes, bauchiges Glas gießen. Mit Ginger Ale auffüllen und mit Minze dekorieren.

Carmencita

70

MIXEN MIT RUM

SOMBRERO COOLER

4 cl weißer oder brauner Rum
6 cl Ananassaft (ungesüßt)
6 cl Grapefruitsaft
Orangen- oder Zitronenscheibe

Zutaten auf Eiswürfel in ein Longdrinkglas geben, umrühren und mit Orangen- oder Zitronenscheibe dekorieren.

Sombrero Cooler

Piña Colada

Zombie

PIÑA COLADA

4 cl weißer Rum
4 cl Ananassaft (ungesüßt)
4 cl Kokossirup
2 cl Sahne
Ananasscheibe

Flüssige Zutaten im Shaker mit gestoßenem Eis gut schütteln und in ein Longdrinkglas auf Eiswürfel abseihen. Mit Ananasscheibe dekorieren.

Tipp: Besonders dekorativ ist der Drink, wenn Sie ihn in einer ausgehöhlten Ananas servieren.

ZOMBIE

4 cl weißer Rum
4 cl brauner Rum
1 cl Apricot Brandy
1 cl Grenadine
2 cl Ananassaft
2 cl Zitronen- oder Limettensaft
Cocktailkirsche
frische Minze

Zutaten mit viel gestoßenem Eis im Shaker schütteln und in ein Longdrinkglas auf Eiswürfel abseihen. Mit Kirsche und Minze dekorieren.

MIXEN MIT RUM

EYE-OPENER

3 cl brauner Rum
12 cl Crème de Cacao
1 cl Anisette
1 Eigelb
1 TL Puderzucker
6 cl Pfirsichsaft
Pfirsichspalten

Die Zutaten im Shaker auf Eis kräftig schütteln, in einen kleinen Tumbler abseihen und mit Pfirsichspalten garnieren.

CAPTAIN'S STRAWBERRY

4,5 cl brauner Rum
1 cl Läuterzucker
1,5 cl Zitronensaft
2 EL Erdbeerpüree
Erdbeere

Alle Zutaten mit Crushed Ice in den Mixer geben und frappieren. Anschließend in ein Ballonglas füllen und mit der Erdbeere garnieren.

TABU

4,5 cl Rum
1 cl Läuterzucker
1,5 cl Zitronensaft
1,5 cl Ananssaft
Limettenscheibe

Alle Zutaten auf Eis im Shaker mixen und anschließend in einem dekorativen Glas servieren. Eine Limettenscheibe an den Glasrand stecken.

BAHIA I

6 cl weißer Rum
12 cl Ananassaft
2 TL Kokosnuss-Creme
Orangenscheibe

Die Zutaten im Mixer mit Crushed Ice kurz mixen und in ein hohes Longdrinkglas gießen. Mit der Orangenscheibe dekorieren.

BUSHRANGER

3 cl brauner Rum
3 cl Dubonnet
3 Spritzer Angostura
Sodawasser
Limonenspalte

Rum und Dubonnet mit Angostura im Longdrinkglas auf Eis verrühren und mit Soda auffüllen. Mit der Limonenspalte garnieren.

CARIBIC CASSIS

2 cl weißer Rum
4 cl Crème de Cassis
2 cl Zitronensaft
12 cl Orangensaft
Beerenfrüchte

Crème de Cassis in ein dekoratives Longdrinkglas geben, die übrigen Zutaten im Shaker auf Eis kräftig schütteln und anschließend vorsichtig in das Glas abseihen. Mit Beerenfrüchten garnieren.

COLT CRUISER

2 cl weißer Rum
1 cl Crème de Bananes
1 cl Amaretto
2 cl Zitronensaft
Zitronenlimonade
Limettenscheibe

Die Zutaten, ohne die Limonade, im Shaker auf Eiswürfeln gut schütteln, in ein Ballonglas auf Eis abseihen, mit Limonade auffüllen und vorsichtig umrühren. Limettenscheibe an den Glasrand geben und mit einem Trinkhalm servieren.

CHOCOLATE COCO

3 cl brauner Rum
3 cl Malibu Coconut-Likör
2 cl Zitronensaft
6 cl Ananassaft
2 cl Schokoladensirup
Limonenscheibe

Alle Zutaten im Shaker auf Eiswürfeln kräftig schütteln, mit dem Eis in ein großes Becherglas gießen. Mit einer Limonenscheibe garnieren.

MIXEN MIT RUM

CENTENARIO

4 cl brauner Rum
2 cl weißer Rum
1 cl Tía Maria
1 cl Curaçao Triple Sec
2 cl Grenadine
3 Spritzer Limettensaft
Orangenscheiben
Cocktailkirsche

Alle Zutaten im Longdrinkglas auf Crushed Ice gut verrühren. Mit Orangenscheiben und Cocktailkirsche garnieren.

ROSE HALL

3 cl brauner Rum
1,5 cl Crème de Bananes
3 TL Zitronensaft
Orangensaft
Orangenscheiben
Cocktailkirsche

Die Zutaten ohne Orangensaft im Shaker auf viel Eis mixen und in ein Longdrinkglas seihen. Eiswürfel hinzugeben und mit Orangensaft auffüllen. Mit Orangenscheiben und einer Cocktailkirsche garnieren.

ADIOS AMIGOS

3 cl weißer Rum
2 cl Lime Juice
1 cl Vermouth Dry
1 cl Brandy
1 cl Gin

Die Zutaten im Shaker auf Eis kräftig schütteln, in eine vorgekühlte Cocktailschale abseihen und nach Geschmack garnieren.

BOLERO

2,5 cl weißer Rum
2 cl Vermouth Rosso
2,5 cl Calvados

Die Zutaten im Shaker auf Eis kräftig mixen und über ein Barsieb in eine vorgekühlte Cocktailschale abseihen.

JO'S FINEST

2 cl Bols Triple Sec
2 cl Grenadine
6 cl Jamaica Rum
4 cl Orangensaft
2 cl Zitronensaft
4 cl Ananssaft
Ananasstück
Cocktailkirsche

Ein großes Longdrinkglas zur Hälfte mit Eiswürfeln füllen. Die Spirituosen und Säfte im Shaker kräftig mischen und über ein Barsieb in das Glas geben. Mit Ananas und Cocktailkirsche garnieren.

FINNDINGHI

2 cl brauner Rum
2 cl Malibu Coconut-Likör
1 cl Maracujasaft
1 Spritzer Zitronensaft
Ananassaft

Rum, Kokosnuss-Likör, Maracujasaft und Zitronensaft im Shaker auf Eis gut durchschütteln, in ein Longdrinkglas füllen und mit Ananassaft auffüllen.

HABANA MOON

4 cl weißer Rum
1 cl Cointreau
1 cl Gin
2 Spritzer Limettensaft

Alle Zutaten im Shaker auf Eis kräftig schütteln, in einen Tumbler 2 Eiswürfel geben und den Drink darüber seihen.

DAVIS

3 cl brauner Rum
6 cl Limettensaft
1 cl Himbeersirup
3 cl Vermouth Rosso
Sodawasser
Zucker

Spirituosen und Säfte im Shaker auf Eis kräftig schütteln und in ein Ballonglas mit Zuckerrand geben. Mit Sodawasser auffüllen.

BEAU RIVAGE

2 cl weißer Rum
2 cl Gin
1 cl Vermouth Dry
1 cl Vermouth Rosso
1 cl Grenadine
Orangensaft
Orangenspalte
Limettenspalte

Rum, Gin, Vermouth und Grenadine im Shaker auf Eiswürfeln gut schütteln, in ein Longdrinkglas abseihen, mit Orangensaft auffüllen und umrühren. Mit einer Orangen- und einer Limettenspalte garnieren.

PUSSER'S PAINKILLER

4 cl Pusser's Rum
2 cl Kokossirup
4 cl Ananassaft
4 cl Orangensaft
Orangenscheibe
Zitronenscheibe
Minzezweig
Cocktailkirsche

Die Zutaten mit Eiswürfeln im Shaker kräftig schütteln und in einen Original Pusser's Cup auf einige Eiswürfel abgießen und garnieren.

AMBER GLOW FRAPPÉ

3 cl weißer Rum
2 cl Gin
3 cl Limettensaft
1 TL Grenadine
Sodawasser

Die Zutaten, ohne Sodawasser, im elektrischen Mixer mit 3 EL Crushed Ice frappieren, etwas Sodawasser unterrühren und in einer hohen Cocktailschale servieren.

NACIONAL

4 cl brauner Rum
2 cl Apricot Brandy
2 cl Limettensaft
1 cl Läuterzucker

Die Zutaten mit Läuterzucker im Shaker auf Eiswürfeln gut schütteln, in einen Tumbler auf Eis abseihen.

CHERRY RUM

3 cl weißer Rum
5 cl Sahne
4 cl Cherry Heering
6 cl Kirschsaft
Cocktailkirsche

Alle Zutaten im Shaker auf Eiswürfeln kräftig schütteln, mit dem Eis in ein Ballonglas geben und mit einer Cocktailkirsche garnieren.

FROZEN BRUM

3 cl brauner Rum
3 cl Brandy
1,5 cl Cassis
4 cl Orangensaft
1 cl Läuterzucker

Alle Zutaten mit Crushed Ice im Mixer mischen und anschließend in einem dekorativen Glas servieren. Nach Wahl mit Früchten garnieren.

BEACH

4 cl weißer Rum
2 cl Crème de Menthe
1 cl Zitronensaft
Limettenspalte

Rum, Crème de Menthe und Zitronensaft im Shaker auf Eiswürfeln kräftig schütteln, in eine vorgekühlte Cocktailschale abseihen und mit einer Limettenspalte garnieren.

DON FREDERICO

3 cl weißer Rum
2 cl Galliano
1 cl Apricot Brandy
2 cl Grenadine
Orangensaft
frische Beeren

Rum, Galliano, Apricot Brandy und Grenadine im Shaker auf Eiswürfeln gut schütteln, in ein Longdrinkglas abseihen, mit Orangensaft auffüllen und umrühren. Nach Geschmack mit frischen Beeren garnieren.

BOMBAY PUNCH

4 cl weißer Rum
1 cl Orangenlikör
4 cl Orangensaft
4 cl Ananassaft
2 cl Zitronensaft
1 Spritzer Grenadine
Zitronenscheiben

Die Zutaten mit Grenadine im Shaker auf Eiswürfeln gut schütteln, in ein Longdrinkglas auf Eiswürfel abseihen. Mit den Zitronenscheiben garnieren.

BATISTA

4 cl brauner Rum
2 cl Grand Marnier
Orangenschale

Rum und Grand Marnier im Shaker auf Eis gut schütteln, mit einer Orangenschale abspritzen und über ein Barsieb in ein kleines Cocktailglas geben.

ARAWAK CREAM

3 cl brauner Rum
3 cl Cream Sherry
3 cl Sahne
1 Spritzer Angostura

Die Zutaten mit im Mixer mit 1 EL Crushed Ice bei niedriger Drehzahl schaumig schlagen. In einer Cocktailschale servieren.

BOSSA NOVA

3 cl brauner Rum
2 cl Galliano
1 cl Campari
6 cl Ananassaft
Sternfruchtscheibe

Den Campari mit 3 Eiswürfeln in ein Longdrinkglas geben, die übrigen Zutaten im Shaker auf Eis kräftig mischen, anschließend vorsichtig über den Campari seihen. Mit einer Sternfruchtscheibe garnieren.

MELON DAIQUIRI

6 cl weißer Rum
3 cl Zitronensaft
1 cl Zuckersirup
1 cl Kiwilikör
Netzmelonenkugeln

Die Zutaten mit Crushed Ice in einen Mixer geben, bis alles vollständig püriert und das Eis zerschlagen ist. In einem großen Longdrinkglas servieren. Mit Melonenkugeln garnieren.

ARAWAK

4,5 cl brauner Rum
3 cl Cream Sherry
3 Spritzer Angostura

Rum und Sherry mit 2 Eiswürfeln in einen Tumbler geben. Angostura hinzufügen und umrühren.

BOTNIA 84

1,5 cl weißer Rum
1 cl Apricot Brandy
1,5 cl Grand Marnier
4 cl Orangensaft
Ginger Ale

Rum, Brandy und Grand Marnier im Barglas rühren, dann in ein Longdrinkglas mit 3 Eiswürfeln gießen. Mit Ginger Ale zu zwei Dritteln auffüllen und schließlich den Orangensaft langsam dazugeben.

DUNLOP

4 cl weißer Rum
2 cl Dry Sherry
1 Spritzer Angostura

Die Zutaten mit Angostura im Rührglas mit Eiswürfeln verrühren, in ein Sherryglas abseihen.

MIXEN MIT RUM

DON FREDERICO II

3 cl weißer Rum
2 cl Galliano
2 cl Apricot Brandy
2 cl Grenadine
Orangensaft

Die Zutaten ohne Orangensaft im Shaker auf Eiswürfeln gut schütteln, in ein Longdrinkglas auf Eis abseihen, mit Orangensaft auffüllen und umrühren.

BAHIA II

3 cl weißer Rum
3 cl brauner Rum
5 cl Kokosnuss-Creme
4 cl Mangosaft

Die Zutaten im Shaker auf Eis schaumig aufschlagen und in einem dekorativen Cocktailglas servieren.

3 BEAUTIES

4 cl brauner Rum
2 cl Vermouth Dry
2,5 cl Calvados

Die Zutaten im Shaker gut schütteln, in ein Cognacglas abseihen und den Calvados dazugeben.

BEST WISHES

3 cl weißer Rum
3 cl Cachaça
8 cl Grapefruitsaft
1 cl Zuckersirup
1 cl Grenadine
Orangenscheibe

Grenadine in ein Longdrinkglas geben, die übrigen Zutaten im Shaker mit Eiswürfeln gut schütteln, langsam in das Glas abseihen. Die Orangenscheibe an den Glasrand stecken.

BLUE MOON

3 cl weißer Rum
2 cl Galliano
1 cl Blue Curaçao
4 cl Sahne
frische Minze

Alle Zutaten im Shaker auf Eiswürfel gut schütteln und über ein Barsieb in ein Ballonglas abseihen. Mit Minze und Strohhalmen servieren.

CAIPIRISSIMA

1 Limette
2 EL brauner Zucker
4 cl weißer Rum
2 cl Brandy

Die Limette vierteln und in einen Tumbler geben. Den Zucker darüber streuen und mit einem Löffel zerdrücken. Rum und Brandy hinzufügen, mit Crushed Ice auffüllen und umrühren.

GOLDEN GATE SLING

3 cl Bols Triple Sec
2 cl Jamaica Rum
3 cl Zitronensaft
2 Spritzer Grenadine
Bitter Lemon
Zitronenscheibe

Alle Zutaten ohne Bitter Lemon mit Eiswürfeln im Shaker kräftig schütteln. Anschließend durch ein Barsieb in ein Longdrinkglas auf einige Eiswürfel abgießen. Das Glas mit kaltem Bitter Lemon auffüllen. Mit Zitronenscheibe garnieren.

HURRICANE

4 cl brauner Rum
2 cl weißer Rum
2 cl Limettensaft
2 cl Orangensaft
2 cl Ananassaft
1 cl Maracujasirup
Früchte

Die Zutaten im Shaker auf Eis kräftig schütteln und anschließend in ein halb mit Crushed Ice gefülltes Longdrinkglas geben. Mit Früchten garnieren.

MIXEN MIT RUM

SCORPION

4 cl weißer Rum
2 cl Apricot Brandy
1 cl Grenadine
2 cl Ananassaft
2 cl Zitronensaft
frische Minze

Die Zutaten mit viel Eis im Shaker kräftig schütteln und über ein Barsieb in ein Longdrinkglas mit viel Eis abseihen. Mit frischer Minze dekorieren.

BLUE HAWAIIAN

4 cl weißer Rum
2 cl Blue Curaçao
2 cl Creme of Coconut
1 cl Zitronensaft
6 cl Ananassaft

Alle Zutaten im Shaker auf Eis kräftig mixen, anschließend die Flüssigkeit auf Crushed Ice in ein Ballonglas füllen.

BAHIA FRAPPÉ

6 cl Rum
6 cl Ananassaft
2 TL Kokosnuss-Creme

Alle Zutaten mit Crushed Ice im Mixer frappieren und in einem Cocktailglas servieren.

ORANGE MALIBU

2 cl brauner Rum
3 cl Malibu
2 cl Himbeersirup
1 cl Zitronensaft
6 cl Orangensaft
6 cl Maracujasaft

Alle Zutaten in einen mit Eiswürfeln gefüllten Shaker geben und kräftig durchschütteln. Anschließend über ein Barsieb in ein Longdrinkglas abseihen.

SOMBRERO COOLER II

4 cl weißer Rum
6 cl Ananassaft
6 cl Grapefruitsaft
Orangenscheibe
Zitronenscheibe

Die Zutaten in ein Longdrinkglas geben, umrühren und garnieren.

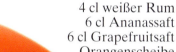

PONTRESINA

2 cl weißer Rum
2 cl Campari
2 cl Vermouth Bianco
1 cl Gin
1 cl Limettensaft

Die Zutaten im Shaker auf Eis gut schütteln und anschließend in ein Cocktailglas abseihen.

RUM SCREW DRIVER

4 cl weißer Rum
15 cl frischen Orangensaft
Orangenscheibe

Den Orangensaft in ein Longdrinkglas auf Eiswürfel geben. Rum dazuschütten und mit einer Orangenscheibe garnieren.

SAN JUAN COCKTAIL

2 cl weißer Rum
2 cl Grenadine
8 cl Ananassaft

Alle Zutaten im Rührglas auf Eis verrühren und über ein Barsieb in ein Cocktailglas abseihen.

TROPICAL SUN

4 cl weißer Rum
1 cl Zitronensaft
2 cl Grenadine
Zucker
2 cl Schweppes Tropical Bitter
Limettenscheiben

Rum, Zitronensaft und Grenadine im Shaker auf Eis kräftig schütteln und in eine Cocktailschale mit Zuckerrand abseihen. Mit Tropical Bitter auffüllen und garnieren.

MIXEN MIT RUM

RUMBA II

3 cl weißer Rum
3 cl Vermouth Bianco
Zitronensaft

Die Zutaten im Shaker auf Eis kräftig schütteln und über ein Barsieb in ein Cocktailglas seihen und garnieren.

TUTU RUM PUNCH

3 cl Jamaica Rum
3 cl Grapefruitsaft
3 cl Ananassaft
3 cl Kokossirup
5 cl flüssige Sahne
3 cl Grenadine
bunter Zucker

Alle Zutaten im Shaker auf Eis kräftig schütteln. Ein Longdrinkglas mit buntem Zuckerrand garnieren und den Drink ohne Eis einfüllen.

RUM APERITIF

2 cl weißer Rum
2 cl Vermouth Dry
1 cl Grenadine
1 cl Zitronensaft

Alle Zutaten in einen mit Eiswürfeln gefüllten Shaker geben und kräftig durchschütteln. Anschließend über ein Barsieb in ein Cocktailglas abseihen.

CHOCOLATE RUM

3 cl Schokoladenlikör
2 cl Golden Rum
2 cl Kaffee-Sahne-Likör

Zuerst den Schokoladenlikör in ein Sherryglas geben, vorsichtig den Rum darüber seihen und schließlich mit dem Kaffee-Sahne-Likör krönen.

PINK ELEPHANT

4 cl brauner Rum
1 cl Zitronensaft
1 cl Grenadine
2 cl Bols Crème de Bananes
6 cl Grapefruitsaft
6 cl Maracujanektar

Alle Zutaten in einen mit Eiswürfeln gefüllten Shaker geben und kräftig schütteln. Über ein Barsieb in ein Longdrinkglas auf einige Eiswürfel abseihen. Nach eigenem Geschmack garnieren.

HEMINGWAY'S RUM COCKTAIL

2 cl weißer Rum
2 cl Cointreau
6 cl Champagner
Orangenspalte

Alle Zutaten im Barglas auf Eis vorsichtig verrühren und in ein Champagnerglas abseihen. Mit der Orangenspalte garnieren.

RUM HAWAII

2 cl weißer Rum
3 cl Kokoscreme
1 cl Ananassaft
1 Eiweiß
2 Spritzer Cointreau

Alle Zutaten im Shaker kräftig schütteln und anschließend ohne Eis in ein Cocktailglas abseihen.

CITRUS COOLER

4 cl weißer Rum
2 cl Cointreau
2 cl Limettensaft
Bitter Lemon
Minzblätter

Die Spirituosen mit dem Limettensaft im Shaker auf Eis kräftig schütteln und anschließend in ein Longdrinkglas geben. Mit Bitter Lemon auffüllen und mit Minzblättern garnieren.

MIXEN MIT RUM

RUM BLOODY MARY

4 cl weißer Rum
15 cl Tomatensaft
3 Spritzer Zitronensaft
3 Spritzer Worchestershire-sauce
Tabasco
Salz
Pfeffer
Selleriesalz

Rum und Tomatensaft im Shaker auf Eis kräftig schütteln. Mit den Gewürzen abschmecken und mit Eis servieren.

RUM ROYALE

2 cl weißer Rum
6 cl trockener Weißwein
1 cl Läuterzucker
2 Spritzer Angostura

Die Zutaten im Rührglas auf Eis verrühren, anschließend über ein Barsieb in ein hohes Cocktailglas seihen.

COCONUT FIZZ

4 cl weißer Rum
2 cl Kokosnusssirup
1 cl Limettensaft
Sodawasser

Rum, Kokosnusssirup und Limettensaft im Shaker auf Eis kräftig schütteln, in ein Cocktailglas abseihen und mit eiskaltem Soda auffüllen.

RUM ALEXANDER

3 cl weißer Rum
3 cl Crème de Cacao
3 cl Sahne

Die Zutaten im Shaker auf Eis kräftig schütteln und in ein Aperitifglas abseihen.

TEA RUM

4 cl brauner Rum
1 cl Lime Juice
2 cl Läuterzucker
10 cl kalter schwarzer Tee
Limette

Alle Zutaten in einen mit Eiswürfeln gefüllten Shaker geben und kräftig durchschütteln. Anschließend in ein Longdrinkglas auf einige Eiswürfel abseihen. Limettenspalten hineingeben.

RUMMY

3 cl brauner Rum
2 cl Galliano
2 cl Dry Sherry
2 cl Grenadine
5 cl Ananassaft
5 cl Orangensaft
2 Spritzer Angostura
Ananasspalte

Alle Zutaten im Shaker auf Eis kräftig schütteln und in ein Longdrinkglas abseihen. Mit einem Stück Ananas garnieren.

SWEET & RED

4 cl weißer Rum
5 cl Himbeersaft
Zitronenlimonade

Rum und Himbeersaft in ein halb mit Crushed Ice gefülltes Longdrinkglas geben und mit kalter Zitronenlimonade auffüllen.

RUM DAISY

4 cl brauner Rum
2 cl Dubonnet
2 cl Zitronensaft
2 cl Läuterzucker
Sodawasser

Die Zutaten ohne Sodawasser im Shaker auf Eis kräftig schütteln. In ein Longdrinkglas auf Crushed Ice abseihen und mit Soda auffüllen.

FROZEN PURPLE

3 cl Jamaica Rum
3 cl Brombeerlikör
5 cl Kirschsaft
5 cl Cassis

Die Zutaten im Blender mit 3 TL Crushed Ice frappieren und in einer Cocktailschale servieren

MIXEN MIT WHISKY

BON ACCORD

2 cl Drambuie
4 cl Scotch Whisky
2 cl Aprikosenschnaps
1 Spritzer Orangenbitter
1 Spritzer Zitronen-limonade
Cocktailkirsche
Orangenscheibe
Zitronenscheibe

Zutaten im Mixglas gut verrühren und auf Eiswürfel in ein Longdrinkglas geben. Mit Kirsche, Orangen- und Zitronenscheibe dekorieren.

MINT JULEP

5 cl Scotch Whisky
1 TL Zucker
1 TL Wasser
frische Minzeblätter

Minzeblätter mit Zucker und Wasser in einem kleinen Glas verrühren, bis der Zucker gelöst ist. Eissplitter hinzugeben, Whisky dazugießen und einige Minuten abgedeckt ins Eisfach stellen. Einen Tumbler oder ein Stielglas zur Hälfte mit zerstoßenem Eis füllen und Drink darüber gießen. Mit Minzeblättern und Zitronenscheibe garnieren.

WHISKY SOUR

4 cl Whisky
2 cl Zitronensaft
1 cl Zuckersirup
Zitronenscheibe
Cocktailkirsche

Whisky, Saft und Sirup im Shaker mit Eis schütteln, in einen Tumbler abseihen, mit Zitronenscheibe und Kirsche garnieren.

YELLOW SUBMARINE

4 cl Scotch Whisky
2 cl Drambuie
2 cl Lime Juice
Ginger Ale
Zitronenschale
Zitronenscheibe
Cocktailkirsche
Minzblatt

Whisky, Drambuie und Saft auf gestoßenes Eis oder Eiswürfel ins Glas geben, umrühren, mit Ginger Ale auffüllen und Zitronenschale hineingeben. Spieß mit Zitronenscheibe, Cocktailkirsche und Minzblatt auf das Glas legen.

Mint Julep

IRISH CRUSTA

5 cl Irish Whiskey
1 cl Zitronensaft
1/2 TL Zuckersirup
2 Spritzer Angostura Bitter
2 EL Zucker
Zitronenscheibe

Zitronenscheibe einschneiden und mit den Schnittflächen über den Rand eines Ballon- oder Cocktailglases ziehen. Den Glasrand in Zucker tauchen. Whiskey, Sirup, Saft und Angostura mit viel Eis im Shaker kräftig mixen, bis die Außenwände beschlagen sind. In das Glas abseihen und mit Trinkhalm servieren.

DERBY FIZZ

2-3 cl Scotch Whisky
3 Spritzer Curaçao
2 TL Zucker
1 Ei
Sodawasser

Die Zutaten (ohne Sodawasser) im Shaker kräftig schütteln, in ein Cocktailglas gießen und mit Sodawasser auffüllen.

Irish Crusta

MIXEN MIT WHISKY

SCOTCH FIX

2 cl Scotch Whisky
1 cl Zitronensaft
1-2 TL Puderzucker
1 TL Lime Juice
Zitronenscheibe

Zitronensaft mit dem Zucker verrühren, bis sich der Zucker aufgelöst hat. Whisky und Lime Juice dazugeben und in einen bis zur Hälfte mit Eisstücken gefüllten Tumbler abseihen. Zitronenscheibe auf den Glasrand stecken.

Tipp: Statt des Zuckers können Sie auch Blütenhonig oder Fruchtsirup verwenden.

RACING CUP

5 cl Scotch Whisky
Ginger Ale
0,5 cl Crème de Menthe
Zitronenspirale
frische Minzblätter

Whisky in ein Longdrinkglas auf Eis gießen und mit Ginger Ale auffüllen. Crème de Menthe darüber geben. Mit Zitronenspirale und Minze dekorieren.

Scotch Fix
Old Fashioned Cocktail

MANHATTAN DRY

3 cl Canadian Whisky
2 cl Vermouth Dry
1 Spritzer Angostura
Olive
Zitronenschale

Zutaten im Mixglas mit Eis kräftig verrühren, in ein Martini- oder Cocktailglas gießen, Zitronenschale hineingeben und zur Dekoration eine Olive aufspießen.

OLD FASHIONED COCKTAIL

4 cl Bourbon
1 TL Zuckersirup
4 Spritzer Angostura Bitter
1 Spritzer Zitronensaft
Orangenscheibe
Cocktailkirsche

Alle Zutaten auf Eis in einen Tumbler geben und umrühren. Mit zwei aufgespießten Kirschen und einer Orangenscheibe servieren.

Tipp: Je nach Geschmack kann man den „Old Fashioned" mit Soda oder Wasser auffüllen.

WHISPER

2 cl Scotch Whisky
2 cl Vermouth Dry
2 cl Vermouth Bianco
2 Kirschen

Whisky und Vermouth auf Eiswürfel in ein Martiniglas gießen, umrühren und die Kirschen hineingeben.

AFTER-DINNER-DRINK

3 cl Irish Whiskey
3 cl Mandellikör
5 cl Sahne
geriebene Muskatnuss

Whiskey, Likör, Sahne und viel Eis im Shaker kräftig schütteln, bis die Außenwand völlig beschlagen ist. In ein großes Cocktailglas oder ein Ballonglas abseihen und mit Muskatnuss überstäuben.

ROB ROY

2 cl Bourbon
2 cl Vermouth Dry
1 TL Curaçao
3 Spritzer Angostura Bitter
Kirschenpaar
Zitronenmelisse

Alle Zutaten im Mixglas kräftig rühren, in ein vorgekühltes Cocktailglas abseihen und mit Kirschen und Melisse garnieren.

MANHATTAN SWEET

4 cl Canadian Whisky
1,5 cl Vermouth Rosso
1,5 cl Vermouth Bianco
1 Spritzer Angostura
1 Maraschinokirsche

Alle Zutaten im Mixglas mit Eis verrühren und in einem gekühlten Cocktailglas servieren. Mit Kirsche garnieren.

COLONEL COLLINS

5 cl Bourbon
3 cl Zitronensaft
2 cl Zuckersirup
Sodawasser
Zitronenscheibe
Cocktailkirsche

Bourbon, Saft und Sirup mit Eiswürfeln im Shaker gut schütteln und in ein Longdrinkglas auf einige Eiswürfel abseihen. Mit etwas Sodawasser auffüllen. Mit Zitronenscheibe und Kirsche garnieren.

RUSTY NAIL

3 cl Scotch Whisky
3 cl Drambuie
Zitronenschale

Whisky und Drambuie mit viel Eis im Tumbler verrühren. Zitronenschale hineingeben.

Tipp: Sie können das Mischungsverhältnis ganz nach Ihrem Geschmack variieren. Nehmen Sie mehr Whisky als Drambuie, wenn der Drink trockener sein soll.

Rob Roy

HIGHBALL

6 cl Bourbon

Ginger Ale

Zitronenschale

Eiswürfel und Bourbon in ein Longdringlas geben. Mit Ginger Ale auffüllen und eine dünne Zitronenschale in das Glas hängen.

DOUBLE APPLE

2 cl Scotch Whisky

2 cl Calvados

4 Spritzer Zitronensaft

2 TL Zucker

Prise Zimt

Zutaten im Mixglas auf zerstoßenem Eis verrühren und in ein Longdrinkglas abseihen.

HURRICANE

1,5 cl Bourbon

1,5 cl Pfefferminzlikör

1,5 cl Gin

Kirsche

Alle Zutaten in einem Mixglas etwa 20 Sekunden rühren, in ein Cocktailglas abseihen und mit Kirsche garnieren.

Highball · Hurricane

Double Apple · Tonic Oho

TONIC OHO

1,5 cl Scotch Whisky

1 cl Zitruslikör

Orangen- und Ananasstücke

Tonic Water

Whisky und Zitruslikör auf Eis gut vermischen und in einen Tumbler abseihen. Fruchtstücke zugeben und mit Tonic Water auffüllen.

WHISKY ROLLER

2 cl Orangenlikör

2 cl Whisky

0,2 l Zitronensaft

Zitronenscheibe

Zutaten über Eiswürfel in ein Longdrinkglas gießen, verrühren und mit Zitronenscheibe dekorieren.

WHY-KIKI

2 cl Whisky

2 cl Cherry Brandy

2 cl Vermouth Rosso

2 cl Orangensaft

Alle Zutaten im Shaker auf Eis gut schütteln und in einen Tumbler auf Eiswürfel abseihen.

AULD ALLIANCE

2 cl Scotch Whisky

2 cl Vermouth Dry

1 cl Drambuie

1 Spritzer Pfefferminzlikör

frische Minze

Whisky, Vermouth und Drambuie in einen Tumbler mit drei Eiswürfeln verrühren und den Pfefferminzlikör hinzugeben. Mit frischer Minze dekorieren.

Whisky Roller

PEACH BALL

3 cl Scotch Whisky
2 cl Pfirsichlikör
1 cl Erdbeersirup
4 cl Zitronensaft
10 cl Orangensaft
Orangenscheibe

Alle Zutaten im Shaker auf Eis schütteln und in ein Longdrinkglas abseihen. Orangenscheibe auf den Glasrand stecken.

FANCIULLI

1 cl Fernet Branca
1,5 cl Vermouth Rosso
2,5 cl Bourbon

Alle Zutaten in der angegebenen Reihenfolge auf Eis in den Shaker geben und kräftig schütteln. In ein Cocktailglas abseihen.

ROYAL SCOT

1 cl Drambuie
2 cl Scotch Whisky
1 cl Chartreuse (grün)
Cocktailkirsche

Zutaten auf Eis in den Shaker geben, kräftig schütteln und in ein Cocktailglas abseihen. Mit Kirsche dekorieren.

MORNING DEW

3 cl Irish Whisky
1 cl Curaçao blue
2 cl Crème de Bananes
4 cl Grapefruitsaft
1/2 Eiweiß
Orangenscheibe
Cocktailkirsche

Die Zutaten im Shaker mit Eiswürfeln gut schütteln und in eine Cocktailschale abseihen. Mit Orangenscheibe und Kirsche garnieren.

IRISH WHISKEY FIZZ

6 cl Irish Whiskey
3 cl Zitronensaft
2 cl Zuckersirup
1 TL Eiweiß
Cocktailkirsche
Zitronenscheibe
Sodawasser

Whiskey, Saft, Sirup und Eiweiß mit Eis im Shaker kräftig schütteln und in ein Longdrinkglas abseihen. Mit Sodawasser abspritzen. Mit Zitronenscheibe und Kirsche garnieren.

MEMPHIS DELIGHT

4 cl Bourbon
2 cl Cointreau
1 cl Zitronensaft
Cola
Zitronen- oder Orangenscheibe

Bourbon, Cointreau und Zitronensaft im Shaker auf Eis kräftig schütteln, in ein Longdrinkglas auf Eiswürfel abseihen und mit Cola auffüllen. Mit Zitronen- oder Orangenscheibe dekorieren.

Irish Whiskey Fizz

ROCK-COCKTAIL

1 cl Whisky

1 cl Zitronensaft

1 cl Ananassaft

1 cl Kirschwasser

1 cl Curaçao

Zutaten auf Eis im Shaker gut schütteln und in ein Cocktailglas abseihen.

SKY BOAT

4 cl Scotch Whisky

4 cl Drambuie

4 cl Orangensaft

Orangenscheibe

Zutaten in ein Longdrinkglas auf Eis geben, verrühren und mit Orangenscheibe garnieren.

Captain's Dream

CAPTAIN'S DREAM

5 cl Whisky

2 cl Mangosirup

1 TL Limettensaft

5 Tropfen Angostura Bitter

Tonic Water

Mangospalte

Kiwischeibe

Stachelbeere

Zwei Eiswürfel in ein Longdrinkglas geben, Whisky, Sirup, Saft und Angostura hinzufügen, kurz durchrühren und mit Tonic Water auffüllen. Mit Mangospalte, Kiwi und Stachelbeere auf Spieß dekorieren.

SUPER FOX

4 cl Whisky

1 cl Kirschlikör

1 TL Limettensirup

Roter Johannisbeer-Nektar

Grapefruitsaft

Ginger Ale

Zwei Eiswürfel in ein Longdrinkglas geben, Whisky, Likör und Sirup hinzufügen. Kurz durchschwenken und zu je einem Drittel mit Johannisbeer-Nektar, Grapefruitsaft und Ginger Ale auffüllen.

Super Fox

FLUSH

4 cl Bourbon
3 cl Grüne-Banane-Likör
Mineralwasser
Orangenschale
Kiwischeibe
Kirsche

Zutaten im Shaker auf Eis schütteln, in ein Longdrinkglas abseihen und mit eisgekühltem Mineralwasser auffüllen. Mit Orangenschale, Kiwischeibe und Kirsche dekorieren.

MIAMI SUNSET

4 cl Scotch Whisky
4 cl Mangosaft
4 cl Orangensaft
1 cl Cointreau
1 cl Grenadine
1 Kirsche
Orangenschale

Zutaten im Mixglas auf Eis verrühren, in ein Longdrinkglas abseihen und mit Orangenschale und Kirsche dekorieren.

MOUNTAIN SKIER

2 cl Drambuie
2 cl Scotch Whisky
1 Spritzer Angostura
1 Eiweiß
1 Stengel Minze
Zitronenscheibe

Zutaten über Eis im Shaker schütteln und in ein Longdrinkglas gießen. Mit Minze und Zitronenscheibe dekorieren.

HIGHLAND SPECIAL

3 cl Scotch Whisky
2 cl Vermouth Dry
1 cl Orangensaft
Muskatnuss
1/2 Orangenscheibe

Whisky, Vermouth und Orangensaft auf Eiswürfeln im Shaker schütteln, in ein Sekt- oder Cocktailglas abseihen, etwas Muskatnuss hinzufügen und mit Orangenscheibe dekorieren.

Temptation

Flush

TEMPTATION

2 cl Eierlikör
2 cl Scotch Whisky
1 cl Williams-Birnengeist
Borkenschokolade

Likör, Whisky und Birnengeist im Shaker gut mixen, in eine Cocktailschale abseihen und mit Borkenschokolade bestreuen.

AMOR

1 cl Blackberry Brandy
1 cl Scotch Whisky
1 cl Weinbrand
Sekt
1/2 Orangenscheibe
1/2 Zitronenscheibe

Brandy, Whisky und Weinbrand im Shaker schütteln, in eine Cocktailschale abseihen und mit Sekt auffüllen. Halbe Orangen- und Zitronenscheibe auf den Glasrand stecken.

WHISKY FLIP

5 cl Whisky
1 cl Zuckersirup
2 cl Sahne
1 Eigelb
geriebene Muskatnuss

Die Zutaten mit Eiswürfeln im Shaker kurz und kräftig schütteln und in ein Longdrinkglas abseihen. Mit etwas Muskat bestreuen.

Amor

Bourbon Sour

BOURBON SOUR

6 cl Bourbon
1 cl Cognac
1 cl Curaçao
2 cl Zitronensaft
1 Spritzer Angostura Bitter
Zitronenmelisse

Zutaten über zerkleinertem Eis im Shaker mixen und in ein vorgekühltes Sektglas abseihen. Mit Zitronenmelisse dekorieren.

MIXEN MIT WHISKY

DRAMBUIE SOUR

4 cl Drambuie
2 cl Zitronensaft
4 cl Orangensaft
Orangenscheibe
Cocktailkirsche

Likör und Säfte mit Eiswürfeln im Shaker kräftig schütteln und durch ein Barsieb in ein Stielglas abgießen. Einen Spieß mit einer halben Orangenscheibe und einer Cocktailkirsche auf den Glasrand legen.

SCOTTIE

3 cl Whisky
2 cl Pfirsichlikör
6 cl Ananassaft
4 cl Maracujasaft
1 cl Grenadine

Die Zutaten ohne den Grenadinesirup im Shaker auf Eiswürfeln kräftig schütteln. In ein hohes Longdrinkglas Crushed Ice geben und die Mixtur darüber seihen. Zum Schluss die Grenadine vorsichtig dazugeben. Garnieren.

BUNNY HUG

3 cl Whiskey
2 cl Pernod
2 cl Gin

Die Zutaten im Shaker auf Eis gut schütteln und in einem Cocktailglas auf Crushed Ice servieren.

SCOTTISH HEART

4 cl Drambuie
2 cl Scotch Whisky
6 cl Orangensaft
6 cl Aprikosensaft
Orangenscheiben

Die Zutaten im Shaker auf Eis gut schütteln und über ein Barsieb in ein Longdrinkglas seihen. Mit Orangenscheiben garnieren.

AFFINITY

2,5 cl Whisky
2 cl Vermouth Dry
2 cl Vermouth Rosso
2 Spritzer Angostura
Zitronenschale

Alle Zutaten mit Angostura im Rührglas mit Eiswürfeln gut verrühren und in einem großen Longdrinkglas servieren. Streifen von Zitronenschale hinzugeben.

HIGHLAND DREAM

2 cl Scotch Whisky
4 cl Drambuie
6 cl Maracujanektar
Cocktailkirschen

Die Zutaten im Shaker auf Eiswürfeln kräftig schütteln und in einen Tumbler seihen. Einige Cocktailkirschen ins Glas geben.

TUTIOSI

2,5 cl Canadian Whisky
1,5 cl Weinbrand
1,5 cl Vermouth Rosso
1 cl Galliano
1 cl Mandarinenlikör
Orangensaft

Alle Zutaten ohne Orangensaft im Shaker auf Eis gut schütteln und über ein Barsieb in ein Longdrinkglas seihen. Mit dem Orangensaft auffüllen und mit einem Trinkhalm servieren.

MILLIONAIRE

4 cl Bourbon Whiskey
2 cl Zitronensaft
1 Eiweiß
1 cl Curaçao Triple Sec
1 cl Grenadine
Erdbeere

Alle Zutaten auf Eis im Shaker kräftig schütteln und in ein Ballonglas mit Crushed Ice abseihen. Mit einer Erdbeere garnieren und mit Trinkhalm servieren.

90

MIXEN MIT WHISKY

DREAM OF NAPLES

3 cl Bourbon Whiskey
2 cl Campari
1 cl Curaçao Triple Sec
2 Spritzer Angostura

Alle Zutaten im Rührglas vermischen und in einem großen Ballonglas auf Eiswürfeln servieren.

HIGHLANDER

3 cl Whisky
1 cl Drambuie
1 Spritzer Zitronensaft
Maracujasaft
Fruchtstücke

Whisky, Likör und Zitronensaft im Shaker mit Eiswürfeln gut mischen und in ein dekoratives Longdrinkglas seihen. Mit Maracujasaft auffüllen und mit Früchten garnieren.

HORSE'S NECK

6 cl Scotch Whisky
2 Spritzer Angostura
Ginger Ale
Zitronenspirale

Die Zitronenspirale mit Eiswürfeln in ein großes Glas geben, Whisky und Angostura hinzugeben und das Glas mit Ginger Ale auffüllen.

EGG SOUR

3 cl Bourbon Whiskey
1 cl Curaçao Triple Sec
1 cl Zitronensaft
1 TL Puderzucker
1 Eigelb
Orangenscheibe
Cocktailkirsche

Alle Zutaten im Shaker auf Eis kräftig schütteln. In einem Cocktailglas servieren. Mit Orangenscheibe und Cocktailkirsche garnieren.

BOBBY BURNS

2 cl Scotch Whisky
2 cl Vermouth Rosso
2 cl Vermouth Bianco
3 Spritzer Bénédictine

Die Zutaten im Shaker auf Eis gut schütteln und in einen Tumbler auf Eiswürfel abseihen.

BOURBONNAISE

4 cl Bourbon Whiskey
1 cl Vermouth Dry
1 cl Vanillelikör
1 cl Zitronensaft
4 cl Sodawasser

Die Zutaten ohne Sodawasser im Shaker auf Eis gut schütteln, in einen Tumbler auf Eis abseihen und Sodawasser hinzugeben.

GODFATHER

4 cl Bourbon Whiskey
2 cl Amaretto
Limettenschale

Die Spirituosen im Shaker auf Eis kräftig schütteln und über ein Barsieb in ein Cocktailglas abseihen. Die Limettenschale ins Glas geben.

DRAMBUIE PUNCH

4 cl Drambuie
3 Spritzer Zitronensaft
Orangensaft
Orangenscheibe

Den Whiskylikör mit Zitronensaft in einen Tumbler auf einige Eiswürfel geben und mit Orangensaft auffüllen. Eine halbe Orangenscheibe ins Glas geben.

MIXEN MIT WHISKY

LUMBERJACK

2 cl Scotch Whisky
1 cl Calvados
1 cl Gin
Zitronenschale

Die Zutaten im Rührglas mit Eiswürfeln gut verrühren, in einen Tumbler auf Eis abseihen. Mit Zitronenschale abspritzen.

ROYAL TURKEY

3 cl Bourbon Whiskey
2 cl Apricot Brandy
2 cl Gin
2 cl Ananassaft
Limonade

Die Zutaten ohne Limonade in einem Shaker auf Eis kräftig durchmischen und in ein Longdrinkglas geben. Mit Limonade auffüllen.

DON JOSÉ II

2 cl Bourbon Whiskey
2 cl Vermouth Rosso
1 cl Galliano

Die Zutaten im Shaker auf Eis kräftig schütteln, anschließend über ein Barsieb in ein Cocktailglas abseihen.

SOUTHERN BANGER

3 cl Southern Comfort
3 cl Wodka
Orangensaft
Orangenscheibe

Southern Comfort und Wodka in ein Longdrinkglas auf 3 Eiswürfel gießen, anschließend mit gekühltem Orangensaft auffüllen. Mit Orangenscheibe garnieren.

FLYING SCOTSMAN

3 cl Scotch Whisky
2 cl Vermouth Dry
2 Spritzer Angostura
Cocktailkirsche
Limonenscheibe

Die Spirituosen im Shaker auf Eis kräftig schütteln, anschließend in einer Cocktailschale servieren. Mit Limonenscheibe und Cocktailkirsche garnieren.

SOUTHERN COLADA

4 cl Southern Comfort
5 cl Kokosnusssirup
4 cl Maracujasaft
4 cl Ananassaft
5 cl Sahne

Alle Zutaten im Shaker mit Crushed Ice kräftig schütteln und anschließend in einem Longdrinkglas servieren.

SOUTHERN SUNSET

3 cl Southern Comfort
2 cl Cointreau
2 cl Jamaica Rum
1 cl Zitronensaft

Die Zutaten im Shaker auf Eis kräftig schütteln und anschließend über ein Barsieb in eine Cocktailschale abseihen.

SWEET N'SOUR

3 cl Southern Comfort
2 cl Bourbon Whiskey
2 cl Zitronensaft
1 cl Läuterzucker

Alle Zutaten ohne Sodawasser im Shaker auf Eis kräftig schütteln, anschließend in ein Ballonglas abseihen und mit Soda auffüllen.

MIXEN MIT WHISKY

UNION CLUB

4 cl Bourbon Whiskey
2 cl Curaçao Triple Sec
2 cl Zitronensaft
1/2 Eiweiß
Zucker

Alle Zutaten im Shaker auf Eis kräftig schütteln. In einem Cocktailglas mit Zuckerrand servieren. Nach Geschmack mit Früchten garnieren.

TORPEDO

5 cl Southern Comfort
3 cl Malt Whisky
Ginger Ale

Die Spirituosen in einen Tumbler über 3 Eiswürfel geben, umrühren und mit Ginger Ale auffüllen.

BROWN FOX

4 cl Whisky
2 cl Bénédictine

Den Whisky mit dem Likör auf Eis im Tumbler verrühren.

AMARETTO STINGER

3 cl Whiskey
3 cl Amaretto
1 cl Zitronensaft

Alle Zutaten im Shaker mit Crushed Ice kräftig schütteln und anschließend über ein Barsieb in ein Cocktailglas abseihen.

FRISCO SOUR

4 cl Bourbon Whiskey
2 cl Zitronensaft
1 cl Bénédictine
1 TL Puderzucker
Orangenachtel
Cocktailkirsche

Die Zutaten im Shaker auf Eis kräftig schütteln, anschließend in ein Cocktailglas abseihen. Mit Orangenachtel und Cocktailkirsche garnieren.

OLD NICK

3 cl Scotch Whisky
3 cl Drambuie
2 cl Zitronensaft
2 cl Orangensaft
2 Spritzer Angostura

Die Zutaten auf Eiswürfeln im Shaker kräftig schütteln und durch ein Barsieb in ein Stielglas abgießen.

WHISKY-LEMON-COCKTAIL

2 cl Scotch Whisky
2 cl Limettensirup
6 cl Grapefruitsaft
1 TL Zitronensaft
Sekt
Cocktailkirsche

Die Zutaten ohne Sekt im Shaker auf Eis gut mixen, in eine Champagnerschale geben und mit Sekt auffüllen. Mit einer Cocktailkirsche garnieren.

CALEDONIAN

3 cl Scotch Whisky
4 cl Orangensaft
1 cl Zitronensaft
Bitter Lemon
Fruchtstücke

Die Zutaten ohne Bitter Lemon mit Eiswürfeln im Shaker kräftig schütteln und durch ein Barsieb in ein Longdrinkglas auf Eiswürfel abgießen. Mit Bitter Lemon auffüllen. Mit Früchten garnieren.

MIXEN MIT WHISKY

SCOTTISH SURPRISE

6 cl Scotch Whisky
6 cl Maracujanektar
1 cl Zitronensaft
1 cl Grenadine
Zitronenscheibe
Cocktailkirsche

Die Zutaten mit Eiswürfeln im Shaker kräftig schütteln und durch ein Barsieb in einen Tumbler auf Eiswürfel abgießen. Mit Zitrone und Cocktailkirsche garnieren.

DUSTY MARTINI

3 cl Scotch Whisky
3 cl Gin

Whisky und Gin im Barglas auf Eis verrühren, anschließend ohne Eis in ein Cocktailglas abseihen und eine Olive hineingeben.

DRAMBUIE SPECIAL

4 cl Drambuie
2 Spritzer Angostura
Ginger Ale
Zitronenschalenspirale

Drambuie mit 2 Spritzern Angostura über 3 Eiswürfel in ein Longdrinkglas geben, mit Ginger Ale auffüllen und mit der Zitronenschalenspirale garnieren.

GOLDEN NAIL

4 cl Bourbon Whiskey
2 cl Southern Comfort
Zitronenschalenspirale

Whiskey und Southern Comfort im Barglas auf Eis verrühren, anschließend in einem Tumbler mit viel Eis servieren. Mit Zitronenschalenspirale garnieren

GUILIANA CRUSTA

2 cl Scotch Whisky
1 cl Drambuie
1 cl Vermouth Dry
2 cl Orangensaft

Die Spirituosen mit dem Orangensaft im Shaker auf Eis kräftig schütteln, anschließend über ein Barsieb in ein Cocktailglas abseihen.

BETWEEN THE BORDER

3 cl Wodka
3 cl Southern Comfort

Die Spirituosen im Shaker auf Eis lange schütteln und in einem vorgekühlten Cocktailglas ohne Eis servieren.

HORIZON

2 cl Bourbon Whiskey
2 cl weißer Rum
2 cl Grenadine
6 cl Orangensaft

Rum und Grenadine im Shaker auf Eis kräftig mischen und über ein Barsieb in ein großes Cocktailglas abseihen. Den gleichen Vorgang mit Whiskey und Orangensaft wiederholen und langsam in das Glas abseihen, ohne dass die Flüssigkeiten sich vermischen.

MR. BEAR

4 cl Canadian Whisky
1 cl Honig
Zitronenschale

Whisky und Honig im Shaker auf Eiswürfeln gut schütteln, mit Zitronenschale abspritzen und in einem Longdrinkglas auf Eiswürfeln servieren.

MIXEN MIT WHISKY

ALICE

2 cl Scotch Whisky
2 cl Cassis
2 cl Vermouth Dry
Cocktailkirsche

Alle Spirituosen im Shaker auf Eis kräftig schütteln, anschließend in ein Cocktailglas abseihen. Mit einer Cocktailkirsche garnieren.

NIGHT SHADOW

3 cl Bourbon Whiskey
1 cl Vermouth Rosso
1 cl Orangensaft
1 cl Chartreuse Verte
Limettenscheibe

Alle Zutaten auf Eis im Shaker kräftig schütteln und in ein Ballonglas abseihen. Mit einer Limettenscheibe garnieren.

BARETT

2 cl Bourbon
1 cl Galliano
1 cl Amaretto

Alle Zutaten im Shaker auf Eiswürfeln kräftig schütteln, anschließend in einen Tumbler auf Eiswürfel abseihen.

DON JOSÉ

2 cl Bourbon Whiskey
2 cl Vermouth Rosso
1 cl Bananenlikör
Limettenschale

Alles im Shaker auf Crushed Ice gut schütteln, anschließend in eine Cocktailschale abseihen. Limettenschale hineingeben.

CALEDONIAN SUNRISE

3 cl Scotch Whisky
3 cl Grenadine
15 cl Orangensaft
Orangenscheibe
Cocktailkirsche

Whisky und Grenadine im Shaker auf Eis kräftig mischen und in ein Longdrinkglas geben. Anschließend den gekühlten Orangensaft langsam darüber seihen. Mit Orangenscheibe und Cocktailkirsche garnieren.

SCOTCH CHERRY

4 cl Scotch Whisky
2 cl Cherry Brandy
2 cl Lime Juice

Die Zutaten im Shaker auf Eis kräftig schütteln, anschließend in ein Whiskyglas auf Eiswürfel abseihen.

BISHOP

3 cl Canadian Whisky
1 cl Vermouth Rosso
1 TL Chartreuse Verte
Orangensaft
Orangenscheibe

Die Spirituosen im Shaker auf Eis kräftig schütteln und in ein Longdrinkglas abseihen. Mit Orangensaft auffüllen und mit einer Orangenscheibe garnieren.

AROSA

4 cl Campari
2 cl Scotch Whisky
Tonic Water
Cocktailkirschen

In ein Longdrinkglas mit 3 Eiswürfeln zuerst den Campari füllen, anschließend den Whisky langsam darüber seihen und mit Tonic auffüllen. Mit Cocktailkirschen garnieren.

MIXEN MIT WODKA

CHI-CHI

5 cl Wodka
2,5 cl Kokosnusscreme
8 cl Ananassaft
Ananasscheibe
Cocktailkirsche

Zutaten im Shaker auf Eis gut mixen und in ein Cocktailglas auf gestoßenes Eis gießen. Mit Ananasscheibe und Kirsche garnieren.

SANDY BEACH

2 cl Wodka
2 cl Crème de Cacao weiß
2 cl Milch

Zutaten mit viel Eis im Shaker mixen und in ein Cocktailglas auf Eis abseihen.

SCREW-DRIVER

4 cl Wodka
16 cl Orangensaft
Orangenscheibe

Den Wodka in einen Tumbler auf Eisstücke geben und mit Orangensaft auffüllen. Mit Orangenscheibe dekorieren.

BARBARA COCKTAIL

2 cl Crème de Cacao braun
2 cl Wodka
2 cl frische Sahne

Zutaten im Shaker auf Eiswürfel kräftig schütteln und in ein Cocktailglas abseihen.

SOMMER-WIND

2 cl Pfefferminztee
1 cl Wodka
1 cl Zuckersirup
Saft 1/2 Zitrone
Mineral- oder Heilwasser mit Kohlensäure
Zitronenscheibe
Für den Zuckerrand:
Zitronensaft und Zucker

Rand einer Cocktailschale in Zitronensaft und dann in Zucker tauchen. Tee, Wodka, Sirup und Saft im Shaker mixen und in das vorbereitete Glas auf Eis abseihen. Mit Wasser auffüllen und eine Zitronenscheibe hineingeben.

Sommerwind

VULCANO

2 cl Vermouth Bianco
6 cl Wodka
Orangensaft
Orangenscheibe

Vermouth und Wodka in Tumbler auf Eiswürfel geben, mit Orangensaft auffüllen und mit Orangenscheibe dekorieren.

BULL SHOT

5 cl Wodka
10 cl Consommé
Salz
Pfeffer
Zitronensaft

Den Wodka und die Fleischbrühe in einem Longdringlas mit Eis verrühren, einen Spritzer Zitronensaft und eventuell Zitronenschale hinzugeben.

AZTEKEN PUNCH

2 cl Crème de Cacao braun
2 cl Wodka
4 cl Ananassaft
Orangensaft
Ananasscheibe

Zutaten über Eis in ein Longdrink- oder Stielglas geben und mit Orangensaft auffüllen. Mit Ananas garnieren.

BLUE LAGOON

4 cl Wodka
2 cl Curaçao blue
1 cl Zitronensaft
Zitronenlimonade
Zitronenscheibe

Wodka, Curaçao und Zitronensaft im Longdrinkglas auf Eiswürfeln verrühren und mit Zitronenlimonade auffüllen. Mit Zitronenscheibe dekorieren.

SEVENTY SEVEN

2 cl Wodka
1 cl Gin
1 cl Zitronensaft
Zitronenlimonade
Zitronenscheibe

Wodka, Gin und Zitronensaft im Longdrinkglas auf Eiswürfeln verrühren und mit Zitronenlimonade auffüllen. Zitronenscheibe auf den Glasrand stecken.

Azteken Punch

SANSIBAR

1 cl Wodka
2 cl Zuckersirup
1 Kiwi püriert
Saft 1/4 Zitrone
Kiwischeibe
Für Mandelrand:
Zitronensaft und
gehackte Mandeln

Rand eines Longdrinkglases in Zitronensaft und dann in gehackte Mandeln tauchen. Pürierte Kiwi, Sirup, Zitronensaft und Wodka im Shaker mixen und in das vorbereitete Glas auf Eiswürfel geben. Mit Kiwischeibe dekorieren.

MOSCOW MULE

4 cl Wodka
1 Spritzer Limonensaft
Ginger Ale
Limonenscheibe

Eisgekühlten Wodka auf Eiswürfel in einen großen Tumbler oder ein Longdrinkglas geben, mit Limonensaft abspritzen und mit Ginger Ale auffüllen. Mit Limonenscheibe dekorieren.

Sansibar

VÄTERCHEN ALJOSCHA

1,5 cl Crème de Cacao
1,5 cl Wodka
1,5 cl frische Sahne
Prise Kakao

Zutaten im Shaker mit Eiswürfeln schütteln, in Cocktailglas abseihen und mit einer Prise Kakao bestreuen.

BLACK RUSSIAN

4 cl Wodka
2 cl Kahlúa

Zutaten im Tumbler auf Eiswürfeln verrühren.

Tipp: Je nach persönlichem Geschmack können Sie das Verhältnis von Wodka und Kahlúa variieren. Der „Russian" muß aber keineswegs immer black sein. Mit Sahnehaube gekrönt, wird daraus ein „White Russian". Wenn Sie den Kaffeelikör durch Crème de Menthe oder Kirschlikör ersetzen, haben Sie einen grünen bzw. roten „Russian".

The Waikiki   *Don Gregory*

WODKA GIBSON

4 cl Wodka
1 cl Vermouth Dry
2-3 Perlzwiebeln

Wodka und Vermouth im Shaker auf Eis schütteln, in ein Cocktailglas abseihen und mit Perlzwiebeln garnieren.

THE WAIKIKI

4 cl Wodka
12 cl Ananassaft
Ananasscheibe

Eisgekühlten Wodka auf Eiswürfel in ein Longdrinkglas geben und mit Ananassaft auffüllen. Mit Ananasstück dekorieren.

DON GREGORY

4 cl Wodka
12 cl Cola
Orangen- oder Zitronenscheibe

Eisgekühlten Wodka auf Eiswürfel in ein Longdrinkglas geben und mit Cola auffüllen. Mit Orangen- oder Zitronenscheibe dekorieren.

BLUE BOAR

3 cl Wodka
1 cl Drambuie
1 cl Curaçao blue
1 Spritzer Zitronenlimonade
1 Eiweiß

Zutaten im Shaker kräftig schütteln und in ein Cocktailglas abseihen.

Black Russian

LONG AND STRONG

1 cl Drambuie
2 cl Wodka
1 cl Granatapfelsirup
1 Spritzer Limetten- oder Zitronensaft
Bitter Lemon
Limetten- oder Zitronenscheibe

Drambuie, Wodka und Sirup über Eis in einen Tumbler gießen und verrühren. Den Saft hinzugeben, mit Bitter Lemon auffüllen und mit Zitronenscheibe garnieren.

GEORGE COLLINS

2 cl Wodka
2 cl Cointreau
2 cl Zitronensaft
Bitter Lemon

Wodka, Cointreau und Saft mit zwei Eiswürfeln im Longdrinkglas verrühren und mit Bitter Lemon auffüllen.

Bloody Mary

BLOODY MARY

5 cl Wodka
1 cl Zitronensaft
10 cl Tomatensaft
Worcestershiresauce
Tabasco
Selleriesalz
Pfeffer

Alle Zutaten im Shaker auf Eis kräftig schütteln oder im Mixglas gut verrühren. Nochmals abschmecken und im Longdrinkglas servieren.

Tipp: Stellen Sie zum Umrühren eine Selleriestange in den Drink. Das ist dekorativ und praktisch zugleich.

SALTY DOG

5 cl Wodka
5 cl Grapefruitsaft
Prise Salz

Wodka und Saft im Shaker mit Eiswürfeln schütteln und mit einer Prise Salz in eine vorgekühlte Cocktailschale geben. Statt der Prise Salz im Cocktail können Sie auch den Rand des Glases mit Salzrand verzieren: Glas in den Saft tunken und dann in Salz.

MIXEN MIT WODKA

LOS ANGELES

2 cl Wodka
2 cl Grand Marnier
3 cl Orangensaft
3 cl Ananassaft
1 Spritzer Grenadine
1 Spritzer Maracujasaft
2 cl Grapefruitsaft
2 cl Zitronensaft
Orangenscheibe
Kirsche

Die Zutaten im Shaker auf Eis gut mixen und in ein Longdrinkglas auf Eiswürfel abseihen. Mit Orangenscheibe und Kirsche garnieren.

ICE LAND

4 cl Wodka
10 cl Grapefruitsaft
Tonic Water
Grapefruitscheibe
Cocktailkirsche

Wodka und Saft im Longdrinkglas mit Eiswürfeln verrühren und mit Tonic Water auffüllen. Zur Dekoration Grapefruitscheibe mit Kirsche auf den Glasrand stecken.

VODKATINI

1 cl Wodka
6 cl Vermouth Dry
Olive

Eisgekühlten Wodka auf Eiswürfel im Mixglas mit dem Vermouth verrühren, in ein vorgekühltes Cocktailglas abseihen und eine Olive hineingeben.

Vodkatini

Ice Land

MIXEN MIT WODKA

MOSCOW APPLE

4 cl Wodka
1 Limette
Apfelsaft

In ein Longdrinkglas einige Eiswürfel geben. Die Limette vierteln, den Saft in das Glas pressen und anschließend die Viertel dazugeben. Nun den Wodka hinzugießen und das Glas mit Apfelsaft auffüllen.

WOLGA CLIPPER

3 cl Wodka
2 cl Apricot Brandy
3 cl Orangensaft
Orangenscheibe

Die Zutaten im Rührglas auf viel Eis vermischen und in einem Becherglas servieren. Mit einer Orangenscheibe garnieren.

TIME BOMB

2 cl Wodka
2 cl Aquavit
2 cl Zitronensaft
Limettenspalte

Die Zutaten im Shaker mit Eiswürfeln gut schütteln, anschließend im Tumbler auf sehr viel Eis servieren. Mit der Limettenspalte garnieren.

SANGRITA MARY

4 cl Wodka
12 cl Sangrita
Zitronenscheibe

Eiswürfel in ein Longdrinkglas geben. Wodka und Sangrita dazugeben, anschließend mit einem Barlöffel gut umrühren. Mit einer Zitronenscheibe am Glasrand servieren.

NORTHPOLE

3 cl Wodka
1 cl Drambuie
1 cl Campari
Zucker
Limettenschale

Die Zutaten im Shaker auf viel Eis kräftig schütteln und in eine Cocktailschale mit Zuckerrand abseihen. Mit Limettenschale garnieren.

AVIATION

3 cl Wodka
0,5 cl Apricot Brandy
1,5 cl Zitronensaft
1,5 cl Ananassaft
2 Limettenscheiben
Zucker

Alle Zutaten im Shaker auf Eiswürfeln kräftig schütteln und über ein Barsieb in ein Cocktailglas mit Zuckerrand abseihen. Die Limettenscheiben einlegen.

HAPPY FIN

4 cl Wodka
2 cl Pfirsichlikör
Orangensaft
Limettenspalte

Spirituosen im Longdrinkglas auf Eiswürfeln gut verrühren, mit Orangensaft auffüllen. Die Limettenspalte dazugeben.

LIGHTDAY

4 cl Wodka
1 cl Anisette
3 Spritzer Orange Bitter
1 Eiweiß

Alle Zutaten im Shaker auf Eiswürfeln kräftig schütteln. Anschließend in eine vorgekühlte Cocktailschale abseihen.

ALMOND COOLER

3 cl Wodka
3 cl Amaretto
6 cl Orangensaft

Die Zutaten im Shaker auf Eis kräftig schütteln und ohne Eis in ein Cocktailglas abseihen.

MIXEN MIT WODKA

COLONEL KREMLIN

4 cl Wodka
1 cl Limettensirup
1 cl Zuckersirup

Alle Zutaten im Shaker auf Eiswürfeln kräftig schütteln und über ein Barsieb in ein Longdrinkglas auf Eiswürfel abseihen.

EASTWIND

2 cl Wodka
2 cl Vermouth Dry
2 cl Vermouth Rosso
Limette

Wodka und Vermouth im Shaker auf viel Eis kräftig schütteln und in einem Longdrinkglas servieren. Mit Limettensaft abspritzen und eine Limettenspalte an den Rand setzen.

KAMIKAZE

4 cl Wodka
1 cl Zitronensaft
2 cl Lime Juice
Curaçao Triple Sec
1 Cocktail-Feige

Die Zutaten im Shaker auf Eiswürfeln kräftig schütteln und in eine vorgekühlte Cocktailschale abseihen. Die Cocktail-Feige ins Glas geben.

PLAZA

4 cl Wodka
2 cl Maracujasaft
2 cl Kokosnuss-Creme
Sodawasser
Limettenscheibe
Minzblatt
Zucker

Wodka, Maracujasaft und Kokosnuss-Creme im Shaker auf Eis kräftig schütteln, in ein Cocktailglas mit Zuckerrand seihen und mit Sodawasser auffüllen.

CRISTA SOLAR

3 cl Wodka
1 cl Curaçao Triple Sec
1 cl Portwein
1 cl Vermouth Dry
2 Spritzer Angostura
Perlzwiebeln

Wodka, Curaçao, Portwein und Vermouth mit Angostura auf Eiswürfeln gut verrühren, anschließend in eine Cocktailschale abseihen. Danach die Zwiebeln ins Glas geben.

SWIMMING POOL

4 cl Wodka
2 cl Bols Blue Curaçao
4 cl Kokossirup
12 cl Ananassaft
2 cl Sahne
Ananastück
Cocktailkirsche

Im Elekromixer alle Zutaten mit einigen Eiswürfeln gut durchmixen. Danach die Mischung in ein mit einigen Eiswürfeln gefülltes Longdrinkglas geben. Gut umrühren und mit Ananas und Kirsche garnieren.

MONTE ROSA FREEZE

2 cl Wodka
1 cl Curaçao Triple Sec
1 cl Campari
4 cl Blutorangensaft
2 cl Traubensaft

Alle Zutaten mit Crushed Ice im Blender mixen und in einem dekorativen Longdrinkglas mit Trinkhalm servieren.

MARAWOOD

3 cl Wodka
1 cl Kirschwasser
1 cl Maraschino
2 Oliven

Die Zutaten im Rührglas auf Eiswürfeln gut verrühren, dann in eine Cocktailschale abseihen. Die Oliven am Sticker ins Glas geben.

MIXEN MIT WODKA

SIBIRSKAYA

3 cl Grasovka Wodka
Sodawasser
3 Spritzer Zitronensaft

Den Büffelgraswodka und den Zitronensaft in ein Longdrinkglas auf viel Eis geben und mit eisgekühltem Sodawasser auffüllen.

BALANCE

2 cl Wodka
1 cl weißer Rum
1 cl Curaçao Triple Sec
1 cl Grenadine
Limettenscheibe

Die Zutaten im Shaker auf Eiswürfeln kräftig schütteln, in eine Cocktailschale abseihen. Die Limettenscheibe an den Glasrand stecken.

KANGOROO JUMPER

2 cl Wodka
3 cl Kokosnusscreme
1 cl Blue Curaçao
3 cl Ananassaft

Die Zutaten im Shaker auf Eis kräftig schütteln und anschließend über ein Barsieb in ein Cocktailglas abseihen.

PERFECT LOVE

2 cl Wodka
2 cl Parfait Amour
1 cl Cassis
7 cl trockener Weißwein

Die Zutaten in einem Barglas auf viel Eis verrühren und über ein Barsieb in eine Sektflöte abseihen.

PALE DARLING

3 cl Wodka
2 cl Lime Juice
15 cl Grapefruitsaft
Zitronenschale

Alle Zutaten im Shaker auf Eis kräftig schütteln und anschließend in ein dekoratives Longdrinkglas seihen. Mit einer Zitronenschalenspirale dekorieren.

SILVER WODKA FIZZ

5 cl Wodka
2 cl Zitronensaft
2 cl Läuterzucker
1 Eiweiß
Sodawasser

Wodka, Zitronensaft und Läuterzucker mit dem Eiweiß im Shaker auf Eis kräftig schütteln, in ein Longdrinkglas geben und mit Soda auffüllen.

FIL D'ARGENT

2 cl Wodka
2 cl Aquavit
1 cl Pernod
1 cl Orangenlikör
2 Spritzer Zitronensaft
Zitronenscheibe

Die Zutaten mit Zitronensaft im Shaker auf Eis gut schütteln und in einen Tumbler mit einigen Eiswürfeln abseihen. Die Zitronenscheibe dazugeben.

FRÜCHTEWODKA

2 cl Wodka
1 cl Kirschwasser
1 cl Slivovitz
1 cl Barak Palinka
50 g Erdbeeren
10 cl Orangensaft

Alle Zutaten im Elektromixer mit 3 TL Crushed Ice aufschlagen, im großen Longdrinkglas servieren und mit einer Erdbeere garnieren.

WODKA CRUSTSA

3 cl Wodka
1 cl Orangen Bitter
2 cl Vermouth Dry
1 cl Läuterzucker
2 cl Lime Juice
Zucker

Die Zutaten im Shaker auf Eis kräftig schütteln und in ein Cocktailglas mit Zuckerrand abseihen.

104

MIXEN MIT WODKA

CAMPARI WODKA

3 cl Campari
3 cl Wodka
Zitronenspalte

Campari und Wodka im Shaker auf Eis kräftig schütteln und in einen Tumbler abseihen. Mit Zitronenspalte garnieren.

ADA COCKTAIL

3 cl Wodka
2 cl weißer Rum
1 cl Campari
1 cl Vermouth Rosso
Limettenspalte

Die Zutaten im Shaker auf Eis kräftig schütteln und in einen Tumbler abseihen. Mit einer Limettenspalte servieren.

GLADNESS

3 cl Wodka
2 cl Chartreuse Verte
3 Oliven

Wodka und Charteuse im Shaker auf Eis kräftig schütteln und in ein Cocktailglas abseihen. Mit Olivenspieß servieren.

FACE SAVER

3 cl Wodka
3 cl Kaffeelikör
3 cl Irish Cream Likör
10 cl Orangensaft

Alle Zutaten im Shaker auf Eis kräftig schütteln und anschließend in ein Ballonglas abseihen.

HIGH IN THE SKY

3 cl Wodka
3 cl Campari
1 cl Crème de Bananes
Bitter Lemon

Wodka, Campari und Bananenlikör im Shaker auf Eis kräftig schütteln und über ein Barsieb in ein hohes Longdrinkglas seihen. Anschließend langsam mit Bitter Lemon auffüllen. Mit Fruchtspieß garnieren.

RED LION

3 cl Wodka
3 cl Vermouth Rosso
3 cl Orangensaft
Limettenspalte

Die Zutaten im Longdrinkglas mit vielen Eiswürfeln gut verrühren. Die Limettenspalte dazugeben.

FROOT LOOP

3 cl Wodka
3 cl Calvados
3 cl weißer Rum
15 cl Ananassaft
Ananasstück
Cocktailkirsche

Alle Zutaten im Shaker auf Eis kräftig schütteln und in ein Longdrinkglas abseihen. Mit Ananasstück und Cocktailkirsche garnieren.

FESTUS

2 cl Wodka
2 cl Vermouth Rosso
2 cl Grand Marnier
Olive

Die Zutaten im Shaker auf Eis kräftig schütteln und über ein Barsieb in ein Cocktailglas abseihen. Mit einer Olive garnieren.

WODKA TONIC

4 cl Wodka
Tonic Water
Zitronenscheibe

In ein Longdrinkglas mit 4 Eiswürfeln den Wodka gießen. Anschließend mit Tonic-Water auffüllen und eine halbe Zitronenscheibe dazugeben.

MIXEN MIT LIKÖ

CHAPEAU BLANC

4 cl Grand Marnier
2 cl Cognac
halb flüssige Sahne

Grand Marnier und Cognac im Mixglas auf Eiswürfeln gut verrühren, in ein Südweinglas abseihen und leicht angeschlagene Sahne darüber geben.

BONNE CHANCE

2 cl Grand Marnier
2 cl Cognac
2 cl Zitronensaft
1 Spritzer Angostura
Sodawasser

Grand Marnier, Cognac, Saft und Angostura im Shaker auf Eiswürfeln kräftig schütteln, in ein Longdrinkglas auf Eiswürfel abseihen und mit Sodawasser abspritzen.

EMANUELLA

3 cl Jambosala
2 cl Himbeergeist
2 cl Grenadine
2 cl Sahne
1 Eigelb
Schokostreusel

Zutaten im Shaker gut mixen und in ein Cocktailglas abseihen. Mit Schokostreuseln dekorieren.

TRAUMSCHIFF

4 cl Brombeerlikör
2 cl weißer Rum
8 cl Ananassaft
4 cl Kokosnusscreme
Ananasscheibe

Zutaten im Shaker gut mixen und in ein Longdrinkglas abseihen. Mit einer Ananasscheibe dekorieren.

Bonne Chance

Rêve d'Or

, TEQUILA & CO.

RÊVE D'OR

4 cl Grand Marnier
1 cl Galliano
2 cl Sahne
4 cl Orangensaft

Zutaten im Shaker auf Eiswürfeln kräftig schütteln und in eine vorgekühlte Cocktailschale abseihen.

FLAMINGO

2 cl Brombeerlikör
2 cl weißer Rum
Orangensaft
Orangenscheibe

Likör und Rum im Shaker mixen, in ein Cocktailglas abseihen und mit Orangensaft auffüllen. Mit Orangenscheibe dekorieren.

RÊVE TROPICAL

4 cl Grand Marnier
4 cl Orangensaft
4 cl Ananassaft
Ananasscheibe
Cocktailkirsche
Minzezweig

Grand Marnier und Säfte im Shaker mit Eis kräftig schütteln und durch einen Strainer in ein Longdrinkglas auf Eiswürfel abseihen. Mit Ananasscheibe, Kirsche und Minze dekorieren.

Rêve Tropical

Marninique

SILVER BULLET

4 cl Tequila
2 cl Zitronensaft
2 cl Pfefferminzsirup
Zitronenscheibe
frische Minze

Tequila, Saft und Sirup auf Eis im Shaker gut schütteln und in ein großes Cocktailglas abseihen. Mit Zitronenscheibe und Minze dekorieren.

MARNINIQUE

2 cl Grand Marnier
3 cl weißer Rum
1 Spritzer Zitronensaft
2 cl Lime Juice
6 cl Ananassaft
2 cl Orangensaft
Ananasstück

Grand Marnier, Rum und Säfte im Shaker auf Eis kräftig schütteln, in ein Longdrinkglas auf gestoßenes Eis abseihen und ein Ananasstück hineingeben.

107

ANGELO
Für 2 Gläser

6 cl Campari
4 cl Ananassaft
4 cl Orangensaft
2 cl Vermouth Dry

Campari, Säfte und Vermouth im Shaker auf Eiswürfeln gut schütteln und in vorgekühlte Cocktailschalen abseihen.

CAMPARI SOUR

8 cl Campari
2 cl frischer Zitronensaft
2 cl Orangensaft
2 cl Zuckersirup
Orangenschale
Kirsche

Campari, Säfte und Sirup im Shaker auf Eis gut mixen und in ein Longdrinkglas abseihen. Orangenspirale und Kirsche aufspießen und über den Glasrand legen.

ROMEO UND JULIA
Für 2 Gläser

4 cl Campari
10 cl trockener Weißwein
2 Spritzer Zitronensaft

Campari in gekühlte, hochstielige Weißweingläser geben, mit Wein auffüllen und mit Zitronensaft abspritzen.

Angelo · Romeo und Julia

Campari Sour

MIXEN MIT LIKÖR, TEQUILA & CO.

AMERICANO

5 cl Vermouth Rosso

3 cl Campari

2 Orangenscheiben

Soda-, Mineral- oder Heilwasser

Vermouth und Campari im Shaker auf Eis gut schütteln und in ein Longdrinkglas geben. Mit einer Orangenscheibe über den inneren Glasrand gehen und den Drink mit dem Saft der Orangenscheibe abspritzen. Je nach Geschmack mit Wasser auffüllen.

APRICOT FIZZ

4 cl Apricot Brandy

4 cl Orangensaft

2 cl Zitronensaft

Sodawasser

Zitronenscheibe

Kirsche

Likör und Säfte im Shaker auf Eis schütteln, in ein Longdrinkglas abseihen und mit Sodawasser auffüllen. Mit Zitronenscheibe und Kirsche dekorieren.

Americano

MIXEN MIT LIKÖR, TEQUILA & CO.

LA MÊME CHOSE

2 cl Drambuie
2 cl Whisky
1 cl Vermouth Rosso
1 cl Orangensaft
1 Eiweiß
1 Spritzer Angostura

Sämtliche Zutaten im Shaker kräftig schütteln und im Cocktailglas servieren.

HILTON FLING

2 cl Drambuie
4 cl Dubonnet
1 Spritzer Orangenbitter
Orangenspirale

Drambuie und Dubonnet über Eiswürfel in einen Sektkelch gießen. Einen Spritzer Orangenbitter hinzufügen und Orangenspirale hineingeben.

La Même Chose · Hilton Fling · Drambuie Swizzle · Mary Stuart · Orient Express

MIXEN MIT LIKÖR, TEQUILA & CO.

DRAMBUIE SWIZZLE

4 cl Drambuie
2 cl Limetten- oder Zitronenlikör
1 Tropfen Orangenbitter
Sodawasser
Zitronen- oder Limettenscheibe
frische Minze

Liköre und Orangenbitter in ein zur Hälfte mit Eiswürfeln gefülltes Becherglas geben, mit Sodawasser auffüllen und umrühren. Mit Zitrusscheibe und frischer Minze dekorieren.

MARY STUART

3 cl Cognac
1 cl Drambuie
Zitronenscheibe

Cognac und Drambuie im Mixglas mit zerkleinerten Eiswürfeln verrühren und in ein kleines Kelchglas geben. Mit Zitronenscheibe dekorieren.

ORIENT EXPRESS

2 cl Scotch Whisky
2 cl Drambuie
2 cl Vermouth Dry
Orangenschale

Whisky, Likör und Vermouth im Mixglas mit Eiswürfeln verrühren und in ein Cocktailglas gießen. Mit Orangenschale dekorieren.

CHERRY BRANDY FLIP

4 cl Cherry Brandy
2 cl frische Sahne
1 Eigelb
Vanillepulver
Kirsche

Likör, Sahne und Eigelb im Shaker mixen, in ein Cocktailglas abseihen und mit etwas Vanillepulver bestreuen. Mit Kirsche dekorieren.

Cherry Brandy Flip

Royal Cocktail

ROYAL COCKTAIL

2 cl Crème de Bananes
2 cl Curaçao blue
2 cl Weizenkorn
2 cl Zitronensaft
Zitronenscheibe
Kirsche

Liköre, Saft und Weizenkorn im Shaker auf Eis gut schütteln und in ein Cocktailglas abseihen. Mit Zitronenscheibe und Kirsche dekorieren.

STRAWBERRY

3 cl Weinbrand
3 cl Erdbeersirup
6 cl Orangensaft mit Fruchtfleisch
6 cl Grapefruitsaft
Sternfruchtscheibe
2 Cocktailkirschen

Weinbrand und Säfte im Shaker gut mixen und auf Eiswürfel in ein Longdrinkglas abseihen. Sternfruchtscheibe und Kirschen aufspießen und über den Glasrand legen.

APRICOT COOLER

4 cl Apricot Brandy
2 cl Zitronensaft
3 Spritzer Grenadine
Ginger Ale oder
Sodawasser

Likör, Saft und Grenadine-Sirup im Shaker auf Eis mixen, in ein Longdrinkglas abseihen und mit Ginger Ale oder Sodawasser auffüllen.

APRI TOP

2 cl Apricot Brandy
2 cl Whisky
Ginger Ale
Limonen- und
Zitronenscheibe

Likör und Whisky im Longdrinkglas auf Eiswürfeln verrühren und mit Ginger Ale auffüllen. Mit Zitrusscheiben dekorieren.

Strawberry

BONNIE'S LOVE

4 cl Drambuie
2 cl frischer Orangensaft
Sekt
Orangenspirale

Likör und Orangensaft in eine Cocktailschale geben und mit gut gekühltem, halbtrockenem Sekt auffüllen. Mit Orangenspirale dekorieren.

DEANSGATE

4 cl weißer Rum
2 cl Drambuie
2 cl Limettensaft
Orangenschale
Orangenscheibe

Rum, Likör und Saft in einem Becherglas mit zerkleinerten Eiswürfeln verrühren. Mit Orangenschale abspritzen und eine halbe Orangenscheibe auf den Glasrand stecken.

Deansgate · Bonnie's Love

CACAOFLIP

4 cl Crème de Cacao braun
2 cl frische Sahne
1 Eigelb
Schokoladenpulver

Likör, Sahne und Eigelb im Shaker kräftig schütteln, in ein Cocktailglas abseihen und mit Schokoladenpulver bestreuen.

CHERRY LIGHT

3 cl Kirschlikör
3 cl Schwarzer Johannisbeer-Nektar
1 cl Pulco
Limonenscheibe

Zutaten im Shaker mixen und ohne Eis in einer Cocktailschale servieren. Limonenscheibe auf den Glasrand stecken.

RED KISS

3 cl Kirschlikör
3 cl Pfirsich-Nektar
1 cl Grapefruitsaft

Likör und Säfte im Shaker schütteln und ohne Eis in einer Cocktailschale servieren.

FLYING HIGH

2 cl Crème de Bananes
3 cl Weizenkorn
2 cl Zitronensaft
Sodawasser
Orangenscheibe

Likör, Korn und Saft im Mixglas verrühren und über Eiswürfel in ein Longdrinkglas geben. Mit Sodawasser auffüllen und mit Orangenscheibe dekorieren.

SOUTHERN WHEELER

4 cl Southern Comfort
2 cl Whisky
1 cl Mandellikör
4 cl Orangensaft
2 cl Zitronensaft
frische Minze
Kirsche
Orangenscheibe
Sternfruchtscheibe

Liköre, Whisky und Säfte im Shaker auf Eiswürfeln kräftig schütteln und in ein großes Ballonglas auf gestoßenes Eis abseihen. Mit frischer Minze, Kirsche, Orangen- und Sternfruchtscheibe dekorieren.

Southern Wheeler

MIXEN MIT LIKÖR, TEQUILA & CO.

EXOTIC BLUE

4 cl Curaçao blue
2 cl Sahne
8 cl Ananassaft
Ananasstück
Kirsche

Curaçao, Sahne und Saft im Shaker auf Eis gut schütteln und in ein Longdrinkglas abseihen. Mit Ananasstück und Kirsche dekorieren.

GRÜNE WITWE

4 cl Curaçao blue
Orangensaft
Orangenscheibe

Curaçao auf zwei bis drei Eiswürfel in ein Longdrinkglas geben und langsam mit Orangensaft auffüllen. Orangenscheibe auf das Glas legen und in die Mitte einen Trinkhalm hineinstechen.

Grüne Witwe

115

MIXEN MIT LIKÖR, TEQUILA & CO.

GREEN SUMMER

4 cl Grüne-Banane-Likör
4 cl Ananassaft
Bitter Lemon
Sternfruchtscheibe
Kirsche

Likör und Saft in ein Longdrinkglas auf Eis geben, verrühren und mit Bitter Lemon auffüllen. Mit Sternfruchtscheibe und Kirsche dekorieren.

CARIBBEAN BLUE

2 cl Curaçao blue
3 cl Weizenkorn
1 cl Zitronensaft
Grapefruitsaft

Curaçao, Korn und Zitronensaft in ein Longdrinkglas auf Eiswürfel geben und mit Grapefruitsaft auffüllen.

CRAZY WONDER

4 cl Kiwilikör
2 cl Ananassaft
1 cl Kokosnusslikör
Kiwischeibe

Liköre und Saft im Shaker mixen und über Eiswürfel in ein Cocktailglas abseihen. Mit Kiwischeibe dekorieren.

Caribbean Blue

Green Summer

MIXEN MIT LIKÖR, TEQUILA & CO.

Guillaume

Normandy

GUILLAUME

3 cl Grapefruitsaft
3 cl Orangensaft
3 cl Apfelsaft
1 cl Calvados
1 Schuss Crème de Cassis

Alle Zutaten im Shaker mixen und in ein Longdrinkglas auf gestoßenes Eis geben. Mit Früchten garnieren.

ACAPULCO

2 cl Tequila
2 cl Escorial grün
2 cl Grapefruitsaft
1 cl Zitronensaft
Zitronenscheibe

Zutaten auf Eis im Shaker gut mixen, in ein Cocktailglas abseihen und mit Zitronenscheibe dekorieren.

MONDTAU

3 cl Williams-Birngeist
4 cl Pfirsich-Nektar
3 cl Passionsfruchtlikör
Limonenscheibe
Erdbeere

Birngeist, Nektar und Likör im Shaker auf Eis mixen und in ein Cocktailglas abseihen. Mit Limonenscheibe und Erdbeere dekorieren.

NORMANDY

2 cl Calvados
2 cl Crème de Cacao
1 EL Crème fraîche
1 Eigelb
1 TL Puderzucker

Zutaten im Shaker gut mischen und in ein Cocktailglas abseihen.

117

CORAIL

3 cl Williams-Birnengeist
3 cl Passionsfruchtlikör
4 cl Ananassaft
Kiwischeibe
Himbeere
Für Zuckerrand:
Pfefferminzsirup und Zucker

Rand eines Cocktailglases in Pfefferminzsirup und dann in Zucker tauchen. Zutaten auf Eis im Shaker gut schütteln und in das Glas abseihen. Mit Kiwischeibe und Himbeere dekorieren.

BLUE SUNSET

3 cl Mirabellengeist
3 cl Ananassaft
3 cl Canada Dry
1 cl Curaçao blue
Ananasscheibe
Cocktailkirsche
frische Minze

Mirabellengeist, Saft und Canada Dry in ein Longdrinkglas auf Eis geben, umrühren und zum Schluß den Curaçao zugeben. Mit Ananas, Kirsche und Minze dekorieren.

SAILER

3 cl Himbeergeist
2 cl Cointreau
4 cl Ananassaft
1 cl Grenadine
Orangenscheiben
Cocktailkirsche
frische Minze

Himbeergeist, Cointreau und Saft in ein Cocktailglas auf Eis geben, umrühren und den Grenadinesirup hinzufügen. Mit Orangenscheiben, Kirsche und frischer Minze dekorieren.

PAPAGAYO

4 cl Orangensaft
2 cl Cointreau
1 cl Grenadine
2 cl Mirabellengeist
1 cl Curaçao blue
Limone
Cocktailkirsche

Orangensaft und Cointreau in ein Longdrinkglas auf Eis geben und umrühren. Curaçao und Mirabellengeist in einem anderen Glas mischen und dann vorsichtig mit einem Löffel über den Drink geben. Mit Limone und Kirsche dekorieren.

Corail · Blue Sunset · Papagayo · Sailer

MIXEN MIT LIKÖR, TEQUILA & CO.

KING PETER

4 cl Kirschlikör

10 cl Tonic Water

1 Spritzer Zitronensaft

Zitronen- oder

Limettenscheibe

Kirschlikör in ein Longdrinkglas geben, mit Tonic Water auffüllen, mit Zitronensaft abspritzen und zerkleinertes Eis hinzufügen. Mit Limetten- oder Zitronenscheibe dekorieren.

King Peter

GATSBY

4 cl Himbeergeist

4 cl Pfirsich-Nektar

2 cl Passionsfruchtlikör

Orangenspirale

Cocktailkirsche

Für den Zuckerrand:

Curaçao und Zucker

Rand eines Cocktailglases in Curaçao und dann in Zucker tauchen. Himbeergeist und Nektar im Shaker auf Eis mixen und in das Cocktailglas abseihen. Likör hinzufügen. Mit Orangenspirale und Kirsche dekorieren.

SOMMER-GLÜCK

4 dunkle Sauerkirschen

4 cl Kirschlikör

einige Spritzer Angostura Bitter

trockener Sekt

Kirschenpaar

Kirschen entsteinen, in einen Sektkelch geben und mit Kirschlikör übergießen. Durchziehen lassen und Angostura hinzugeben. Mit Sekt auffüllen. Kirschenpaar über den Glasrand hängen.

Tipp: Wenn keine Kirschenzeit ist, können Sie auch Früchte aus dem Glas verwenden.

Kirsch-Melonen-Mix · Sommerglüc

KIRSCH-MELONEN-MIX

1/4 Honigmelone

4 cl Kirschlikör

Bitter Lemon

Limettenscheiben

LA VIE EN ROSE

3 cl Kirschwasser
2 cl Sherry
5 cl Bananensaft
Kirsche
Bananenscheibe
frische Minze

Zutaten im Shaker auf Eis mixen und in ein Cocktailglas abseihen. Mit Kirsche, Bananenscheibe und Minze dekorieren.

HERBST-SONATE

4 cl Mirabellengeist
4 cl Vermouth Dry
2 cl Pfirsichlikör
1 Spritzer Curaçao
Pfirsichscheibe
Kirschen

Mirabellengeist, Vermouth und Likör im Mixglas mit Eis verrühren. Über einen Strainer in ein Cocktailglas abseihen und zum Schluß Curaçao hinzugeben. Mit Pfirsichscheibe und Kirschen dekorieren.

OLYMPIC DREAMS

4 cl Licor 43
2 cl Zitronensaft
1 cl Grenadine
Saft 1 Orange
1 Eigelb

Das Eigelb in einen Shaker auf Eis geben, die übrigen Zutaten hinzufügen und alles gut durchschütteln. In ein Longdrinkglas auf Eiswürfel abseihen und mit Trinkhalm servieren.

Aus der entkernten Melone mit einem Kugelausstecher das Fruchtfleisch herauslösen und aufspießen. Den Spieß in ein hohes Becherglas stellen und den Kirschlikör am Spieß entlang in das Glas laufen lassen. Mit gut gekühltem Bitter Lemon auffüllen und Eiswürfel ins Glas geben. Limettenscheibe auf den Glasrand stecken.

Fancy Mauritius

FANCY MAURITIUS

3 cl Licor 43
3 cl Jamaika-Rum
1 Spritzer Angostura
1 cl Zitronensaft
2 cl Ananassaft
4 cl Orangensaft
Orangenscheibe

Zutaten im Shaker kräftig schütteln und in ein Longdrinkglas auf Eis abseihen. Mit Orangenscheibe dekorieren.

Olympic Dreams

GOLFER'S NO. 1

1 cl brauner Rum
2 cl Licor 43
2 cl Orangensaft
3 cl Zitronensaft
Vanille- und Zitroneneis
Minzeblätter

Likör und Säfte im Shaker auf Eis schütteln, in ein Cocktailglas auf gestoßenes Eis geben und je eine kleine Kugel Vanille- und Zitroneneis hinzufügen. Mit Minzeblättern dekorieren.

ELISA

2 cl Licor 43
2 cl Wodka
Tonic Water

Likör und Wodka auf Eis in einen Tumbler geben und mit Tonic Water auffüllen.

NORMANDIE CRUSTA

5 cl Calvados
1 cl Zuckersirup
2 cl Orangensaft
2 cl Zitronensaft
Zitronenspirale
Für den Zuckerrand:
Zitronensaft und Zucker

Rand eines Weißweinglases in Zitronensaft und dann in Zucker tauchen. Calvados und Säfte im Shaker gut schütteln und in das Glas abseihen. Mit Zitronenspirale dekorieren.

MEXICAN'S COCKTAIL

4 cl Tequila
2 cl Curaçao orange
1 cl Mandelsirup
2 cl Angostura
Cocktailkirsche

Zutaten mit Eis im Mixglas verrühren, in ein Cocktailglas abseihen und mit Kirsche dekorieren.

Golfer's No. 1

TIPSY APPLE

5 cl Calvados
Apfelsaft
Apfelscheibe
frische Minze

Calvados in ein Longdrinkglas auf Eis geben und mit Apfelsaft auffüllen. Mit Apfelscheibe und Minze dekorieren.

JACK ROSE

5 cl Calvados
1 cl Grenadine
2 cl Zitronensaft

Zutaten auf Eis im Shaker schütteln und in eine Cocktailschale abseihen.

WHITE DREAM

3 cl Licor 43
2 cl Mirabellengeist
2 cl Sahne

Zutaten im Shaker auf Eiswürfel kräftig schütteln und in ein Cocktailglas abseihen.

Danish Mary

DANISH MARY

9 cl Tomatensaft
Saft 1/2 Zitrone
Prise Selleriesalz
4 cl Aquavit
Limettenscheibe

Zutaten im Shaker auf Eis schütteln und in ein Longdrinkglas auf Eiswürfel abseihen. Mit einer Limettenscheibe dekorieren.

White Dream

CALVADOS SOUR

4 cl Calvados
2 cl Zitronensaft
1 cl Zuckersirup
Orangenscheibe
Cocktailkirsche

Calvados, Saft und Sirup im Shaker auf Eis mixen und in einen Sektkelch abseihen. Mit Orangenscheibe und Kirsche dekorieren.

APFEL-DRINK

3 cl Calvados
1 EL Zitronensaft
1 halbe Apfelscheibe mit Schale
Soda-, Mineral- oder Heilwasser

Apfelscheibe mit Zitronensaft beträufeln und mit dem Calvados in ein hohes Glas geben. Mit gut gekühltem Wasser auffüllen.

HIGH NOON

2 cl Campari
2 cl weißer Rum
10 cl Blutorangen-Drink
Für Zuckerrand:
Etwas Eiweiß und Zucker

Den Rand eines Longdrinkglases in Eiweiß und dann in Zucker tauchen. Campari und Rum in das Glas geben und mit eiskaltem Blutorangen-Drink auffüllen.

Apfel-Drink

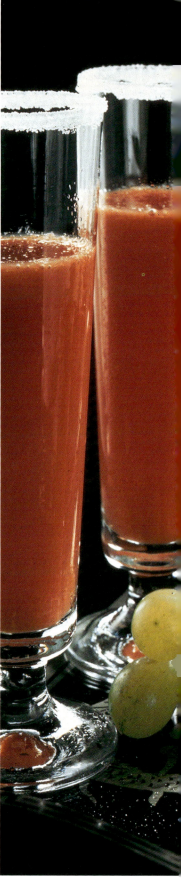

MIXEN MIT LIKÖR, TEQUILA & CO.

High Noon · Väterchen Frost

VÄTERCHEN FROST

2 cl Wodka
2 cl Blutorangen-Drink
Früchte zum Aufspießen
1 Eiweiß
Zucker

Früchte (Trauben, Kirschen, Orangenstücke) in Eiweiß tauchen und dann in Zucker wälzen. Wenn die Zuckerschicht gut angetrocknet ist, die Früchte aufspießen. Gut gekühlten Wodka und Blutorangen-Drink in ein vorgekühltes Glas geben und den Spieß mit den Crusta-Früchten hineinstellen. Sofort servieren.

TEQUILA SUNRISE

6 cl Tequila
10 cl Orangensaft
2 cl Grenadine
1 cl Zitrone
Orangenscheibe
Cocktailkirsche

Tequila, Zitrone und Grenadine in ein hohes Longdrinkglas auf gestoßenes Eis geben und mit Orangensaft auffüllen. Mit Orangenscheibe und Kirsche dekorieren.

Tequila Sunrise · Margarita

MARGARITA

4 cl Tequila
2 cl Triple Sec
2 cl Zitronensaft
Für Salzrand:
Zitronensaft und Salz

Rand eines Cocktailglases in Zitronensaft und dann in Salz tauchen. Zutaten im Shaker auf Eis mixen und vorsichtig in das vorbereitete Glas gießen.

ORANGE CADILLAC

4 cl Aperol
2 cl weißer Rum
5 cl Ananassaft
5 cl Orangensaft
Ananasscheibe
Kirsche
frische Minze

Aperol, Rum und Säfte im Shaker auf Eis mixen und in ein Longdrinkglas abseihen. Mit Ananas, Kirsche und Minze dekorieren.

Orange Cadillac

125

TEQUILA SAUER

4 cl Tequila
2 cl Orangensaft
2 cl Zitronen- oder Limonensaft
Zitronen- und Orangenscheibe
Kirschen

Tequila Sauer

Säfte und Tequila im Shaker auf Eiswürfeln mixen und in ein Longdrinkglas abseihen. Mit Kirschen, Zitronen- und Orangenscheibe dekorieren.

LONG ISLAND ICED TEA

1 cl weißer Rum
1 cl Gin
1 cl Triple Sec
1 cl Wodka
1 cl Tequila
1 cl Zitronensaft
Cola

Alle Zutaten (ohne Cola) im Shaker auf Eis kräftig schütteln, in ein Longdrinkglas auf Eiswürfel abseihen und mit Cola auffüllen.

EL DIABOLO

5 cl Tequila
2 cl Crème de Cassis
1/2 Limone
Ginger Ale
Limonenschale

Limone über Eis in einem Longdrinkglas auspressen, Tequila und Crème de Cassis dazugeben und mit Ginger Ale auffüllen. Mit Limonenschale dekorieren.

Melonen-Cocktail

MELONEN-COCKTAIL

1/4 reife Honigmelone
1 EL Zitronensaft
6 cl Brombeerlikör
1 EL Honig
Für den Zuckerrand:
Zitronensaft und Zucker

Aus der Melone Kugeln ausstechen. Honig, Zitronensaft und Likör verrühren und über die Melonenkugeln geben. Im Kühlschrank ziehen lassen. Rand eines Cocktailglases in Zitronensaft und dann in Zucker tauchen. Melonenkugeln mit Flüssigkeit hineingeben und mit Löffel servieren.

Tropicana

TROPICANA

3 cl Brombeerlikör
2 cl Tequila
1 cl Zitronensaft
7 cl Ananassaft
Bitter Lemon
Zitronenscheibe
Für den Zuckerrand:
Zitronensaft und Zucker

Rand eines Cocktailglases in Zitronensaft und dann in Zucker tauchen. Likör, Tequila und Säfte im Shaker gut mixen, in das Glas abseihen und mit Bitter Lemon auffüllen. Zitronenscheibe auf den Glasrand stecken.

GOGGEL MOGGEL

1 Eigelb
2 cl frisch gepresster Orangensaft
2 cl Sahne
2 cl Curaçao Triple Sec
3 cl Kokosnusslikör
Schokoraspeln

Eigelb, Saft, Sahne und Liköre im Shaker mit einigen Eiswürfeln gut schütteln. In ein vorgekühltes Cocktailglas abseihen und mit Schokoraspeln bestreuen.

HAPPY INKA

5 cl Tequila
1 cl Lime Juice
1 cl Cointreau
7 cl Guavensaft
Limonenscheibe
Cocktailkirsche

Zutaten auf Eis im Shaker mixen und in ein mit viel gestoßenem Eis gefülltes Longdrinkglas abseihen. Mit Limonenscheibe und Kirsche dekorieren.

BLACK EGG

1 Eigelb
3 cl Tequila
3 cl Kahlúa
2 cl Sahne
Kaffeepulver

Eigelb, Tequila und Kahlúa im Shaker mit sechs bis sieben Eiswürfeln kräftig schütteln. In ein vorgekühltes Cocktailglas abseihen, die leicht geschlagene Sahne vorsichtig über einen Löffelrücken darübergießen und mit Kaffeepulver bestreuen.

PASSION FLAME

4 cl Tequila
4 cl Ananassaft
2 cl Angostura
1 TL Grenadine
Saft 1/2 Limone
Limonenscheibe
Cocktailkirsche

Zutaten auf Eis im Shaker schütteln und in ein Longdrinkglas auf Eiswürfel abseihen. Mit Limonenscheibe und Kirsche dekorieren.

Goggel Moggel

Black Egg

MIXEN MIT LIKÖR, TEQUILA & CO.

Wake me up

MOCKINGBIRD

5 cl Tequila
1 cl Limettensirup
Limettenscheibe

Tequila und Sirup auf Eiswürfeln im Shaker gut schütteln und in ein Cocktailglas abseihen. Mit Limettenscheibe garnieren.

TEQUILA COLADA

3 cl Tequila
4 cl Ananassirup
2 cl Kokossirup

Zutaten mit einer halben Tasse gestoßenem Eis im Shaker (besser noch im Elektromixer) kräftig mixen, in ein Longdrinkglas abseihen und mit Trinkhalm servieren.

JAPALA

2 cl Tequila
2 cl Papayasaft
2 cl Limettensirup

Zutaten auf Eis im Shaker gut schütteln und auf zwei Eiswürfel in ein Cocktailglas abseihen.

MATADOR

5 cl Tequila
3 cl Ananassirup
1 cl Limettensirup

Zutaten auf Eis im Shaker gut schütteln und in einen Tumbler auf Eis abseihen.

WAKE ME UP
Für 4 Gläser

1/4 l Sangrita pikante
1 Tasse Rotwein
Saft 1 Zitrone
Saft 1 Orange
Salz, Pfeffer aus der Mühle
1 Prise Zucker
4 EL Crème fraîche
4 frische, rohe Eier
frische Kresse
frische Minze

Den Sangrita mit Rotwein, Zitronen- und Orangensaft in den Shaker geben. Mit Salz, Pfeffer und Zucker würzen. Crème fraîche und die Eier dazugeben und alles gut mixen. Nochmals abschmecken und die grob gehackte Kresse unterziehen. In vier Kelchgläser füllen und mit Minze dekorieren.

FLAMINGO

3 cl Roter Johannisbeer-Nektar
3 cl Ananassaft
4 cl Red Orange Likör
1 cl flüssige Sahne
Erdbeere

Säfte, Likör und Sahne im Shaker gut mixen und in ein Cocktailglas abseihen. Erdbeere auf den Glasrand stecken.

Flamingo

128

BEEREN-FLIP

4 cl Brombeerlikör
1 cl Zitronensaft
6 cl Maracujasaft
1 Ei
Ananas
Himbeeren
Brombeeren

Brombeerlikör, Säfte und Ei im Shaker gut mixen und in ein Stielglas abseihen. Fruchtspieß mit Ananas, Himbeeren und Brombeeren in den Drink geben.

DIRTY DIANA

Olivenöl
1 frisches Eigelb
4 cl Tomatenketchup
4 cl Tomatensaft
Salz, Pfeffer
Worcestershiresauce
Tabasco
1 TL Sahnemeerrettich
1 cl Wodka
Petersilie

Ein Cocktailglas mit Olivenöl ausschwenken. Die übrigen Zutaten (ohne Sahnemeerrettich und Eigelb) im Mixglas gut verrühren und ins Cocktailglas geben. Darüber den Sahnemeerrettich und obenauf vorsichtig das Eigelb. Mit Petersilie dekorieren.

Dirty Diana

MIXEN MIT LIKÖR, TEQUILA & CO.

*Egg international · Tropical Egg
Sunshine*

EGG INTERNATIONAL

4 cl Eierlikör
1 cl Amaretto
1 cl Cognac
2 cl Kokosnusscreme
2 cl Sahne
4 cl Ananassaft
1 Spritzer Grenadine
Ananasstück
Kirsche

Alle Zutaten in einem Shaker gründlich schütteln und in ein Cocktailglas abseihen. Mit Ananasstück und Kirsche dekorieren.

SPECIAL EGG

3 cl Eierlikör
2 cl Gin
1 cl Grenadine
10 cl Maracujasaft
Melonenschiffchen
Kirsche
frische Minze

Alle Zutaten im Mixglas gut verrühren und in ein Cocktailglas geben. Mit Melonenschiffchen, Kirsche und frischer Minze dekorieren.

SUNSHINE

4 cl Eierlikör
1 cl Zitronensaft
4 cl Bananensaft
6 cl Orangensaft
Zitronenscheibe
Bananenstück
Orangenstück

Likör und Säfte im Shaker gut mixen und in ein großes Cocktailglas abseihen. Zitronenscheibe, Bananen- und Orangenstück aufspießen und in den Drink geben.

TROPICAL EGG

3 cl Eierlikör
2 cl weißer Rum
2 cl Kokosnußcreme
5 cl Orangensaft
5 cl Ananassaft
1/2 Ananasscheibe
frische Minze

Zutaten in einem Shaker kräftig schütteln und in ein Cocktailglas abseihen. Mit Ananas und Minze dekorieren.

*Egg Highball · Green Island
Special Egg · Schneegestöber*

SCHNEE-GESTÖBER

4 cl Eierlikör
1-2 cl Amaretto
1 Spritzer Grenadine
Tonic Water

Hohes Kelchglas zur Hälfte mit Tonic Water füllen, mit den übrigen Zutaten verrühren und anschließend mit Tonic Water auffüllen.

EGG HIGHBALL

4 cl Eierlikör
2 cl Grenadine
Sekt

Cocktailglas etwa zur Hälfte mit gut gekühltem Sekt füllen, mit Likör und Grenadine verrühren und mit Sekt auffüllen.

GREEN ISLAND

3 cl Eierlikör
2 cl Curaçao blue
1 cl Zitronensaft
10 cl Ananassaft
1/2 Ananasscheibe

Likör, Curaçao und Säfte gut gekühlt im Longdrinkglas verrühren und mit Ananasscheibe dekorieren.

HAPPY TOGETHER

5 cl Aperol
3 cl Cointreau
4 cl Zitronensaft
8 cl Orangensaft
Orangenscheiben

Zutaten auf Eis im Shaker schütteln und in ein großes Glas abseihen. Mit Orangenscheiben und Trinkhalm servieren.

Panduren Cocktail

Lemon Egg

PANDUREN COCKTAIL

1/4 l Ananassaft
2 TL feiner Zucker
1 TL Zitronensaft
3 EL Slibowitz
3 EL Eierlikör
Kirsche
frische Minze

Alle Zutaten im Shaker kräftig schütteln und in flache Sektschalen auf fein gestoßenes Eis abseihen. Mit Kirsche und Minze dekorieren.

LEMON EGG

8 cl Eierlikör
Zitronenlimonade
Limetten- oder Zitronenscheibe
Für den Zuckerrand:
Zitronensaft und Zucker

Rand eines Longdrinkglases in Zitronensaft und dann in Zucker tauchen. Eierlikör hineingeben und mit eiskalter Zitronenlimonade auffüllen. Limetten- oder Zitronenscheibe auf den Glasrand stecken.

ZITRONEN-COCKTAIL
Für 4 Gläser

1 ungespritzte Zitrone
6 EL frisch gepresster Zitronensaft
2 Eiweiß
2 EL Zucker
8 cl Vermouth Dry
4 cl Gin
500 ml Maracujaeis
Bitter Lemon
Grober Zucker für den Zuckerrand

Die Zitrone ganz dünn schälen. Die Schale in feine Streifen und das von der weißen Haut befreite Fruchtfleisch in kleine Würfel schneiden. Den Rand der vorgekühlten Cocktailgläser in Zitronensaft und dann in Zucker tauchen. Gläser wieder kalt stellen. Eiweiß mit Zucker steif schlagen und den restlichen Zitronensaft mit den Zitronenwürfeln unterheben. Vermouth und Gin unterrühren. Maracujaeis in Kugeln oder Würfeln auf die vier Cocktailgläser verteilen und die Eiweißmasse darübergeben. Mit Bitter Lemon auffüllen und mit den Zitronenschalen-Streifen dekorieren. Mit Trinkhalm und Teelöffel servieren.

RED LADY ON ICE
Für 4 Gläser

2 Orangen
250 ml Zitroneneis
250 ml Himbeer- oder Erdbeereis
8 cl Campari
trockener Sekt

Die Orangen in Alufolie wickeln und zwei Stunden ins Gefrierfach legen. Das Zitroneneis etwas antauen lassen. Die Orangen schälen, teilen und blütenblattähnlich in vier große Cocktailgläser geben. Das Himbeer- bzw. Erdbeereis in kleinen Kugeln oder Würfeln auf die Gläser verteilen. Jeweils mit 2 cl Campari übergießen. Das Zitroneneis in einen Spritzbeutel geben und als Spirale in die Gläser spritzen. Mit Löffel und Trinkhalm servieren und erst dann mit Sekt auffüllen.

BITTER EGG

5 cl Eierlikör
2 cl Gin
15 cl Bitter Lemon
Zitronenscheibe

Likör, Gin und Bitter Lemon im Shaker kräftig schütteln, in einen Tumbler abseihen und Zitronenstück auf den Glasrand stecken.

MIXEN MIT LIKÖR, TEQUILA & CO.

Sherry-Nuss-Flip · Himbeer-Campari-Drink · Zitronen-Cocktail · Red Lady on Ice

LATIN LOVER

2 cl Tequila
2 cl Zuckerrohrschnaps
1 cl Limettensirup
2 cl Ananassirup
1 cl Zitronensaft
Limonenscheibe

Zutaten auf Eis im Shaker kräftig schütteln und in ein Longdrinkglas auf gestoßenes Eis abseihen. Limonenscheibe auf den Glasrand stecken.

HIMBEER-CAMPARI-DRINK
Für 4 Gläser

250 g Himbeeren
6 cl Campari
500 ml Vanilleeis
trockener Sekt
4 Minzezweige

Frische Himbeeren abspülen und abtropfen bzw. tiefgekühlte Himbeeren auftauen. Mit dem Campari im Elektromixer pürieren. Zugedeckt eine Stunde in den Kühlschrank stellen. Vanilleeis in Kugeln oder Stücken auf vier vorgekühlte Kelchgläser verteilen. Himbeerpüree darübergeben und mit gut gekühltem Sekt auffüllen. Mit Minzezweigen dekorieren.

ORANGEN TROPIC

2 cl frisch gepresster Orangensaft
1 cl frisch gepresster Zitronensaft
2 cl brauner Rum
1 TL Grenadine
1 TL Maraschino
1/2 Orangenscheibe
Kirsche

Säfte, Rum, Sirup und Likör im Shaker mit Eiswürfeln mixen und in ein Cocktailglas abseihen. Spieß mit Orangenscheibe und Kirsche über den Glasrand legen.

SHERRY-NUSS-FLIP
Für 4 Gläser

2 Eigelb
20 g Zucker
10 cl Sherry medium
500 ml Nusseis
100 g Weintrauben

Eigelb mit Zucker solange schaumig rühren, bis sich der Zucker gelöst hat. Langsam den Sherry einlaufen lassen und dabei weiterrühren. In vier vorgekühlte Kelchgläser verteilen und mit Sekt auffüllen. Nusseis in Kugeln oder Würfeln dazugeben und mit Weintrauben dekorieren.

TAMPICO

6 cl Tequila
2 cl Ananassirup
1 Spritzer Angostura Bitter
Sodawasser
Ananasstücke

Tequila, Sirup und Angostura auf Eis im Shaker gut schütteln und über Eiswürfel in ein Longdrinkglas abseihen. Mit Sodawasser auffüllen und mit Ananasstücken dekorieren.

133

MIXEN MIT LIKÖR, TEQUILA & CO.

Sunrise-Cocktail

Cocktail Negresco

SUNRISE-COCKTAIL
Für 4 Gläser

8 cl Campari

4 EL Zitronensaft

2 Eiweiß

500 ml Zitroneneis

Tonic Water

8 Minzblätter

4 Kirschpaare

Campari mit Zitronensaft und Eiweiß im Shaker kräftig schütteln und mit dem Mixquirl schaumig aufschlagen. In vier Longdrinkgläser verteilen, je zwei Eiskugeln hineingeben und mit Tonic Water auffüllen. Mit grob gehackter Minze und je einem Kirschenpaar dekorieren.

COCKTAIL NEGRESCO
Für 4 Gläser

8 cl Campari

8 cl Vermouth Rosso

500 ml Nusseis-Mischung

Sodawasser

4 TL gehackte Haselnüsse

Zimt

Campari und Vermouth im Rührglas mixen. Je zwei Eiskugeln in ein hohes, vorgekühltes Becherglas geben, rasch mit der

Cassis Special

Golden River

Campari-Vermouth-Mischung übergießen und mit Sodawasser auffüllen. Mit Nüssen und einem Hauch Zimt bestreuen. Mit Trinkhalm servieren.

CASSIS SPECIAL

2 cl Cassis
Mineral- oder Heilwasser
1 Kugel Zitronensorbet

Den Cassis in ein hohes Stielglas geben, mit eisgekühltem Wasser auffüllen und kurz umrühren. Das Zitronensorbet hinzugeben und sofort servieren.

GOLDEN RIVER

1 Eigelb
12 cl Ananassaft
2 cl Sahne
1 Kugel Pistazieneis
3 cl Crème de Cacao weiß
Pistazienkerne

Eigelb, Saft, Likör und Eis im Shaker mit zwei Eiswürfeln mixen, in eine vorgekühlte Cocktailschale geben und mit geriebenen Pistazienkernen dekorieren.

SUMMER-NIGHT

2 cl Himbeergeist
2 cl Campari
10 cl Grapefruitsaft
Tonic Water

Himbeergeist, Campari und Saft im Shaker mit Eis gut schütteln, in ein Longdrinkglas abseihen und mit Tonic Water auffüllen.

TROPICAL ORANGE

4 cl frisch gepresster Orangensaft
4 cl frisch gepresster Grapefruitsaft
4 cl Kokosnuss-Likör
1 cl Zitronensaft
1 TL Grenadine
Orangenscheibe
frische Minze

Zutaten über Eis in ein Longdrinkglas geben. Mit Orangenscheibe und Minze garnieren.

BRONX DRY

2 cl frisch gepresster Orangensaft
2 cl Gin
2 cl Vermouth Dry

Zutaten mit zwei bis drei Eiswürfeln im Shaker kurz schütteln und in eine Cocktailschale abseihen.

ORANGE FIZZ

4 cl frisch gepresster Grapefruitsaft
2 cl Gin
1 cl Curaçao Orange
1 cl Zitronensaft
Mineralwasser

Zutaten (ohne Mineralwasser) auf Eis im Shaker kräftig schütteln, in ein Longdrinkglas abseihen und mit Mineralwasser auffüllen.

GOLDEN DREAM

1,5 cl frisch gepresster Orangensaft
1,5 cl Galliano
1,5 cl Cointreau
1,5 cl Sahne

Zutaten auf Eis im Shaker gut mischen und in ein Cocktailglas abseihen.

PAULCHEN PANTHER

3 cl frisch gepresster Grapefruitsaft
3 cl frisch gepresster Orangensaft
1 cl Grand Marnier
1 Eigelb
1 cl Zuckersirup
Sodawasser
Orangen- und Grapefruitscheibe

Säfte, Likör, Eigelb und Sirup im Shaker gut mischen und in ein Longdrinkglas abseihen. Mit Orangen- und Grapefruitscheibe dekorieren und mit Trinkhalm servieren.

Tropical Orange · Orange Fizz · Paulchen Panther · Bronx Dry · Golden Dream

LIGHT SKI

2 cl Doppelkorn
10 cl Diät-Orange-Nektar
4 cl Diät-Aprikose-Nektar
Erdbeere
frische Minze

Korn und Nektar auf Eis im Shaker schütteln und in ein Longdrinkglas abseihen. Mit Erdbeere und Minze dekorieren.

Summerday

SUMMERDAY

6 cl weißer Traubensaft
2 cl Grapefruitsaft
4 cl Orangensaft
4 cl Aperol oder Campari
Honigmelone
Kirsche
Minzzweig

Säfte und Aperol bzw. Campari auf Eiswürfeln im Shaker mixen und in ein Longdrinkglas abseihen. Mit Melonenschiffchen, Kirsche und Minzzweig dekorieren.

ORANGE SPECIAL

4 cl weißer Rum
Saft von 1 Orange
1 cl Zuckersirup
Sodawasser

Rum, Saft und Sirup auf Eis im Shaker kräftig schütteln, über Eiswürfel in ein Longdrinkglas abseihen und mit Sodawasser auffüllen.

Light Ski

MIXEN MIT LIKÖR, TEQUILA & CO.

Trauben Topical

Shy Angel

TRAUBEN TROPICAL

8 cl roter Traubensaft
4 cl Orangensaft
2 cl Kokosnusscreme
2 cl Gin
3 cl Pfirsichlikör
Pfirsichscheibe
Kiwischeibe
Kirsche

Säfte, Kokosnusscreme, Likör und Gin auf Eis im Shaker mixen und in ein Cocktailglas abseihen. Die Früchte aufspießen und in das Glas geben.

ORANGE CRUSTA

4 cl Curaçao
Saft von 1 Orange
Für den Zuckerrand:
Zitronensaft und Zucker

Den Rand eines Cocktailglases in Zitronensaft und dann in Zucker tauchen. Orangensaft und Curaçao auf Eiswürfeln im Shaker kräftig schütteln und in das vorbereitete Glas über Eiswürfel abseihen.

SHY ANGEL

2 cl Cointreau
2 cl gelber Bananenlikör
50 cl Sahne
5 cl weißer Traubensaft
geriebene Muskatnuss
Trauben
Zitronenmelisse

Cointreau, Likör, Sahne und Traubensaft mit zwei bis drei Eiswürfeln im Shaker gut mixen. In ein Cocktailglas abseihen und mit geriebener Muskatnuss bestreuen. Mit Weintrauben und Zitronenmelisse dekorieren.

POGO STICK

1 cl frisch gepresster Zitronensaft
8 cl frisch gepresster Grapefruitsaft
3 cl Gin
3 cl Curaçao weiß
Grapefruitschale
Kirsche

Säfte, Gin und Curaçao mit Eiswürfeln im Shaker mixen und in ein Longdrinkglas abseihen. Mit Grapefruitschale und Kirsche garnieren.

MARILYN

2 cl Cointreau
10 cl Multivitamin-Drink
Limetten- oder
Orangenscheibe

Likör auf Eiswürfel in ein Longdrinkglas geben und mit dem Saft auffüllen. Limetten- oder Orangenscheibe auf den Glasrand stecken.

PAPERMOON

5 cl Multivitamin-Drink
5 cl trockener Sekt
Für den Zuckerrand:
Zitronensaft und Zucker

Rand eines Sektkelches in Zitronensaft und dann in Zucker tauchen. Saft hineingeben und mit eiskaltem Sekt auffüllen.

Traubensaft Cocktail

Marilyn · Papermoon

TRAUBEN-SAFT COCKTAIL
Für 4 Gläser

1/4 l weißer Traubensaft
1/4 l roter Traubensaft
1/8 l Sherry medium
2 Rhabarberstangen
Zitronenmelisse

Rhabarberstangen schälen und in Stücke schneiden. Mit etwas weißem Traubensaft ca. fünf Minuten köcheln lassen, durch ein Sieb streichen und abkühlen lassen.

Säfte in vier schlanken, hohen Gläsern verteilen, Rhabarberpüree und jeweils zwei Eiswürfel hinzufügen, gut umrühren und obenauf einen Schuss Sherry geben. Mit Zitronenmelisse dekorieren.

MIXEN MIT LIKÖR, TEQUILA & CO.

Blue Moon

BLUE MOON

2 cl Curaçao blue
2 cl weißer Rum
5 cl weißer Traubensaft
Tonic Water
Melonenkugeln
rote Trauben

Curaçao, Rum und Traubensaft im Shaker mit zwei bis drei Eiswürfeln gut schütteln. In ein Glas auf gestoßenes Eis abseihen. Melonenkugeln und abgezogene, halbierte und entkernte Trauben in den Drink geben und mit Tonic Water auffüllen.

MANGO TEQUILA

5 cl Tequila
1 cl Zitronensaft
1/2 Mango
frische Minze

Geschältes Mangofleisch, eine Tasse gestoßenes Eis, Tequila und Zitronensaft in einem Elektromixer pürieren und in eine große Cocktailschale abseihen. Mit Minze dekorieren.

Prickelnde Grapefruit

PRICKELNDE GRAPEFRUIT
Für 4 Gläser

4 EL Orangenlikör
8 EL Grapefruitsaft
1/2 l Mineral- oder Heilwasser
4 ausgehöhlte Grapefruits
Cocktailkirschen
Grapefruitstücke

GINGER GRAPE

2 cl Cognac oder Weinbrand

10 cl roter Traubensaft

Ginger Ale

Zitronensaft

Zucker

Traubenrispe

Cognac bzw. Weinbrand und Traubensaft im Glas verrühren. Mit gut gekühltem Ginger Ale auffüllen. Für die Dekoration eine Traubenrispe in Zitronensaft und dann in Zucker wenden. Über den Glasrand hängen.

JUICER

3 cl frisch gepresster Orangensaft

3 cl frisch gepresster Grapefruitsaft

1 cl frisch gepresster Zitronensaft

3 cl brauner Rum

2 cl Amaretto

Zutaten auf Eis im Shaker mixen und in ein Longdrinkglas abseihen.

Likör und Grapefruitsaft im Mixglas gut verrühren und auf die vier Grapefruits verteilen. Je einen Eiswürfel hineingeben und mit Mineral- oder Heilwasser auffüllen. Mit aufgespießten Kirschen und Grapefruitstücken dekorieren.

Ginger Grape

MIXEN MIT LIKÖR, TEQUILA & CO.

Bitter Dream *Red Hours*

BITTER DREAM

2 cl Kräuterlikör
6 cl weißer Traubensaft
Bitter Lemon
Zitronenmelisse

Likör und Traubensaft in ein Cocktailglas auf zerstoßenes Eis geben und gut verrühren. Mit gekühltem Bitter Lemon auffüllen. Mit Zitronenmelisse dekorieren.

RED HOURS

2 cl Vermouth Rosso
2 cl Gin
5 cl roter Traubensaft
1 Spritzer Limettensaft
rote Traube
Für den Zuckerrand:
Limettensaft und Zucker

Rand eines Cocktailglases in Limettensaft und dann in Zucker tauchen. Vermouth, Gin und roten Traubensaft im Mixglas mit zwei Eiswürfeln verrühren. In das Cocktailglas abseihen. Mit Limettensaft abspritzen und mit aufgespießter roter Weintraube servieren.

SOMMER-TRAUM

2 cl Himbeergeist
2 cl Himbeerlikör
4 cl Zitronensaft
Tonic Water

Himbeergeist und -likör mit dem Zitronensaft auf Eis im Shaker mixen, in ein Longdrinkglas geben und mit Tonic Water auffüllen.

MIXEN MIT LIKÖR, TEQUILA & CO.

Blutorangen-Sekt-Mix · Moro on the Rocks

BLUT-ORANGEN-SEKT-MIX

10 cl Blutorangen-Drink
10 cl trockener Sekt
Orangenspirale
Für den Zuckerrand:
Zitronensaft und Zucker

Rand eines hohen Glases in Zitronensaft und dann Zucker tauchen, Blutorangen-Drink hinzugeben und mit eiskaltem Sekt auffüllen.

MORO ON THE ROCKS

2 cl weißer Rum
10 cl Blutorangen-Drink
Orangenscheibe

Rum auf zwei bis drei Eiswürfel in einen Tumbler geben und mit dem Blutorangen-Drink auffüllen. Mit halben Orangenscheiben dekorieren.

143

MIXEN MIT LIKÖR, TEQUILA & CO.

„Schwarzer" Tee · Royal Currant

TRAUBEN-TRAUM

1 Handvoll kernlose Weintrauben

1 Ei

2-3 TL Zucker

1/8 l weißer Traubensaft

4 cl Weinbrand

Weißwein

Trauben-Traum

„SCHWARZER" TEE

5 EL schwarze Johannisbeeren

1 EL flüssiger Honig

4 cl schwarzer Johannisbeer-Likör

1/8 l kalter schwarzer Tee

1-2 EL Schlagsahne

1 EL rote Johannisbeeren

1 Minzezweig

Die schwarzen Johannisbeeren mit einer Gabel zerdrücken und durch ein Sieb streichen. Mit dem Honig verrühren und in ein Becherglas geben. Mit dem Johannisbeer-Likör übergießen und mit Tee auffüllen. Mit Schlagsahne bedecken und rote Johannisbeeren über den Glasrand hängen. Minzezweig auf den Rand stecken.

ROYAL CURRANT

4 cl schwarzer Johannisbeerlikör

2 cl Curaçao Triple Sec

1 Spritzer Angostura Bitter

Sekt

Zitronenspalte

Liköre mit Angostura auf Eiswürfeln im Shaker kräftig schütteln und in ein hohes Becherglas abseihen. Mit Sekt auffüllen und Zitronenspalte hineingeben.

Weintrauben auf einen langen Holzspieß stecken. Den Spieß in leicht verschlagenem Eiweiß und dann in Zucker wenden. Etwa zehn Minuten in den Kühlschrank legen. Traubensaft, Eigelb und Weinbrand im Shaker mixen, in ein hohes Glas abseihen und mit gut gekühltem Weißwein auffüllen. Den Traubenspieß in das Glas geben.

144

Die folgenden Drinks enthalten lediglich einen Spritzer Angostura, sind also fast alkoholfrei. Aber nur fast! Wer absolut keinen Alkohol trinken will oder darf, muß auf den aromatischen Kräuterbitter aus Trinidad verzichten. Auch wenn es sich nur um einen Spritzer handelt - Alkohol ist Alkohol.

KATER-KILLER MIT HONIG

2 TL Honig
2 cl Orangensaft
1/4 l Milch
1 Eigelb
1 Spritzer Angostura
Orangenscheibe

Alle Zutaten im Shaker auf zwei Eiswürfeln gut schütteln und in einem hohen Glas mit Trinkhalm servieren. Orangenscheibe auf den Glasrand stecken.

Katerkiller mit Honig

MIXEN MIT LIKÖR, TEQUILA & CO.

SUMMER COOLER

8 cl Orangen-Nektar
1 Spritzer Angostura
Bitter Lemon
Zitronenscheibe
frische Minze

Orangensaft und Angostura im Shaker auf Eis schütteln, in ein Kelchglas geben und mit Bitter Lemon auffüllen. Mit Zitronenscheibe und Minze dekorieren.

Summer Cooler

GRAPEFRUIT-HONIG-DRINK
Für 4 Gläser

4 EL Honig
3/8 l Grapefruitsaft
4 Spritzer Angostura
1/2 l Mineralwasser
Zitronenspirale

Honig, Grapefruitsaft und Angostura gut verrühren und auf Eiswürfel in vier Kelchgläser gießen. Mit Mineralwasser auffüllen und mit Zitronenspirale verzieren.

VITAMIN-STOSS

10 cl Gemüsesaft
10 cl weißer Traubensaft
1 Spritzer Zitronensaft
1 Spritzer Angostura
1 Prise Selleriesalz
Stange Bleichsellerie

Gemüse- und Traubensaft in einem Shaker mit zwei bis drei Eiswürfeln gut durchschütteln. In ein hohes Longdrinkglas abseihen und je einen Spritzer Zitronensaft und Angostura hinzugeben. Mit Selleriesalz bestäuben. Die Stange Bleichsellerie zum Umrühren in den Drink geben.

Grapefruit-Honig-Drink

JUNGLE JUICE

2 cl frisch gepresster Zitronensaft

4 cl Maracuja-Nektar

4 cl ungesüßter Ananassaft

1 Spritzer Angostura-Bitter

0,1 l Mineralwasser

1 Ananasecke

Die Säfte mit Angostura und einem Schuss Mineralwasser über zwei große Eiswürfel in ein Longdrinkglas geben und mit einem Barlöffel kurz verrühren. Mit Mineralwasser auffüllen. Mit einer Ananasecke am Glasrand servieren.

APFELSAFT-COCKTAIL

8 cl Apfelsaft

4 cl roter Johannisbeersaft

1 Spritzer Angostura

dünne Apfelscheibe

1 Prise Zimt

Säfte und Angostura in ein Becherglas auf gestoßenes Eis geben und umrühren. Mit einer in Zimt gewendeten Apfelscheibe und Trinkhalm servieren.

Jungle Juice

MIXEN MIT LIKÖR, TEQUILA & CO.

CARIBBEAN SUNSET

4 cl Bols Red Orange
12 cl Orangensaft
Orangenscheibe

Bols Red Orange auf Eiswürfel in ein Longdrinkglas geben und mit Orangensaft auffüllen. Mit einer Orangenscheibe und farbigen Trinkhalmen garnieren.

TROPICAL HEAT

4 cl Grand Marnier
2 cl weißer Rum
10 cl Grapefruitsaft
2 cl Zitronensaft
Früchte

Grand Marnier, Rum und Grapefruitsaft über Eis im Shaker kräftig schütteln, anschließend in ein Cocktailglas auf Eiswürfeln abseihen. Mit Früchten garnieren.

GINGERBALL

3 cl Bénédictine
2 cl Gin
2 cl Ananassaft
Ginger Ale
Sternfrucht

Likör, Gin und Ananassaft im Shaker auf Eis kräftig schütteln, in ein Longdrinkglas abseihen und mit Ginger Ale auffüllen. Mit Sternfrucht garnieren.

BLUE LAGOON

4 cl Wodka
2 cl Blue Curaçao
1 cl Orangensaft
2 Spritzer Zitronensaft
klare Zitronenlimonade
Zitronenscheibe

Wodka, Likör und Säfte über Eiswürfel in ein Longdrinkglas geben und mit der Zitronenlimonade auffüllen. Den Glasrand mit einer Zitronenscheibe garnieren.

ANIMATION COCKTAIL

2 cl Cynar
3 cl Vermouth Rosso
3 Spritzer Zitronensaft
Zitronenspalten

Vermouth und Cynar im Shaker kräftig schütteln, anschließend mit Zitronenspalten in einem Longdrinkglas servieren.

CAMPARI TESTAROSSA

2 cl Campari
1 cl Wodka
Tonic Water
Orangenscheibe

Den Campari und den Wodka über Eis in ein Longdrinkglas geben und je nach Geschmack mit Tonic Water aufgießen. Mit einer Orangenscheibe garnieren.

BLANCHE

2 cl Anisette
2 cl Cointreau
Olive

Cointreau und Anisette im Shaker auf Eis kräftig schütteln und in ein Cocktailglas abseihen. Mit einer Olive garnieren.

JÄGERREDBULL

4 cl Jägermeister
Red Bull

Den Jägermeister in ein Longdrinkglas auf 3 Eiswürfel geben und mit Red Bull auffüllen.

MIXEN MIT LIKÖR, TEQUILA & CO.

BLUE PITÚ

4 cl Blue Curaçao
6 cl Pitú Cachaca
2 cl Zitronensaft
Orangenscheibe

Mehrere Eiswürfel in ein Longdrinkglas geben und anschließend alle Zutaten dazugießen. Mit einem Barlöffel gut umrühren. Den Glasrand mit einer Orangenscheibe garnieren und mit bunten Strohhalmen servieren.

TRIPLE SEC ORANGE

4 cl Bols Triple Sec
12 cl Orangensaft
Orangenscheibe

Einige Eiswürfel in ein Longdrinkglas geben, Bols Triple Sec hinzugießen und mit Orangensaft auffüllen. Mit einem Barlöffel gut umrühren. Eine Orangenscheibe hinzugeben. Mit Trinkhalm servieren.

RED LIME

1 cl Lime Juice
5 cl Campari
Orangenscheibe

Die Zutaten im Shaker auf Eis mischen, in ein Cocktailglas abseihen und eine halbe Orangenscheibe dazugeben.

PITÚRINHA

6 cl Pitú Cachaca
1-2 Limetten
2 TL Rohrzucker

Die Limetten vierteln und mit dem Zucker in einen Tumbler geben. Mit einem Holzstößel die Limettenstücke im Glas ausdrücken. Den Cachaca dazu schütten, das Glas mit grob zerschlagenen Eiswürfeln füllen und umrühren.

JÄGERCREAM

2 cl Jägermeister
2 cl Sahnelikör

Jägermeister und Sahnelikör im Shaker auf Eis kräftig schütteln und in einem kleinen Stielglas servieren.

CAMPARI NEGROINI

2 cl Campari
1 cl Vermouth Rosso
1 cl Gin
Orangenscheibe

Die Spirituosen in einem Barglas auf Eis gut verrühren, anschließend in einen Tumbler gießen und mit einer Orangenscheibe garnieren.

PEACH FIZZ

3 cl Bananenlikör
3 cl Pfirsichlikör
4 cl Brandy
10 cl Pfirsichsaft
Sodawasser

Die Zutaten ohne Soda im Shaker auf Eis kräftig schütteln, in ein Longdrinkglas seihen und mit Soda auffüllen.

APRES SKI

5 cl Campari
Red Bull

Viel Eis in ein Longdrinkglas füllen und den Campari darüber geben. Mit Red Bull auffüllen.

ACAPULCO TODDY

2 cl Crème de Cassis
4 cl Tequila
2 cl Läuterzucker
1/4 Wassermelone

Die klein geschnittene Melone mit den übrigen Zutaten und 3 TL Crushed Ice im Blender frappieren und in ein hohes Longdrinkglas füllen.

MIXEN MIT LIKÖR, TEQUILA & CO.

PITÚ COLA

4 cl Pitú Cachaca
Cola
Limettenscheibe

Einige Eiswürfel in ein Longdrinkglas geben, den Pitú Cachaca hinzugeben und mit eisgekühlter Cola aufgießen. Eine halbe Limettenscheibe hinzugeben.

GRAND MARNIER SOUR

4 cl Grand Marnier
2 cl Zitronensaft
Cocktailkirsche

Grand Marnier mit dem Zitronensaft auf Eiswürfeln im Shaker kräftig schütteln. In einen Tumbler abseihen und die Cocktailkirsche dazugeben.

JÄGERTONIC

4 cl Jägermeister
Tonic Water
Orangenscheibe

Jägermeister in ein Longdrinkglas mit 3 Eiswürfeln geben, mit Tonic Water auffüllen und mit einer Orangenscheibe garnieren.

SÜDSEE

4 cl Bols Triple Sec
1 cl Blue Curaçao
4 cl Ananassaft
10 cl Ginger Ale
Ananasstück
Cocktailkirsche

Die Liköre und den Ananassaft in ein Longdrinkglas mit Eiswürfeln geben und mit einem Barlöffel gut vermischen. Nun mit Ginger Ale auffüllen. Den Glasrand mit Ananas und Cocktailkirsche garnieren.

APRICOT SOUR

4 cl Apricot Brandy
2 cl Zitronensaft
2 cl Orangensaft
Orangenscheibe
Cocktailkirsche

Alle Zutaten mit Eiswürfeln im Shaker kräftig schütteln und über ein Barsieb in ein Stielglas schütten. Mit der Orangenscheibe und Cocktailkirsche garnieren.

BLUE MOON II

3 cl Tequila
2 cl Galliano
1 cl Blue Curaçao
4 cl Sahne
Limettenscheibe

Alle Zutaten im Shaker auf viel Eis kräftig schütteln, anschließend in eine vorgekühlte, dekorative Cocktailschale abseihen. Den Glasrand mit einer Limettenscheibe dekorieren.

BAND C

3 cl Bénédictine
3 cl Calvados
1 cl brauner Rum

Die Zutaten im Shaker auf Eiswürfeln kräftig schütteln, anschließend in eine Cocktailschale abseihen.

TEQUILA PICANTE

2 cl Tequila
2 cl Sangrita
Zitrone
Salz

Zuerst trinkt man den scharfen Würztrunk, anschließend beißt man in ein Zitronenviertel, saugt den Saft heraus, leckt etwas Salz und trinkt den Tequila in einem Zug hinterher. Beide Getränke eiskalt servieren.

150

MIXEN MIT LIKÖR, TEQUILA & CO.

SOUTH OF THE BORDER

3 cl Tequila
2 cl Tía Maria
Limette

In ein kleines Becherglas den Saft einer Limette pressen, Eiswürfel dazugeben, die Spirituosen darüber gießen und gut verrühren.

SOUTHERN TRIP

4 cl Southern Comfort
2 cl Zitronensaft
8 cl Sekt

Southern Comfort und Zitronensaft im Shaker auf Eis kräftig schütteln, anschließend in ein Cocktailglas abseihen und den eiskalten Sekt dazugeben.

CHAMÄLEON

4 cl Blue Curaçao
2 cl Cointreau
2 cl Kokosnusscreme
2 cl Bananensaft
Banane

Die Spirituosen mit dem Bananensaft und der Kokosnusscreme im Shaker auf Eis kräftig schütteln, in eine Cocktailschale einige Bananenscheiben geben und die Flüssigkeit darüber seihen.

CYNAR LEMON

4 cl Cynar
1 cl Lime Juice
Bitter Lemon

Cynar und Lime Juice im Shaker auf Eis kräftig schütteln und in ein Longdrinkglas abseihen. Mit Bitter Lemon auffüllen.

BANANA LEMON

6 cl Grüne Banane
Bitter Lemon
Zitronenscheibe

In ein Longdrinkglas einige Eiswürfel und den Bananenlikör geben. Mit Bitter Lemon auffüllen. Eine Zitronenscheibe an den Glasrand stecken.

ELDORADO

5 cl Tequila
1 cl Triple Sec
1 cl Crème de Bananes
4 cl Orangensaft
4 cl Ananassaft
4 cl Bananennektar
Limettenscheibe
Orangenscheibe

Die Spirituosen und die Säfte im Shaker mit Eiswürfeln kräftig schütteln. Mit einer Orangen- und einer Limettenscheibe garnieren.

XUXU MARGARITA

10 cl XUXU 10
4 cl Tequila
1 cl Zitronensaft
Zucker
Erdbeere

Den Erdbeerlikör und den Tequila mit Zitronensaft und Eiswürfeln im Shaker kräftig schütteln. Anschließend über ein Barsieb in eine Cocktailschale mit Zuckerrand gießen. Mit einer Erdbeere garnieren.

GREEN SHOW

2 cl Blue Curaçao
1 cl Chartreuse
2 cl Kiwisaft
5 cl Grapefruitsaft
Soda

Spirituosen und Säfte im Shaker auf Eis kräftig schütteln, in ein Longdrinkglas seihen und mit kaltem Sodawasser auffüllen.

MIXEN MIT LIKÖR, TEQUILA & CO.

ZORRO

4 cl Tequila
2 cl Bols Triple Sec
1 cl Blue Curaçao
4 cl Grapefruitsaft
Tonic Water
Orangenscheibe

Die Zutaten ohne Tonic mit Eiswürfeln im Shaker kräftig schütteln und in ein Longdrinkglas auf einige Eiswürfel abgießen. Anschließend den Cocktail mit Tonic Water aufgießen. Mit einer Orangenscheibe garnieren.

CAMPARI MARACUJA

3 cl Campari
Maracujasaft

Campari in ein Longdrinkglas über 3 Eiswürfel geben und mit gekühltem Maracujasaft auffüllen.

JÄGERORANGE

4 cl Jägermeister
Orangensaft

Jägermeister in ein Longdrinkglas mit 3 Eiswürfeln geben und mit Orangensaft auffüllen.

JÄGERCOLA

4 cl Jägermeister
1 cl Zitronensaft
Cola

Jägermeister und Zitronensaft in ein Longdrinkglas mit 3 Eiswürfeln geben und mit Cola auffüllen.

DUCHESS

2 cl Pernod
2 cl Vermouth Dry
2 cl Soda
Limettenscheibe

Die Zutaten im Barglas auf Eis langsam verrühren und in einem Digestifglas servieren. Mit der Limettenscheibe garnieren.

FIREBALL

3 cl Bols Red Orange
2 cl Wodka
Tonic Water
Orangenscheibe

Bols Red Orange mit dem Wodka in einem Longdrinkglas auf einige Eiswürfel geben. Mit Tonic Water auffüllen und eine Orangenscheibe hineingeben.

BRASILIAN MACHO

6 cl Pitú Cachaca
Limette
Ginger Ale

Einige Eiswürfel in ein Longdrinkglas geben. Nun die Limette vierteln und den Saft in das Glas pressen. Die Limettenstücke hinzugeben. Den Cachaca darüber gießen und das Glas mit kaltem Ginger Ale auffüllen.

DARK BARFLY

2 cl Cointreau
2 cl Apricot Brandy
1 cl Grenadine
3 Spritzer Anisette

Die Zutaten im Shaker auf Eiswürfeln kräftig schütteln, anschließend in eine Cocktailschale abseihen.

SMITH & WESSON

2 cl Amaretto
4 cl Tequila
4 cl Aprikosensaft
Zucker
Limette

Tequila und Aprikosensaft im Shaker auf Eiswürfeln gut schütteln und in ein Longdrinkglas mit Zuckerrand auf Eis abseihen. Anschließend den Amaretto dazugeben. Mit Limettenspalten garnieren.

MIXEN MIT LIKÖR, TEQUILA & CO.

GREEN MONKEY

2 cl Bols Grüne Banane
2 cl Blue Curaçao
4 cl Orangensaft
4 cl Sahne

Die Zutaten mit Eiswürfeln im Shaker kräftig schütteln und durch ein Barsieb in eine Cocktailschale abgießen.

BERRYROSSO

4 cl Vermouth Rosso
2 cl Wodka
4 cl Orangensaft
1 TL Erdbeermark

Die Zutaten im Shaker auf Eis kräftig schütteln, in einen Tumbler auf Crushed Ice abseihen und mit einer Erdbeere garnieren.

OHIO II

2 cl Cointreau
2 cl Brandy
1 Spritzer Angostura
Asti Spumante

Cointreau, Brandy und Angostura im Rührglas auf Eiswürfeln gut verrühren, in ein Longdrinkglas füllen und mit Asti Spumante auffüllen.

BATIDA COCKTAIL

5 cl Pitú
4 cl Lime Juice
2 TL Honig
Zwergorange
Limettenscheibe

Pitú, Lime Juice und Honig im Blender zunächst ohne Eiswürfel kräftig mixen, bis der Honig sich aufgelöst hat, dann Eis hinzugeben und nochmals mixen. In ein Cocktailglas abseihen, Limetten- und Zwergorangenscheibe an den Glasrand stecken.

GRAND FRUIT

4 cl Grand Marnier
8 cl Orangensaft
8 cl Grapefruitsaft
1 cl Zitronensaft

Den Grand Marnier mit den Fruchtsäften im Shaker auf Eis kräftig schütteln, anschließend in einen dekorativen Longdrinkglas servieren.

BANANA FUN

4 cl Bols Grüne Banane
3 cl Bananensaft
Zitronenlimonade
Bananenstücke
Cocktailkirsche

Den Bananenlikör über einige Eiswürfel in ein Longdrinkglas geben, anschließend den Bananensaft langsam hineinschütten und das Glas mit der Zitronenlimonade auffüllen. Mit Banane und Cocktailkirsche garnieren.

AKZENT

4 cl Tequila
2 cl Grenadine
1 cl Amaretto
1 cl Limettensirup
Sodawasser

Die Spirituosen mit dem Limettensirup im Rührglas vermischen, in ein halb mit Crushed Ice gefülltes Longdrinkglas geben und mit Soda auffüllen.

BLUE SKY

2 cl Tequila
2 cl Campari Cordial
2 cl Blue Curaçao
Sodawasser

Tequila, Cordial und Curaçao im Blender mit 3 EL Crushed Ice frappieren und mit Soda auffüllen.

REDEAGLE

4 cl Maraschino
2 cl Himbeersirup
2 cl Crème de Cassis
2 cl Limettensaft

Die Zutaten im Shaker auf Eis kräftig schütteln, in eine Cocktailschale mit viel Crushed Ice abseihen.

153

MIXEN MIT LIKÖR, TEQUILA & CO.

GOLDEN GIRL

3 cl Apricot Brandy
2 cl Wodka
6 cl Orangensaft
Cocktailkirsche

Die Zutaten im Shaker auf Eiswürfeln kräftig schütteln und durch ein Barsieb in ein Stielglas seihen. Eine Cocktailkirsche ins Glas geben.

CAMPARI ESTIVO

3 cl Campari
trockener Weißwein
Mineralwasser

Den Campari über reichlich Eiswürfel in ein Longdrinkglas geben und zu gleichen Teilen mit trockenem Weißwein und Mineralwasser auffüllen.

AFTER DINER

3 cl Bols Triple Sec
3 cl Apricot Brandy
3 cl Zitronensaft

Die Zutaten im Shaker mit Eiswürfeln kräftig schütteln und über ein Barsieb in eine Cocktailschale abgießen.

BLUE DAY

3 cl Blue Curaçao
3 cl Wodka
1 Spritzer Orange Bitter

Wodka, Blue Curaçao und Orange Bitter im Shaker auf Eiswürfeln kräftig schütteln, in eine Cocktailschale abseihen.

GREEN LOVE

2 cl Kiwilikör
2 cl Mandarinenlikör
1 cl Cognac
2 cl Zitronensaft
Zucker
Limette

Liköre, Cognac und Zitronensaft im Shaker auf Eiswürfeln kräftig schütteln, in eine Cocktailschale mit Zuckerrand abseihen. Limettenspalten an den Glasrand stecken.

CYNAR RUSSIA

2 cl Cynar
2 cl Wodka
Limonenscheibe

Die Zutaten im Shaker auf Eis kräftig schütteln und in einem Longdrinkglas servieren. Mit einer halben Limonenscheibe garnieren.

QUARTER DECK

2 cl Cream Sherry
1 cl Cointreau
2 cl weißer Rum
10 cl Orangensaft
3 Spritzer Limettensaft

Die Zutaten im Shaker auf Eis kräftig schütteln und in ein Longdrinkglas abseihen.

WILD OCEAN

4 cl Bols Maracuja
2 cl Bols Grüne Banane
2 cl Kokossirup
10 cl Ananassaft
3 cl Sahne
Ananasstück
Erdbeere

Die Zutaten im Shaker kräftig schütteln und durch ein Barsieb in ein Longdrinkglas seihen. Mit den Früchten garnieren.

CORCOVADO

2 cl Tequila
2 cl Blue Curaçao
1 cl Drambuie
Zitronenlimonade
Zitronenscheibe
Orangenscheibe
Cocktailkirsche

In ein Longdrinkglas einige Eiswürfel, die Liköre und den Tequila geben. Mit der Limonade auffüllen und mit Zitronen- und Orangenscheibe sowie einer Cocktailkirsche garnieren.

154

MIXEN MIT LIKÖR, TEQUILA & CO.

STAR CLIPPER

2 cl Apricot Brandy
2 cl Crème de Bananes
2 cl weißer Rum
12 cl Ananassaft
Aprikosenstück
Cocktailkirsche

Alle Zutaten mit Eiswürfeln im Shaker kräftig schütteln und über ein Barsieb in ein großes Glas abseihen. Mit einem Aprikosenstück und einer Cocktailkirsche garnieren.

FRUIT ROMANCE

6 cl XUXU 10
4 cl Bols Maracuja
6 cl Ananassaft
6 cl Maracujanektar
Ananasstück
Kapstachelbeere

Die Zutaten im Shaker kräftig schütteln und durch ein Barsieb in ein Longdrinkglas auf einige Eiswürfel seihen. Mit Ananas und Kapstachelbeere garnieren.

KILIMANJARO

4 cl Amarula
2 cl Wodka
2 cl Bols Triple Sec
12 cl Orangensaft
Orangenscheibe
Cocktailkirsche

Die Zutaten im Shaker kräftig schütteln und in einen Amarula-Elefantenbecher auf einige Eiswürfel abgießen. Mit einer halben Orangenscheibe und einer Cocktailkirsche garnieren.

PALE TEQUILA

2 cl Orange Brandy
2 cl Tequila
6 cl Sekt
Orangenscheibe
Cocktailkirsche

Die Zutaten in einem Barglas auf Eis langsam umrühren und in ein Cocktailglas abseihen. Mit Orangenscheibe und Cocktailkirsche garnieren.

APPLE-ORANGE CREAM

4 cl Grand Marnier Cream
4 cl Calvados
2 cl Sahne

Alle Zutaten in einem Shaker auf Eis kräftig schütteln und anschließend über ein Barsieb in ein Cocktailglas abseihen.

FUNKY

4 cl Bols Grüne Banane
0,2 l Orangensaft
1 Kugel Vanilleeis
Marshmellow

Den gekühlten Orangensaft mit dem Vanilleeis im Blender mixen, in ein Longdrinkglas geben und den Bananenlikör vorsichtig darüber füllen. Mit einem Marshmellow garnieren.

CYNAR 4 + 4

4 cl Cynar
4 cl Cola
Limone

Cynar in ein Longdrinkglas über 3 Eiswürfel geben und mit Cola auffüllen. Einige Limonenspalten ins Glas geben.

GREEN POISON

4 cl Tequila
2 cl Blue Curaçao
2 cl Kokossirup
10 cl Maracujasaft
2 cl Zitronensaft
Zitronenscheibe
Cocktailkirsche

Die Zutaten im Shaker kräftig schütteln und durch ein Barsieb in ein Longdrinkglas auf einige Eiswürfel seihen. Mit Zitronenscheibe und Cocktailkirsche garnieren.

155

MIXEN MIT LIKÖR, TEQUILA & CO.

CAMPARI SHAKERATO

5 cl Campari
2 Spritzer Lime Juice

Campari mit Eiswürfeln und Lime Juice im Shaker gut schütteln und in ein Stielglas abseihen. Ein Drink für Puristen.

COCO DE MARTINIQUE

3 cl Armagnac
3 cl Bénédictine
5 cl Kokosnuss-Creme
10 cl Orangensaft

Die Zutaten mit 3 TL Crushed Ice im Blender aufschlagen, anschließend in ein Longdrinkglas füllen und garnieren.

TEQUILA TONIC

4 cl Tequila
Tonic Water
Limonenscheibe

In ein Longdrinkglas mit Eiswürfeln den Tequila geben, dann mit Tonic Water auffüllen. Eine halbe Limonenscheibe dazugeben.

GRAND TONIC

4 cl Grand Marnier
12 cl Tonic Water
Limettenschale

Den Grand Marnier über ausreichend Eis in ein Longdrinkglas geben. Mit Tonic Water auffüllen und mit einer Limettenschale garnieren.

GRAND MARINHA

5 cl Grand Marnier
0,5 cl Campari
1 Limette

In einem Tumbler die Limettenviertel ausdrücken und danach das Glas mit Crushed Ice füllen. Anschließend Grand Marnier und Campari hinzugeben und mit einem Barlöffel umrühren.

CYNAR-APFELDRINK

4 cl Cynar
4 cl Apfelsaft
Mineralwasser

Cynar über 3 Eiswürfel in ein Longdrinkglas geben, danach den Apfelsaft dazugeben, umrühren und mit Mineralwasser auffüllen.

BLUE BAY

4 cl Blue Curaçao
Bitter Lemon
Zitronenscheibe

Blue Curaçao in ein Longdrinkglas mit Eiswürfeln geben. Mit Bitter Lemon auffüllen, dann mit einem Barlöffel umrühren. Den Glasrand mit der Zitronenscheibe dekorieren und Trinkhalme dazugeben.

CAMPARI COLADA

2 cl Campari
6 cl Ananassaft
1 Spritzer Kokossirup

Campari und Ananassaft mit dem Kokossirup auf Eis shaken, anschließend über ein Barsieb in eine Cocktailschale seihen.

MIXEN MIT LIKÖR, TEQUILA & CO.

HAVARD

2,5 cl Vermouth Rosso
2,5 cl Brandy
2 Spritzer Angostura

Die Zutaten im Rührglas auf Eiswürfeln verrühren und in ein Vermouthglas abseihen.

PIERROT

3 cl Grand Marnier
2 cl Campari
10 cl Orangensaft
Orangenscheibe

In einem Longdrinkglas den Grand Marnier und den Campari über Eiswürfel geben, anschließend mit Orangensaft auffüllen und umrühren. Mit einer halben Orangenscheibe am Glasrand garnieren.

GUADELOUPE

5 cl Grand Marnier
5 cl weißer Rum
1 cl Kokossirup
6 cl Ananassaft
6 cl Maracujasaft
Früchte

Die Spirituosen und Säfte mit dem Sirup im Shaker auf Eis kräftig mischen, anschließend auf Crushed Ice abseihen. Mit exotischen Früchten garnieren und mit einem Strohhalm servieren.

VOLCANO

1,5 cl Tequila
1 cl Curaçao Triple Sec
1 cl Galliano
5 cl Sahne
1 cl Limettensaft
8 cl Ananassaft

Die Zutaten im Shaker auf Eiswürfeln gut schütteln und ein Longdrinkglas abseihen und mit Früchten garnieren.

JÄGERINHA

6 cl Jägermeister
Limette
2 TL brauner Zucker

Eine halbe Limette achteln und in ein Longdrinkglas geben. Den braunen Zucker darüber geben, die Limettenstücke mit einem Stößel zerdrücken und den Jägermeister darüber schütten. Mit Crushed Ice auffüllen und umrühren.

ICEBREAKER

6 cl Tequila
2 cl Curaçao Triple Sec
1 cl Grenadine
6 cl Grapefruitsaft
Cocktailkirsche
Orangenscheibe

Die Zutaten im Shaker kräftig schütteln, anschließend in einen Tumbler auf Eiswürfel abgießen. Mit einer aufgespießten Orangenscheibe und Cocktailkirsche garnieren.

VAMPIRE VINE

2 cl Campari
2 cl trockener Weißwein

Den Campari in ein hohes Weißweinglas füllen und mit gut gekühltem, trockenen Weißwein auffüllen.

REGATTA

2 cl Curaçao Triple Sec
2 cl Galliano
2 cl Lime Juice
2 Spritzer Wodka
Orangenschale

Die Zutaten im Shaker auf Eiswürfeln gut schütteln und ein Cocktailglas abseihen. Mit der Orangenschale garnieren.

MIXEN MIT SEKT

LUNA ROSSA

3 cl Brombeer-Likör
2 Spritzer Zitronensaft
Saft 1/2 Orange
Sekt
Orangenscheibe
Cocktailkirsche

Likör und Säfte im Shaker gut schütteln, in einen Sektkelch abseihen und mit Sekt auffüllen. Mit Orangenscheibe und Kirsche dekorieren.

CHAMP

2 cl Vermouth Dry
Champagner

Vermouth in einen Champagnerkelch geben und mit eisgekühltem Champagner auffüllen.

Tipp: Wenn Sie es lieblicher mögen, können Sie den Drink auch mit Vermouth Rosso zubereiten. Er heißt dann „Tropical" und ist rötlich.

CHAMPAGNER COCKTAIL

1 Stück Würfelzucker
1 Spritzer Angostura
Champagner
Zitronenschale
Orangenscheibe

Würfelzucker in Champagnerkelch oder -schale mit Angostura beträufeln und mit eisgekühltem Champagner auffüllen. Mit Zitronenschale abspritzen und Orangenschale auf den Glasrand stecken.

Tipp: Je nach Geschmack können Sie noch 1 cl Brandy hinzugeben.

VULCANO

2 cl Himbeergeist
2 cl Curaçao blue
Orangenschale
Champagner

Himbeergeist und Curaçao in einen Sektkelch gießen, umrühren und mit Orangenschale abspritzen. Mit Champagner auffüllen.

Luna Rossa

158

CHAMPAGNER

Lucky Litschi

LUCKY LITSCHI
Für 2 Gläser

4 TL milder Whisky
2 cl Grenadine
2 cl Zitronensaft
10 Tropfen Orangenbitter
2 Litschi
Sekt rosé
Zitronenscheiben

Whisky mit Grenadine, Zitronensaft, Orangenbitter und vier Eiswürfeln im Shaker schütteln oder im Mixglas kräftig verrühren. In zwei hohe Sektkelche abseihen. Geschälte und mehrmals eingestochene Litschis hineingeben und mit gut gekühltem Sekt auffüllen. Zitronenscheibe auf den Glasrand stecken.

CHAMPAGNER FLIP

2 cl Cognac
2 cl Grand Marnier
1 Eigelb
Champagner oder Sekt

Cognac, Grand Marnier und Eigelb im Shaker kräftig schütteln, in ein Sektglas abseihen und mit kaltem Champagner bzw. Sekt auffüllen.

KIR ROYAL

1 cl Crème de Cassis
Champagner

Crème de Cassis (je nach persönlichem Geschmack kann man die Menge variieren) in einen Sektkelch geben und mit Champagner auffüllen.

BELLINI

5 cl Pfirsichsaft
1 Spritzer Apricot Brandy
Champagner

Pfirsichsaft und Apricot Brandy im Champagnerkelch verrühren und mit Champagner auffüllen.

FRENCH 75

3 cl Gin
1 cl Zitronensaft
1 TL Zuckersirup
Champagner

Gin, Saft und Sirup im Shaker auf Eis gut mixen, in Champagnerglas abseihen und mit Champagner auffüllen.

Kir Blackberry

KIR BLACKBERRY

2 cl Brombeer-Likör
Champagner oder Sekt
Brombeere

Brombeer-Likör in Sektkelch geben, mit Sekt auffüllen und eine Brombeere hineingeben.

CHAMPAGNER À L'ORANGE

2 cl Grand Marnier
6 cl Orangensaft
Champagner

Grand Marnier und Orangensaft im Shaker auf Eiswürfeln gut schütteln, in Champagnerkelch abseihen und mit Champagner auffüllen.

CHICAGO

2 cl Cognac
1 TL Curaçao Orange
1 Spritzer Angostura
Champagner

Cognac, Curaçao und Angostura auf Eis im Mixglas verrühren und in einen Sektkelch abseihen. Mit Champagner auffüllen.

Tipp: Statt Curaçao können Sie auch Cointreau verwenden.

Champagner à l'Orange

Hastings

HASTINGS

1 cl Calvados
1 cl Apfelsaft
1 cl Himbeerlikör
Champagner
Himbeere
Apfelscheibe
Minze

Calvados, Apfelsaft und Likör in einem Sektkelch verrühren und mit Champagner auffüllen. Mit Himbeere, Minze und Apfelscheibe dekorieren.

MIXEN MIT SEKT/CHAMPAGNER

MOVIE STAR

4 cl Kiwilikör
6 cl Mangosaft
2 cl Grapefruitsaft
Sekt

Likör und Säfte im Longdrinkglas mit Eis verrühren und mit gut gekühltem Sekt auffüllen.

STROH-WITWER

1 cl Gin
2 cl Curaçao blue
3 cl Maracuja-Nektar
Sekt
Cocktailkirsche mit Stiel

Gin, Curaçao und Nektar in eine Sektschale geben, mit Sekt auffüllen und mit Kirsche dekorieren.

APRICOT COCKTAIL

3 cl Apricot Brandy
3 cl Zitronensaft
1 cl Weinbrand
Sekt

Likör, Saft und Weinbrand im Shaker mixen, in Sektglas abseihen und mit eisgekühltem Sekt auffüllen.

SHAFT

3 cl Aperol
3 cl Gin
trockener Sekt
1/2 Orangenscheibe

Aperol und Gin in ein Longdrinkglas auf Eis gießen und mit sehr kaltem Sekt auffüllen. Orangenscheibe auf den Glasrand stecken.

Movie Star

Apricot Cocktail

161

MIXEN MIT SEKT/CHAMPAGNER

COUNTRY GLORY

2 cl Pfirsichlikör
1 cl Obstler
trockener Sekt
Zitronenschale

Likör und Obstler in einer Sektschale verrühren, mit gut gekühltem Sekt auffüllen und mit Zitronenspirale dekorieren.

HERREN-GEDECK
Für 2 Gläser

1 Flasche helles Bier
1 Piccolo Sekt
Zitronenscheibe

Bier und Sekt - beides gut gekühlt - gleichzeitig in ein großes Glas gießen und je eine halbe Zitronenscheibe hineingeben.

RONDO

3 cl Pfirsichlikör
1 cl Wodka
Pfirsich
trockener Sekt

Pfirsich mit der Gabel einstechen und in ein Ballonglas geben. Mit Likör und Wodka beträufeln und mit Sekt auffüllen.

KULLER-PFIRSICH

1 kleiner, reifer Pfirsich
Sekt

Den Pfirsich rundherum mit einer Gabel einstechen, in ein Sekt- oder Ballonglas legen und mit eiskaltem Sekt übergießen. Die aufsteigenden Bläschen bringen die Frucht zum „Kullern".

Country Glory

Rondo

MIXEN MIT SEKT/CHAMPAGNER

Golden Fire

Peach Royal

GOLDEN FIRE
Für 2 Gläser

4 cl Wacholderbranntwein

Saft einer Grapefruit

Saft einer Orange

Sekt

frische Minze

Orangenscheiben

Wacholderbranntwein in zwei Longdrinkgläser geben. Die frisch gepressten Säfte hinzufügen und mit Sekt auffüllen. Mit Minze und Orangenscheibe verzieren.

PEACH ROYAL

3 cl Pfirsichlikör

5 cl frisch gepresster Orangensaft

Sekt

Gut gekühlten Pfirsichlikör und Orangensaft im Sektkelch gut vermischen und mit kaltem Sekt auffüllen.

MIXEN MIT SEKT/CHAMPAGNER

Caribbean Royal

CARIBBEAN ROYAL

1 cl Orangensaft
1 cl Ananassaft
1 cl Mango-Zitronen-Nektar
1 cl Apricot Brandy
Sekt
Ananasstück
Kirsche

Säfte und Likör im Shaker auf Eis gut schütteln, in Sektkelch abseihen und mit Sekt auffüllen. Mit Ananasstück und Kirsche dekorieren.

GOLDEN STAR
Für 2 Gläser

4 cl Orangenlikör
10 Tropfen Angostura Bitter
Sekt
Sternfruchtscheiben
Minzeblätter

Orangenlikör und Angostura in Sektschalen gießen und mit gut gekühltem Sekt auffüllen. Sternfruchtscheiben und Minze hineingeben.

ROTER KORSAR

1 cl weißer Rum
1 cl Orangenlikör
2 cl Kirsch-Fruchtsaftgetränk
trockener Sekt
1/2 Orangenscheibe
Kirsche mit Stiel

Rum, Likör und Saft in eine Sektschale geben und mit Sekt auffüllen. Kirsche hineingeben und Orangenscheibe auf den Glasrand stecken.

MANDARIN-FIZZ ÄTNA

2 cl Tequila
2 cl Mandarinensirup
Sekt

Tequila und Sirup in ein Sektglas geben und mit Sekt auffüllen.

RED ROYAL

2 cl Red Orange Liqueur
trockener Sekt
Orangenscheibe

Likör in eine Sektschale geben, mit kaltem Sekt auffüllen und mit Orangenscheibe dekorieren.

Golden Star

MIXEN MIT SEKT/CHAMPAGNER

DIZZY LIZZIE

4 cl Jambosala
1 cl Williams-Birnengeist
1 cl Zitronensaft
1 TL Grenadine
trockener Sekt
1/2 Orangenscheibe
Cocktailkirsche
frische Minze

Jambosala, Birnengeist, Saft und Grenadine in einen Sektkelch geben und mit kaltem, trockenem Sekt auffüllen. Mit Orangenscheibe, Kirsche und Minze dekorieren.

BLUE TANGO

2 cl Curaçao blue
trockener Sekt
Weintraube

Curaçao in einen Sektkelch geben, mit kaltem Sekt auffüllen und eine Weintraube hineingeben.

GOLDTALER

2 cl Haselnusslikör
1 cl Weinbrand
Sekt
geschälte Haselnuss

Likör und Weinbrand mit Sekt auffüllen und mit Haselnuss dekorieren.

Number One

CARIBBEAN STAR
Für 2 Gläser

4 cl Weinbrand
4 cl Limettensaft
2 cl Maracuja-Sirup
2 Cocktailkirschen
Sekt
Sternfrucht

Weinbrand mit Limettensaft, Sirup und vier Eiswürfeln im Shaker schütteln oder im Mixglas kräftig verrühren. In Cocktailgläser abseihen, je eine Kirsche hineingeben und mit Sekt auffüllen. Sternfruchtscheibe obenauf legen oder auf den Glasrand stecken.

NUMBER ONE

3 cl Vermouth Rosso
1 cl Brandy
Sekt
Sternfrucht

Vermouth und Brandy in Sektkelch geben und mit gut gekühltem Sekt auffüllen. Mit Sternfrucht dekorieren.

Caribbean Star

MIXEN MIT SEKT/CHAMPAGNER

Kiwi Kir Royal

SCHWARZ-WALD-FRÜHLING

2 cl Himbeergeist
2 cl Himbeerlikör
Sekt oder Champagner

Himbeergeist und -likör in eine Sektschale geben und mit kaltem Sekt oder Champagner auffüllen.

Southern Dream

KIWI KIR ROYAL

2 cl Kiwilikör
trockener Sekt oder Champagner
Kiwischeibe

Den Kiwilikör in eine Sektschale geben und mit Sekt oder Champagner aufgießen. Kiwischeibe hineingeben.

SOUTHERN DREAM

4 cl Southern Comfort
4 cl Kirschsaft
1 cl Grenadine
trockener Sekt
Kirsche
Für den Zuckerrand:
Zitrone und Zucker

Den Rand eines Cocktailglases in Zitronensaft und Zucker tauchen. Likör, Kirschsaft und Grenadine im Shaker auf Eiswürfeln gut schütteln. In das Cocktailglas abseihen, mit Sekt auffüllen und Kirsche hineingeben.

GIPSY

4-6 cl Aperol
2 cl Orangensaft
1 Spritzer Angostura Bitter

Aperol, Orangensaft und Angostura auf viel Eis im Shaker kräftig schütteln, in ein vorgekühltes Sektglas abseihen und mit kaltem Sekt auffüllen.

MIXEN MIT SEKT/CHAMPAGNER

Gala Rosé

RED MOON

2 cl Bourbon
2 cl Portwein
0,5 cl Grenadine
Champagner
Erdbeere

Whisky, Portwein und Grenadine im Shaker auf Eis schütteln und in eine Cocktailschale abseihen. Mit Champagner auffüllen und mit Erdbeere dekorieren.

GRAND CHAMPAGNER

2 cl Grand Marnier
2 cl Orangensaft
1 Spritzer Zitronensaft
1 Spritzer Angostura
Champagner

Grand Marnier, Säfte und Angostura im Shaker auf Eiswürfeln kräftig schütteln, in Champagnerkelch abseihen und mit Champagner auffüllen.

GALA ROSÉ
Für 2 Gläser

6 cl Pfirsichlikör
2 Spritzer Orangenbitter
Sekt rosé
Limetten- oder Zitronenscheiben

Pfirsichlikör und Orangenbitter in zwei Sektkelche gießen und mit Sekt auffüllen. Je eine Limetten- oder Zitronenscheibe hineingeben.

ABENDROT

2 cl Birnengeist
1 cl Orangenlikör
Sekt
1/2 cl Grenadine
Cocktailkirsche mit Stiel

Birnengeist und Likör in eine Sektschale geben, mit Sekt auffüllen und Grenadine einfließen lassen. Kirsche hineingeben.

Red Moon

167

MIXEN MIT SEKT/CHAMPAGNER

BLUE BALTIC

2 cl Wodka
2 cl Blue Curaçao
15 cl trockener Krimsekt
1 cl Zitronensaft

Die Zutaten im Barglas auf Eis langsam verrühren, anschließend in einem Ballonglas mit viel Eis servieren.

SWEET ALMOND

2 cl Amaretto
Asti Spumante

Den Amaretto in ein Sektglas geben und mit gekühltem Asti Spumante auffüllen.

SCOTSMAN

2 cl Drambuie
2 cl Scotch Whisky
Sekt

Whisky und Likör auf Eiswürfel in eine Sektflöte gießen und mit Schaumwein auffüllen.

GRAPE ADVENTURE

2 cl Grappa
10 cl Asti Spumante
10 cl naturtrüber Traubensaft
3 Trauben

Alle Zutaten im Barglas auf Eis verrühren und in einem Tumbler servieren. Mit einem Traubenspieß servieren.

MAXIMILIAN

2 cl Campari
2 cl Grand Marnier
2 cl Lime Juice
6 cl Grapefruitsaft
Champagner

Die Zutaten ohne Champagner im Shaker auf Eis schütteln und in einen Tumbler auf Crushed Ice abgießen. Mit kaltem Champagner aufgießen.

RITZ COCKTAIL

2 cl Weinbrand
2 cl Cointreau
2 cl Orangensaft
Sekt

Alle Zutaten ohne Sekt im Shaker auf Eiswürfeln kräftig schütteln und mit Sekt auffüllen.

AIR MAIL

2 cl Lime Juice
2 TL Honig
4 cl Rum (golden)
Champagner

Lime Juice, Honig und Rum im Shaker auf Eiswürfeln kräftig schütteln, in eine Cocktailschale seihen und mit Champagner oder Sekt auffüllen.

CAMPARI PROSECCO

2 cl Campari
6 cl Prosecco

Den Campari in ein hohes Sektglas geben und mit eiskaltem Prosecco auffüllen.

SPOTLIGHT

3 cl Kirschlikör
1 cl Campari
1 cl Vermouth Dry
1 cl Gin
Sekt

Die Zutaten ohne Sekt im Shaker mit Eiswürfeln gut schütteln, in ein Champagnerglas seihen und mit Sekt auffüllen. Mit Früchten servieren.

GRAND MARNIER CHAMPAGNE

2 cl Grand Marnier
6 cl Orangensaft
Champagner

Den Grand Marnier und den Orangensaft im Shaker auf Eiswürfeln kräftig schütteln. In ein Champagnerglas abseihen und mit Champagner auffüllen.

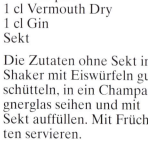

MIXEN MIT SEKT/CHAMPAGNER

EROTICA

2 cl Maracujasaft
2 cl Wodka
2 cl Ananassaft
2 Spritzer Angostura
Sekt
Zucker
Limettenscheibe

Die Zutaten ohne Sekt im Shaker mit Angostura auf Eiswürfeln gut schütteln, in einen Champagnerkelch mit Zuckerrand abseihen und mit Sekt auffüllen. Mit einer Limettenscheibe garnieren.

GULF STREAM

3 cl Sekt
1 cl Blue Curaçao
1 cl Wodka
1 cl Lime Juice
Zucker

Alle Zutaten im Shaker auf Eis kräftig schütteln und in einem Cocktailglas mit Zuckerrand servieren.

RED ORANGE SPARKLING

2 cl Bols Red Orange
4 cl Orangensaft
8 cl Sekt
Orangenscheibe

Bols Red Orange und Orangensaft mit einem Eiswürfel in ein Sektglas geben. Anschließend mit Sekt aufgießen und eine halbe Orangenscheibe hinzugeben.

FIESTA

4 cl Bols Triple Sec
1 cl Bananenlikör
10 cl Sekt
Orangenscheibe

Die Liköre mit einem Eiswürfel in ein großes Sektglas geben und anschließend mit Champagner oder Sekt aufgießen. Eine halbe Orangenscheibe hinzugeben.

LIMETTENSEKT

3 cl Limettenlikör
Sekt

Den Limettenlikör in ein Sektglas geben und mit eiskaltem Sekt auffüllen.

VALENCIA SMILE

2 cl Apricot Brandy
2 cl Orangensaft
3 Spritzer Orange Bitter
Champagner

Brandy und Orangensaft sowie Orange Bitter im Shaker auf Eiswürfeln kräftig schütteln, in einen Champagnerkelch abseihen und mit Champagner auffüllen.

ORANGE-MANGO-SHAKE

2 cl Weinbrand
1 cl Mangosirup
Orangensaft
Sekt

Weinbrand und Mangosirup mit Eiswürfeln im Shaker schütteln und in ein hohes Sektglas seihen. Mit Sekt und Orangensaft zu gleichen Teilen auffüllen.

KIRSCHMUND

2 cl Kirschwasser
1 cl Cherry Brandy
Sekt

Kirschwasser und Cherry Brandy in eine Sektflöte geben und mit eiskaltem Sekt auffüllen.

BALTIKUM

2 cl Wodka
Russischer Sekt

Den eiskalten Wodka in ein Sektglas füllen und mit russischem Sekt auffüllen.

MIXEN MIT SEKT/CHAMPAGNER

BALLY BELT

3 cl weißer Rum
3 cl Curaçao Triple Sec
2 cl Grenadine
3 cl Lime Juice
Sekt

Die Zutaten, ohne Sekt, im Shaker auf Eis kräftig mischen und in ein hohes Cocktailglas geben. Mit Sekt auffüllen.

LBS

2 cl Canadian Whisky
2 cl Vermouth Bianco
3 Spritzer Angostura
Champagner

Whisky und Vermouth mit Angostura im Rührglas mit Eiswürfeln gut verrühren, in ein Longdrinkglas abseihen und mit Champagner auffüllen auffüllen.

SPARKLING GIN

2 cl Gin
5 cl roter Johannisbeersaft
Sekt

In ein Sektglas zuerst den Gin und den Johannisbeersaft gießen, anschließend mit eiskaltem Sekt auffüllen.

TINCKERBEL

2 cl Tequila gold
2 cl brauner Rum
2 cl Bols Gold Strike
Champagner

Alle Zutaten, ohne den Champagner, im Shaker auf Eis kräftig schütteln und in eine Sektschale seihen. Mit Champagner auffüllen.

JAMES BOND

4 cl Wodka
4 Spritzer Angostura
Champagner

Wodka mit Angostura im Shaker auf Eis kräftig schütteln, in eine Sektflöte geben und mit Champagner auffüllen.

PICK THE BEST

3 cl Gin
2 cl Apricot Brandy
2 cl Grenadine
3 cl Ginger Ale
Sekt

Alle Zutaten ohne den Sekt im Shaker auf Eis kräftig schütteln und in einen Sektkelch seihen. Mit Sekt auffüllen und nach Geschmack garnieren.

JAQUES LAMELOISE

2 cl Himbeerlikör
1 cl Pflaumenlikör
Champagner

Die Liköre in ein Champagnerglas geben und mit eiskaltem Champagner auffüllen.

RIZ BAR FIZZ

3 cl Grapefruitsaft
3 cl Ananassaft
1 cl Grenadine
Sekt

Die Säfte mit der Grenadine im Shaker auf Eis kräftig mischen und in ein Longdrinkglas geben. Mit Sekt auffüllen.

MIXEN MIT SEKT/CHAMPAGNER

STOCKHOLM 75

2 cl Zitronensaft
3 cl Lemon-Wodka
2 cl Läuterzucker
Champagner

Die Zutaten, ohne Champagner, im Shaker auf Eis kräftig mischen und über ein Barsieb in ein Sektglas seihen. Mit Champagner auffüllen.

FROZEN BELLINI

5 cl Champagner
4 TL Pfirsichpüree
3 cl Wodka
3 cl Pfirsichlikör
1 cl Läuterzucker
Limone

Alle Zutaten im Blender mit wenig Crushed Ice frappieren und in einem hohen Longdrinkglas servieren. Mit einer Limonenspalte garnieren.

ADRIA LOOK

2 cl Bols Blue Curaçao
2 cl Gin
2 cl Zitronensaft
Sekt
2 Cocktailkirschen
Aprikosenstück

Blue Curaçao, Gin und Zitronensaft mit Eiswürfeln im Shaker kräftig schütteln und in ein großes Sektglas abgießen. Nun mit dem gut gekühlten Sekt aufgießen. Die Cocktailkirschen in das Glas geben und den Glasrand mit einem Aprikosenstück garnieren.

PINEAPPLE CHAMP

6 cl Champagner
6 cl trockener Weißwein
5 cl Ananassaft

Die Zutaten im Shaker auf Eis leicht mixen und in einem dekorativen Glas servieren.

EXOTIC FRUIT PARTY

Kiwimark
Marc de Cassis
Pfirsichmark
Granatapfelmark
Maracujamark
Sekt
Früchte

Jeweils 1 cl der verschiedenen exotischen Fruchtpürees in ein Sektglas geben und mit eisgekühltem Sekt auffüllen. Mit Früchten garnieren.

FLYING

2 cl Gin
2 cl Bols Triple Sec
2 cl Zitronensaft
Sekt
Cocktailkirsche

Die Zutaten ohne den Sekt mit Eiswürfeln im Shaker kräftig schütteln. Danach in eine Cocktailschale abgießen und mit Sekt auffüllen. Die Cocktailkirsche hinzugeben.

PILOT HOUSE FIZZ

3 cl Wodka
2 cl Curaçao Triple Sec
1 TL Lime Juice
Champagner

Wodka, Likör und Lime Juice im Shaker auf Eis kräftig mischen und über ein Barsieb in ein Sektglas seihen. Mit Champagner auffüllen.

FEEL LIKE HOLIDAY

1 cl Wodka
1 cl Himbeergeist
Champagner

Wodka und Himbeergeist im Rührglas mit Eiswürfeln gut verrühren, in ein hohes Cocktailglas seihen und mit Champagner auffüllen.

171

MIXEN MIT SEKT/CHAMPAGNER

TANGAROA

3 cl brauner Rum
1 cl Bols Vanilla
1 cl Läuterzucker
5 cl Champagner

Alle Zutaten im Shaker auf Eis kräftig schütteln und in einem Tumbler auf Eis servieren.

FROU FROU

3 cl Bols Passionsfruchtlikör
3 cl Erdbeerlikör
3 cl Grapefruitsaft
Champagner

Die Zutaten, ohne Champagner, im Shaker auf Eis kräftig mischen und über ein Barsieb in einen Sektkelch seihen. Mit Champagner auffüllen.

SEA OF LOVE

8 cl Champagner
1 cl weißer Rum
2 cl Kokosnusslikör
2 cl Erdbeerpüree
Fruchtstücke

Alle Zutaten im Blender mit Crushed Ice frappieren und anschließend in ein hohes Glas gießen. Mit einem Fruchtspieß garnieren.

COCKTAIL 2000

4 cl Cointreau
4 EL Limettensaft
Sekt
Kapstachelbeeren

Cointreau, Limettensaft und Eiswürfel im Glas verrühren. Anschließend in Sektschalen seihen und mit gekühltem Sekt auffüllen. Mit Kapstachelbeeren garnieren.

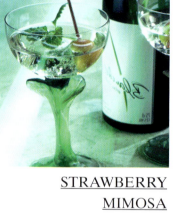

GOLDFEVER

1 cl Apricot Brandy
1 cl weißer Portwein
1 Spritzer Orange Bitter
Sekt

Apricot Brandy, Portwein und Orange Bitter mit Eiswürfeln in einem großen Glas verrühren. In eine Sektschale abseihen und mit Sekt auffüllen. Originell garnieren.

STRAWBERRY MIMOSA

10 cl Champagner
3 cl Orangensaft
3 cl Erdbeerpüree
Erdbeere

Alle Zutaten im Blender mit wenig Crushed Ice frappieren. In einer Cocktailschale servieren. Mit einer Erdbeere garnieren.

PRINCE OF WALES

2 cl Cognac
1 cl Bénédictine
2 Spritzer Angostura
Champagner
1 Stück Würfelzucker

Den Würfelzucker in den Shaker geben und mit Angostura tränken, Eiswürfel dazugeben, Cognac und Bénédictine darüber gießen, alles gut schütteln und in ein Sektglas seihen. Mit Champagner auffüllen.

PALE CRYSTAL

2 cl Bénédictine
1 cl Gin
2 Spritzer Orange Bitter
Champagner
Orangenschale

Bénédictine, Gin und Orange Bitter im Rührglas auf Eiswürfeln verrühren, in ein Champagerglas seihen und mit Champagner auffüllen. Mit Orangenschale abspritzen.

MIXEN MIT SEKT/CHAMPAGNER

SINGAPORE FIZZ

3 cl Gin
2 cl Cherry-Brandy
1 cl Zitronensaft
0,5 cl Läuterzucker
Sekt
Limette

Die Zutaten, ohne Sekt, im Shaker auf Eis kräftig mischen und in ein Longdrinkglas geben. Mit Sekt auffüllen. Eine Limettenspalte an den Glasrand stecken.

OUVERTÜRE

2 cl Orangenlikör
Sekt
4 Spritzer Orange Bitter
Erdbeere

Likör und Orange Bitter ins Glas geben, mit Sekt auffüllen. Mit einer Erdbeere garnieren.

SOMETHING SASSY

8 cl Champagner
3 cl Schokoladenlikör
3 cl Erdbeerlikör

Schokoladen- und Erdbeerlikör im Shaker auf Eis kräftig schütteln und in ein Champagnerglas seihen. Mit Champagner auffüllen.

CORNUCOPIA

3 cl Wodka
3 cl Sekt
2 cl Campari
4 EL Johannisbeersaft

Die Zutaten im Blender mit Crushed Ice frappieren und in einer Cocktailschale servieren.

POMME D'AMOUR

2 cl Calvados
1 cl Erdbeersirup
1 cl Cointreau
Champagner

Calvados und Cointreau mit dem Erdbeersirup auf Eis im Shaker kräftig schütteln, in ein Champagnerglas seihen und mit Champagner auffüllen.

SWEET AND BITTER

6 cl Viala Sweet
2 cl Orangenlikör
10 Tropfen Angostura
Sekt
Sternfrucht
Minze

Viala Sweet, Orangenlikör und Angostura Bitter in Sektschalen geben, anschließend mit gut gekühltem Sekt aufgießen. Als Abrundung Sternfruchtscheiben und Minzeblätter einlegen.

PINK PEACH

2 cl Pfirsichlikör
2 Spritzer Orange Bitter
Rosésekt
Zitronenscheibe

Den Pfirsichlikör in einen Sektkelch gießen, Orange Bitter hinzugeben und mit kaltem Rosésekt aufgießen. Mit der Zitronenscheibe garnieren.

MONTE CARLO IMPERIAL

2 cl Gin
2 cl Zitronensaft
1 cl Crème de Menthe
Champagner

Likör, Gin und Zitronensaft im Shaker auf Eiswürfeln kräftig schütteln, in ein Champagnerglas abseihen, mit Champagner auffüllen.

BOWLEN UND

Mai-Bowle

TRAUBEN-SAFTBOWLE
Für 4-6 Personen

1 l weißer Traubensaft
1 l Weißwein
200 g grüne Weintrauben
1 Flasche Sekt

Die Trauben entkernen, abziehen und halbieren. In ein Bowlegefäß geben, Traubensaft und Weißwein hinzufügen. Kühl stellen und ziehen lassen. Kurz vor dem Servieren mit Sekt auffüllen.

FISHER-HOUSE PUNCH
Für ca. 15 Gläser

0,7 l weißer Rum
0,35 l Jamaica Rum
6-8 EL Zuckersirup
Saft von 8 Zitronen
Saft von 6 Orangen
15 cl Pfirsichlikör
Orangenscheiben

Rum, Säfte, Sirup und Likör in ein Bowlegefäß geben, gut umrühren und etwa zwei Stunden kalt stellen. In Gläsern auf Eiswürfeln servieren und mit Orangenscheiben dekorieren.

MAI-BOWLE
Für 4 Personen

1 Büschel Waldmeister ohne Blüten
2 Flaschen milder Weißwein
1 Honigmelone
5 EL Crème de Menthe grün
1 Flasche Sekt

Das Waldmeisterbüschel waschen, trockentupfen, an einen Holzlöffelstiel binden und in ein Bowlegefäß hängen. Mit dem gut gekühlten Weißwein übergießen. Abgedeckt an einem kühlen Platz etwa eine halbe Stunde ziehen lassen. Die Melone halbieren, entkernen und mit einem Kugelausstecher Kugeln aus dem Fruchtfleisch lösen. Waldmeister aus dem Gefäß nehmen, die Melonenkugeln und den Pfefferminzlikör hineingeben. Mit dem gut gekühlten Sekt auffüllen und umrühren.

ALTER PUNSCH

BANANEN-BEEREN-BOWLE
Für 4 Gläser

300 g Beeren
100 g Zucker
4 mittelgroße Bananen
1/8 l Weinbrand
0,7 l nicht zu trockener Weißwein
0,7 l halbtrockener Sekt
Zitronenmelisse

Beeren waschen und trockentupfen. Bananen schälen, in nicht zu dicke Scheiben schneiden und einige Zeit in Weinbrand ziehen lassen. Kurz vor dem Servieren die Beeren und Bananenscheiben in eine Bowlegefäß geben, mit gut gekühltem Wein und Sekt aufgießen und in Bowlengläser füllen. Mit Zitronenmelisse dekorieren.

Tipp: Sie können die Bowle mit nur einer Beerensorte zubereiten oder zum Beispiel Brombeeren, rote und schwarze Johannisbeeren mischen.

Bananen-Beeren-Bowle

BOWLEN UND KALTER PUNSCH

Sommernachtsbowle

Sangria

SOMMER-NACHTS-BOWLE
Für 6-8 Personen

500 g frische Sauerkirschen
2 reife Birnen
1 Orange
4 cl Kirschlikör
Saft 1 Orange
1 EL Zucker
1/2 Zimtstange
2 Flaschen Roséwein
1 Flasche Sekt

Kirschen waschen und entsteinen. Birnen schälen und in Spalten schneiden. Orangen inklusive der weißen Haut schälen und in dünne Scheiben schneiden. Alle Früchte in ein Bowlegefäß geben. Mit Kirschlikör, Orangensaft, Zucker und Zimtstange vermischen. Mit gut gekühltem Roséwein bedecken. Zugedeckt drei bis vier Stunden im Kühlschrank durchziehen lassen. Kurz vor dem Servieren die Zimtstange herausnehmen. Mit dem restlichen Wein und dem eisgekühlten Sekt auffüllen.

SANGRIA
Für 4 Personen

1 l Rotwein
1/2 l frisch gepresster Orangensaft
1 Zucker-Melone
2 Orangen

Das Fruchtfleisch der Melone in Stücke schneiden oder Kugeln ausstechen. Die Orangen in dünne Scheiben schneiden. Zusammen in einen Bowlenkrug geben, Orangensaft und Rotwein hinzufügen, eventuell mit Zucker süßen. Eine Stunde ziehen lassen und mit Eiswürfeln servieren.

Tipp: Bei der Zubereitung der Sangria, dem spanischen Nationalgetränk, sind Ihrer Phantasie keine Grenzen gesetzt. Statt der Melone können Sie auch andere Früchte wie zum Beispiel Pfirsiche oder Aprikosen nehmen. Oder Sie geben Zitronensaft und -stücke hinzu. Oder einen Schuss Cointreau, Cognac, Maraschino oder weißen Rum. Probieren Sie aus, wie Ihnen die Sangria am besten schmeckt!

SOMMER-ZITRUS-BOWLE
Für 4 Personen

4 Orangen
4 Grapefruits
4 EL Zucker
10 cl Amaretto
1 l trockener Weißwein
Saft 1/2 Zitrone
0,75 l trockener Sekt
1-2 Zweige Zitronenmelisse
Orangen- und Zitronenscheiben

Orangen und Grapefruits inklusive der weißen Haut abschälen. Fruchtfilets mit scharfem Messer zwischen den Trennhäuten herauslösen und den Saft auffangen. Restsaft aus den Trennhäuten herausdrücken und hinzufügen. Fruchtfilets und -saft in ein Bowlegefäß geben, mit Zucker bestreuen und mit Amaretto übergießen. Früchte ca. eine Stunde zugedeckt ziehen lassen. Gut gekühlten Weißwein zufügen, mit Zitronensaft abschmecken und mit eisgekühltem Sekt auffüllen. Mit Zitronenmelisse, Orangen- und Zitronenscheiben dekorieren.

ROSA APFEL-BOWLE
Für 6 Personen

2 l Apfelsaft
2 Stücke Zimtstange (à 3 cm)
2 Nelken
2 Äpfel
1 Weinglas Weinbrand
1 EL heller Blütenhonig
1 Flasche roter Sekt
1 Packung tiefgekühlte Erdbeeren oder Himbeeren (300 g)
Minz- oder Melissezweige

Je eine Zimtstange und eine Nelke in die Apfelsaftflaschen geben, verschließen und kalt stellen. Äpfel waschen, vierteln, entkernen und in dünne Scheiben schneiden. In ein Bowlegefäß geben, mit Weinbrand und Honig mischen und eine Stunde ziehen lassen. Den Apfelsaft durch ein Sieb hinzufügen und die Beeren dazugeben. Kurz vor dem Servieren mit rotem Sekt auffüllen und mit Minz- oder Melissezweigen dekorieren.

Sommer-Zitrus-Bowle

BOWLEN UND KALTER PUNSCH

Lychee-Bowle

CIDERLUP NR. 1
Für 4 Personen

1 l Apfelsaft
8 cl Curaçao orange
8 cl Maraschino
2 Zitronenscheiben
8 EL frisches Obst
Sodawasser

Sechs bis acht Eiswürfel in ein Bowlegefäß geben, kalten Apfelsaft aufgießen, Curaçao und Maraschino darübergeben, Zitronenscheiben und frisches Obst hinzufügen und mit Sodawasser nach Geschmack auffüllen.

Tropical Punch

Fruit Punch

LYCHEE-BOWLE
Für 4-6 Personen

4 Dosen Lychees (250 g)
10 cl Portwein
8 cl Sherry Cream
6 cl Rum (40 % Vol.)
1 l trockener Weißwein
3 Flaschen kohlensäurehaltiges Mineralwasser

Die Lychees abgießen, den Saft auffangen, die Früchte halbieren und in einer Schüssel mit dem Saft, Portwein, Sherry, Rum und Weißwein ansetzen. Abgedeckt im Kühlschrank ca. zwei Stunden ziehen lassen und zwischendurch umrühren. Vor dem Servieren mit eiskaltem Mineralwasser auffüllen.

BOWLEN UND KALTER PUNSCH

FRUIT PUNCH
Für ca. 30 Gläser

0,7 l weißer Rum

25 cl Ananassaft

25 cl Orangensaft

12 cl Zitronensaft

Zuckersirup

1,4 l Ginger Ale

Orangen- und Zitronenscheiben

Rum und die Säfte in ein Bowlegefäß geben. Zuckersirup nach Geschmack hinzufügen und einige Stunden kalt stellen. Vor dem Servieren mit Ginger Ale auffüllen und mit Zitronen- und Orangenscheiben dekorieren.

TROPICAL PUNCH
Für ca. 40 Gläser

0,7 l weißer Rum

0,7 l brauner Rum

1,4 l Ananassaft

0,7 l Orangensaft

0,7 l Grapefruitsaft

0,5 l heller Kirschsaft

10 cl Grenadine

1-2 Spritzer Angostura Bitter

Orangenscheiben und Kirschen

Apfel-Bowle Sachsenhausen

Rum, Säfte, Grenadine und Angostura in ein Bowlegefäß geben. Wenn der Punch zu süß ist, etwas Zitronensaft hinzufügen. Ist er zu herb, mit Grenadine nachsüßen. Einige Stunden kühl stellen und dann umrühren. In Gläsern auf Eiswürfeln servieren und mit Orangenscheiben und Kirschen dekorieren.

APFEL-BOWLE SACHSEN-HAUSEN
Für 6 Personen

6 säuerliche Äpfel

Zucker

8 cl Calvados

Saft von 2 Zitronen

1 Flasche Apfelwein

2 Flaschen kohlensäurehaltiges Mineralwasser

1 Flasche Apfelsaft

Zitronenmelisse

Äpfel schälen, vierteln, entkernen und in feine Scheiben schneiden. Sofort zuckern, mit Zitronensaft und Calvados vermengen. Mit dem Apfelsaft begießen, bis sie bedeckt sind, und über Nacht an einem kühlen Platz durchziehen lassen. Äpfel in ein Bowlegefäß geben, mit eiskaltem Apfelwein und dem restlichen Apfelsaft auffüllen und umrühren. Mineralwasser hinzufügen und mit Zitronenmelisse dekorieren.

BOWLEN UND KALTER PUNSCH

APRIKOSEN-MELONEN-BOWLE
Für 6-8 Personen

250 g Aprikosen
1 Wassermelone
2 cl Grenadine
Saft 1 Zitrone
Saft von 2 Orangen
2 Flaschen milder Weißwein
1 Flasche Sekt

Aprikosen mit kochendem Wasser überbrühen, die Haut abziehen, halbieren, entkernen und das Fruchtfleisch in Spalten schneiden. Melone vierteln und die Kerne entfernen. Mit einem Kugelausstecher kleine Kugeln herauslösen. Früchte in ein Bowlegefäß geben. Grenadine, Zitronen- und Orangensaft untermischen. Früchte mit Weißwein bedecken und zugedeckt vier Stunden im Kühlschrank ziehen lassen. Vor dem Servieren mit dem restlichen Weißwein und dem eisgekühlten Sekt auffüllen.

Tipp: Sie können die Bowle noch verfeinern, indem Sie zusätzlich in jedes Glas eine kleine Kugel Vanilleeis geben.

Aprikosen-Melonen-Bowle

ROSA ZEITEN
Für 4-6 Personen

1 kleine Honigmelone (750 g)
1 große Banane
2 cl Rum (40 % Vol.)
2 cl Mandellikör
1 Sternfrucht
1 EL Puderzucker
2 Flaschen Roséwein
1 Flasche Sekt rosé

Melone vierteln, entkernen und Fruchtfleisch von der Schale lösen. In Würfel schneiden oder mit einem Kugelausstecher Kugeln formen. Saft aus den Schalen drücken und darüber träufeln. In ein Bowlegefäß geben. Bananenscheiben hinzugeben. Rum und Mandellikör darüber träufeln. Sternfruchtscheiben auf Banane und Melone verteilen und Puderzucker darübersieben. 15 Minuten ziehen lassen. Eine Flasche gut gekühlten Roséwein aufgießen und zehn Minuten ziehen lassen. Die zweite Flasche Wein und den ebenfalls gut gekühlten Sekt hinzufügen.

Rosa Zeiten

BOWLEN UND KALTER PUNSCH

EXOTISCHE FRUCHT-BOWLE
Für 4-6 Personen

4 Kiwifrüchte
1 kleine Ananas
1 Mangofrucht
1 Papayafrucht
200 g Zucker
2 Päckchen Vanillezucker
1 Flasche Orangensaft
2 Flaschen Weißwein
1 Flasche Mineral- oder Heilwasser
2 Bund Zitronenmelisse

Die Kiwifrüchte schälen und in Scheiben schneiden. Die Ananas schälen, den Strunk herausschneiden und würfeln. Die Mangofrucht schälen, den Kern herauslösen und das Fruchtfleisch würfeln. Die Papayafrucht schälen, halbieren, die Kerne mit einem Teelöffel herausschaben und die Frucht in Würfel schneiden. Alle Früchte in ein Bowlegefäß geben, mit dem Zucker und Vanillezucker bestreuen und ca. 15 Minuten im Kühlschrank ziehen lassen. Den gut gekühlten Orangensaft, den Weißwein und das Wasser angießen, Eiswürfel unterziehen und weitere 30 bis 40 Minuten kühlstellen. Die gewaschene, klein geschnittene Zitronenmelisse kurz vor dem Servieren unter die Bowle ziehen.

Exotische Fruchtbowle

BOWLEN UND KALTER PUNSCH

Kirschbowle

KIRSCH-BOWLE
Für 4-6 Personen

5 EL Zucker
5 EL Wasser
500 g entsteinte Schattenmorellen (tiefgekühlt oder frisch)
1/8 l weißer Portwein
2 Flaschen Roséwein
1 Flasche Sekt
Minzblättchen

Zucker und Wasser zum Kochen bringen und zwei Minuten köcheln lassen. Die gefrorenen Kirschen dazugeben, verrühren und in ein Bowlegefäß gießen. Den Portwein dazugeben. Drei Stunden durchziehen lassen. Mit dem gut gekühlten Roséwein und Sekt auffüllen. Mit Minzblättchen dekorieren.

KALTE ENTE
Für 4-6 Personen

2 Flaschen Weißwein
1-2 Flaschen Sekt
1 unbehandelte Zitrone

Zitronenschale spiralförmig abschneiden und in einen Bowlenkrug hängen. Darüber ganz langsam den Weißwein gießen und zusammen ca. 20 Minuten ziehen lassen. Kurz vor dem Servieren mit dem gut gekühlten Sekt aufgießen.

TRAUBEN-BOWLE
Für 4-6 Personen

500 g grüne Weintrauben
2 EL Zucker
Saft 1 Zitrone
2 EL Weinbrand
1 Flasche halbtrockener Weißwein
2 Flaschen Mineral- oder Heilwasser

Die Weintrauben abzupfen, waschen und trocknen. Mit dem Zucker, Zitronensaft, Weinbrand und Wein in ein Bowlegefäß geben. Einige Stunden ziehen lassen. Kurz vor dem Servieren mit dem Mineral- oder Heilwasser auffüllen.

Traubenbowle

BOWLEN UND KALTER PUNSCH

Rosa's rosa Bowle

ROSA'S ROSA BOWLE
Für 8 Personen

1 Wassermelone (ca. 1 kg Fruchtfleisch)
1 unbehandelte Zitrone
2 Flaschen Roséwein
8 EL Johannisbeerlikör
6 EL Sherry Cream
250 g rote Johannisbeeren
1 Flasche Sekt rosé
frische Zitronenmelisse

Das Fruchtfleisch der Melone in kleine Stücke schneiden. Die Zitrone spiralförmig schälen. Beides in ein Bowlegefäß geben. Zitronensaft, eine Flasche Roséwein und Johannisbeerlikör hinzufügen, vorsichtig verrühren und mindestens eine halbe Stunde zugedeckt kühl stellen. Kurz vor dem Servieren die zweite Flasche Wein, Sherry und die Johannisbeeren dazugeben. Mit Sekt aufgießen und mit Melisseblättchen garnieren.

Fruchttee-Bowle

MELONEN-BOWLE BUCHARA
Für 6 Personen

1 Honigmelone
10 cl Wodka
1 cl Zitronensaft
3 Flaschen trockener Weißwein
1 Flasche trockener, weißer Krimsekt
Zitronenspirale

Melone entkernen, Fruchtfleisch in Würfel schneiden und ins Bowlegefäß geben. Wodka, Zitronensaft und eine Flasche Weißwein hinzugeben. Im Kühlschrank drei Stunden ziehen lassen. Den anderen Wein hinzufügen und kurz vor dem Servieren mit dem Krimsekt auffüllen. Mit Zitronenspirale servieren.

FRUCHTTEE-BOWLE
Für 10 Personen

1 Dose Lychees
1 Dose Feigen
1 Dose Loquats oder Mangos
250 g Sultaninen
20 g weißer Kandis
1 Flasche Weinbrand oder Cognac
3 Liter Wasser
4 EL schwarzer Tee
4 EL Mango-Tee
4 EL Orangentee
10 Tropfen Angostura

Früchte mit Saft, Sultaninen, Kandis und Weinbrand in ein Bowlegefäß geben, kalt stellen und ca. sechs Stunden ziehen lassen. Tee mit kochendem Wasser aufgießen und ca. fünf Minuten ziehen lassen. Abgießen und kalt stellen. Eisgekühlten Tee zu den Früchten gießen und die Bowle mit Angostura abschmecken.

PORTWEIN-TRUNK
Für 4 Gläser

1/8 l Portwein
2-3 cl Rum
Saft 1/2 Zitrone
50 g Puderzucker
3/8 l Mineral- oder Heilwasser

Portwein, Rum und Zitronensaft in einem Krug verrühren, mit Puderzucker abschmecken und mit Mineral- oder Heilwasser auffüllen.

Portweintrunk

BOWLEN UND KALTER PUNSCH

BOWLEN UND KALTER PUNSCH

JOHANNIS-BEER-BROMBEER-BOWLE
Für 6-8 Personen

500 g rote Johannisbeeren
250 g Brombeeren
2 Limetten
1 EL Puderzucker
1/4 l roter Johannisbeersaft
4 cl Brombeerlikör
2 Flaschen Roséwein
1 Flasche Sekt
Zitronenmelisse

Johannisbeeren und Brombeeren waschen. Limetten schälen und in dünne Scheiben schneiden. Alle Früchte in ein Bowlegefäß geben und mit Puderzucker bestreuen. Mit Brombeerlikör vermischen. Johannisbeersaft darübergießen und mit Roséwein auffüllen, bis die Früchte bedeckt sind. Im Kühlschrank drei bis vier Stunden ziehen lassen. Kurz vor dem Servieren mit dem restlichen Wein und dem eisgekühlten Sekt auffüllen. Mit Zitronenmelisse servieren.

Johannisbeer-Brombeer-Bowle

BOWLEN UND KALTER PUNSCH

SANGRIA ROSÉ
Für 4 Personen

1 l Roséwein
1 unbehandelte Orange
2 unbehandelte Zitronen
1 vollreife Ananas
1 Spritzer Cointreau
1 Flasche Mineral- oder Heilwasser

Die Orange spiralförmig schälen. Die weiße Haut entfernen und das Fruchtfleisch in Scheiben schneiden. Die Zitronen mit Schale in Scheiben schneiden. Das Fruchtfleisch der Ananas in Stücke schneiden. Die Früchte in einen Bowlenkrug geben und die Orangenschale über den Rand hängen. Roséwein zugießen und mit etwas Cointreau abspritzen. Mindestens zwei Stunden ziehen lassen und vor dem Servieren mit eisgekühltem Mineral- oder Heilwasser auffüllen.

NORDISCHE BOWLE
Für ca. 40 Gläser

500 g Zucker
2 unbehandelte Zitronen
3 Flaschen Rotwein
1 Flasche Weißwein
1/2 Flasche Weinbrand
1 l starker Tee
2 Flaschen roter Sekt

Zucker mit Saft und abgeriebener Schale der Zitronen, dem Rotwein und dem Weißwein in einem Topf ziehen lassen. Nach zwei Stunden bis fast zum Kochen erhitzen. Topf vom Herd nehmen. Den Weinbrand und den Tee einrühren. Wenn der Ansatz fast erkaltet ist, mit dem roten Sekt auffüllen.

Tipp: Vorsicht, diese Bowle hat es in sich! Nicht geeignet für heiße Sommernächte.

Sangria Rosé

187

BOWLEN UND KALTER PUNSCH

Costa-Rica-Bowle

BURGUNDER PUNSCH
Für 6 Gläser

1 unbehandelte Zitrone
1 unbehandelte Orange
8 cl Orangenlikör
1 Flasche roter Sekt

Zitrone und Orange spiralförmig schälen. Die Zitrusspiralen in ein Bowlegefäß geben, den Saft der Früchte und den Orangenlikör hinzufügen. Zugedeckt ein bis zwei Stunden ziehen lassen. Vor dem Servieren mit dem eisgekühlten Sekt auffüllen. Nicht mehr umrühren.

Tipp: Oft kann man die Länge der Party und den Durst der Gäste schlecht einschätzen. Bereiten Sie dann einfach gleich größere Mengen des Ansatzes vor. Ohne Zitrusspiralen in Flaschen abgefüllt, hält er sich im Kühlschrank mehrere Wochen. So können Sie Ihren Gästen den Punsch jederzeit ohne großen Aufwand frisch kredenzen. Einfach mit Sekt auffüllen - und fertig.

MIRABELLEN BOWLE
Für 4-6 Personen

750 g Mirabellen
1-2 EL Grenadine
Saft von 4 Orangen
2 Flaschen trockener Weißwein
1 Flasche Sekt

Mirabellen Bowle

COSTA-RICA-BOWLE
Für 4-6 Personen

3 Dosen geschälte Mandarinen
1 l eisgekühlter Mokka
100 g Zucker
1/2 Flasche Weinbrand
1 Flasche Sekt
500 g Vanilleeis

Mandarinen in ein Bowlegefäß geben und mit Weinbrand übergießen. Etwa eine Stunde ziehen lassen. Inzwischen den Zucker in dem Mokka lösen und zu den Mandarinen geben. Vor dem Servieren mit dem eisgekühlten Sekt auffüllen. Mit Eiskugeln servieren.

Die Mirabellen waschen, entsteinen und das Fruchtfleisch in Spalten schneiden. Die Früchte in ein Bowlegefäß geben und mit Grenadine und Orangensaft mischen. Gut gekühlten Weißwein darübergießen, bis die Früchte bedeckt sind. Zugedeckt drei bis vier Stunden im Kühlschrank durchziehen lassen. Kurz vor dem Servieren mit dem restlichen Weißwein und dem eisgekühlten Sekt auffüllen.

APFEL-KIWI-BOWLE
Für 6 Personen

1 großer, grüner Apfel

3 Kiwis

1 Bund Minze

2 EL Puderzucker

Saft 1 Zitrone

2 Flaschen milder Weißwein

1 Flasche Sekt

Den Apfel gut waschen und mit Schale in hauchdünne Scheiben hobeln. Kiwis schälen und in Stücke schneiden. Minzeblätter feinhacken. Alles in ein Bowlegefäß geben und vorsichtig vermischen. Mit Puderzucker bestäuben und mit Zitronensaft beträufeln. Zugedeckt etwa 30 Minuten durchziehen lassen. Kurz vor dem Servieren mit dem gut gekühlten Wein und Sekt auffüllen.

Apfel-Kiwi-Bowle

BOWLEN UND KALTER PUNSCH

APFEL-CIDRE-PUNSCH
Für 4 Personen

1 Flasche Cidre
8 cl Calvados
10 cl Apfelsaft
4 cl Zitronensaft
2 cl Minzlikör

Alle Zutaten in einer großen Karaffe mit viel Eis verrühren und servieren.

BALTIMORE EGG NOGG
Für 4 Personen

0,2 l Madeira
8 cl Cognac
6 cl Jamaica Rum
4 Eier
0,5 l Milch
4 cl Läuterzucker
4 TL Sahne
Muskatnuss

Die Zutaten mit 4 TL Crushed Ice bei niedriger Geschwindigkeit schaumig schlagen. In eine Bowle füllen, mit Muskatnuss garnieren.

MILLENIUM-PUNCH
Für 4 Personen

10 cl Vermouth Dry
Minzblätter
4 Oliven
Sekt

Vermouth mit den Minzblättern und den Oliven in einem Barglas mit viel Eis verrühren. 30 Minuten ziehen lassen. Nun auf 4 Cocktailgläser aufteilen und mit Sekt auffüllen.

BANANEN-PUNSCH
Für 4 Personen

2 cl Weinbrand
2 cl Bananenlikör
10 cl Bananensaft
Sodawasser

Die Spirituosen mit dem Bananensaft im Shaker auf Eis kräftig schütteln, anschließend in einen Tumbler seihen und mit dem

COOL CINAMON
Für 4 Personen

1 Flasche Rotwein
8 cl Rum
1 cl Zitronensaft
1 Beutel Glühweingewürz
100 g Rosinen
Zimtstange

Rotwein, Rum und Zitronensaft mit dem Glühweingewürz aufkochen, Rosinen hineingeben und kalt stellen. Mit der Zimtstange garnieren.

KOKOS-TRAUM
Für 4 Personen

1 kleine Kokosnuss
1/2 Ananas
8 cl Batida de Coco
8 cl weißer Rum
4 cl Mandelsirup
2 El Honig
0,5 l Mineralwasser

Das Fleisch der Kokosnuss, die Ananas, die Spirituosen, den Mandelsirup und Honig in einen Mixer geben und cremig schlagen. In eine Karaffe füllen, mit dem Mineralwasser auffüllen und umrühren.

LEMON-TEA-BOWL
Für 4 Personen

8 cl weißer Rum
0,7 cl schwarzer Tee
4 TL Zucker
4 cl Lime Juice
0,1 l Sodawasser
Zitronen

Alle Zutaten, ohne Soda, zusammen mit Zitronenspalten in einem Bowlegefäß ansetzen und 1 Stunde kühl stellen. Vor dem Servieren mit dem Sodawasser beleben.

KANONIER-PUNSCH
Für 4 Personen

8 cl Apricot Brandy
8 cl Jamaica Rum
8 cl Bourbon Whiskey
8 cl Rum
1 l Schwarzer Tee
1 cl Läuterzucker
0,2 l Orangensaft
1 cl Zitronensaft

Alle Zutaten in einem Punschgefäß auf Eis kalt rühren. In Punschgläsern servieren.

BOWLEN UND KALTER PUNSCH

SWEET AND FRUITY

Für 20 Gläser

500 g Erdbeeren
2 Orangen
500 g reife Aprikosen
1/2 l weißer Traubensaft
1 Honigmelone
2 Flaschen fruchtiger Weißwein

Das Obst putzen, dann die Erdbeeren mit dem Saft der beiden Orangen pürieren. Die Aprikosen mit der Hälfte des Traubensafts pürieren, die Melone mit dem Rest des Traubensafts pürieren. Das Fruchtmus auf Gläser verteilen und mit Wein auffüllen.

HONIG-ERDBEER-PUNSCH

Für 4 Personen

100 g Erdbeermark
4 TL Honig
8 cl Erdbeerlikör
0,5 l Schwarzer Tee
trockener Sekt

Erdbeermark, Honig und Likör verrühren, anschließend mit dem Tee mischen und kalt stellen. Gläser mit der Flüssigkeit zur Hälfte füllen und mit Sekt auffüllen.

SAUERKIRSCH-ORANGEN-BOWLE

Für 4 Personen

400 g Sauerkirschen
1 Orange
8 cl Orangensaft
4 TL Zucker
8 cl Cherry Brandy
1 Flasche Rotwein

Die Kirschen waschen und entsteinen, anschließend mit 8 halben Orangenscheiben, Orangensaft, Zucker und Brandy in einem Bowlengefäß für 1 Stunde kalt stellen. Vor dem Servieren den Wein dazugeben.

ORANGEN-BOWLE

Für 4 Personen

4 Orangen
7,5 cl Curaçao Triple Sec
200 g Zucker
0,3 l Sekt
0,7 l Weißwein
7,5 cl Kirschwasser
5 cl Malaga-Wein
0,2 l Mineralwasser

Die Orangen in Scheiben schneiden und in einem Bowlengefäß mit Curaçao und dem Zucker 20 Minuten ziehen lassen. Danach die anderen Zutaten hinzugeben.

BRANDY-PUNSCH

Für 4 Personen

10 cl Brandy
8 cl Zitronensaft
2 cl Grenadine
0,7 l Sodawasser
4 Zitronenscheiben

Brandy, Zitronensaft und Grenadine in einem Barglas auf Eis verrühren, in Punschgläser füllen und mit Sodawasser auffüllen. Mit Zitronenscheiben garnieren.

INGWER-TEE

Für 4 Personen

50 g kandierter Ingwer
0,5 l Schwarzer Tee
8 cl Rum
10 cl Ananassaft
5 cl Zitronensaft
1 Flasche Mineralwasser

Den Ingwer fein hacken und mit dem Tee aufkochen. Nach dem Erkalten den Rum und die Säfte hinzugeben, umrühren und kalt stellen. Den Sud auf Gläser verteilen und mit Mineralwasser aufgießen.

CALVADOS-PUNSCH

Für 4 Personen

8 cl Calvados
0,5 l Orangensaft
2 cl Grenadine
0,5 l Cidre
2 Spritzer Zitronensaft
Zitronenscheibe

Calvados, Orangensaft und Grenadine und Zitronensaft im Shaker auf Eis kräftig schütteln, in eine Karaffe auf viel Eis seihen und anschließend den Cidre und die Zitronenscheibe hinzufügen.

ERDBEER-ORANGEN-BOWLE

Für 4 Personen

400 g Erdbeeren
8 Orangenscheiben
8 Limettenscheiben
1 Flasche Sekt
4 cl Zitronensaft
0,5 l Bitter Orange

Das klein geschnittene Obst mit dem Sekt und dem Zitronensaft im Kühlschrank 1 Stunde ziehen lassen. Vor dem Servieren mit Bitter Orange auffüllen.

BOWLEN UND KALTER PUNSCH

ANANAS-APFEL-PUNSCH
Für 4 Personen

0,7 l Apfelsaft
10 cl Ananassaft
10 cl brauner Rum
100 g frische Ananas
Minzblätter

Die Säfte mit dem Rum in einer Karaffe auf Eis kaltrühren, die in Stücke geschnittene Ananas hinzufügen und 1 Stunde kalt stellen. Mit Minze garnieren.

HIMBEER-APRIKOSEN-BOWLE
Für 4 Personen

4 Aprikosen
4 cl Aprikosen-Likör
1 Flasche Roséwein
4 cl Himbeersirup
5 cl Limettensaft
1 Flasche trockener Sekt

Die abgezogenen, gewürfelten Aprikosen mit den übrigen Zutaten, ohne Sekt, in ein Bowlegefäß geben und für 2 Stunden kalt stellen. Vor dem Servieren mit dem gekühlten Sekt auffüllen.

HIGH HAT
Für 4 Personen

12 cl Brandy
1 l Grapefruitsaft
Zucker
Limette

In eine Karaffe mit viel Eis den Brandy geben und mit gekühltem Grapefruitsaft auffüllen. Im Tumbler mit Zuckerrand servieren und mit Limettenvierteln garnieren.

KUMQUAT-DRINK
Für 2 Personen

2 Kumquats
1 TL Zucker
1 cl Orangenlikör
2 Spritzer Zitronensaft
trockener Weißwein
trockener Sekt

In ein Barglas die geschälten Kumquats geben, mit Zucker bestreuen und den Orangenlikör sowie Zitronensaft dazugeben. Kurz ziehen lassen und zu gleichen Teilen mit Wein und Sekt auffüllen.

TEE-PUNSCH
Für 4 Personen

8 cl Wodka
0,5 l Schwarzer Tee
2 cl Orangensaft
2 cl Zitronensaft
4 Orangenscheiben
Zucker

Die gekühlten Zutaten im Barglas vermischen und nach Geschmack mit Zucker süßen. Anschließend mit einer Orangenscheibe im Teeglas servieren.

COFFEE EGG NOGG
Für 4 Personen

12 cl Kaffee-Likör
8 cl Cognac
4 Eier
4 cl Läuterzucker
0,5 l Milch
0,3 l Sahne
Muskatnuss

Die Zutaten mit 4 TL Crushed Ice im Blender mit niedriger Geschwindigkeit schaumig schlagen. In eine Bowle füllen, mit Muskatnuss garnieren.

ROSENBOWLE
Für 4 Personen

20 g Rosenblätter
1 cl Läuterzucker
1 Flasche trockener Riesling
1 Flasche Sekt

Rosenblätter mit Läuterzucker und 1/2 Flasche Wein bei Zimmertemperatur 1 Stunde ziehen lassen. Vor dem Servieren den restlichen Wein und den Sekt gekühlt dazugeben und mit Rosenblättern garnieren.

AMARETTO-PUNSCH
Für 4 Personen

1 Flasche Roséwein
8 cl Amaretto
9 cl Zitronensaft
6 cl Orangensaft
6 cl Kandissirup
50 g Johannisbeeren

Alle Zutaten mit Eis in eine Sangría-Karaffe geben und langsam umrühren, kurz ziehen lassen und servieren.

BOWLEN UND KALTER PUNSCH

BATAVIA
Für 4 Personen

4 cl weißer Rum
4 cl Curaçao Triple Sec
10 cl Ananassaft
10 cl Birnensaft
10 cl Apfelsaft
1 l Bitter Lemon

In einem Bowlegefäß alle Zutaten, ohne Bitter Lemon, auf Eis langsam kalt rühren. Vor dem Servieren Bitter Lemon hinzugeben und die Bowle in Longdrinkgläsern servieren.

ORANGEN-GRAPEFRUIT-BOWLE
Für 4 Personen

3 Orangen
3 Grapefruits
1 Limette
50 g Zucker
4 cl Orangenlikör
3 cl Grenadine
1 Fl Roséwein
1 Fl Sekt

Eine Orange beiseite legen, die übrigen Zitrusfrüchte schälen, filetieren und mit Zucker, Orangenlikör und Grenadine mischen und kalt stellen. Zu gleichen Teilen mit Wein und Sekt aufgießen und Orangenscheiben hineingeben.

FRÜHLINGS-PUNSCH
Für 4 Personen

8 cl weißer Rum
8 cl Lime Juice
Maikräuter
0,7 l Grapefruitsaft

Die Zutaten in einem Bowlegefäß auf Eis 15 Minuten ziehen lassen und anschließend in Longdrinkgläsern servieren.

JAMAICA-PUNSCH
Für 4 Personen

8 cl weißer Rum
8 cl Jamaica Rum
4 cl Grenadine
8 cl Ananassaft
4 cl Zitronensaft
verschiedene Fruchtstücke

Alle Zutaten mit viel Eis in eine Karaffe geben und umrühren. Mit einem Früchtespieß servieren.

ORANGE EGG NOGG
Für 4 Personen

12 cl Cointreau
4 Eier
12 cl Milch
12 cl Orangensirup
8 cl Sahne
Zimt
geriebene Orangenschale

Die Zutaten mit 4 TL Crushed Ice im Blender mit niedriger Geschwindigkeit schaumig schlagen. In ein Bowlegefäß füllen, mit Zimtpulver und geriebenen Orangenschalen garnieren.

CLARET-PUNSCH
Für 4 Personen

1 Flasche weißer Bordeaux
3 cl Zitronensaft
8 cl Grenadine

Die Zutaten in einer Karaffe auf Eis verrühren und anschließend in einem zur Hälfte mit Eis gefüllten Punschglas servieren.

BOMBAY-PUNSCH
Für 4 Personen

12 cl brauner Rum
4 cl Orangenlikör
10 cl Orangensaft
10 cl Ananassaft
5 cl Zitronensaft
4 cl Grenadine
1 Flasche trockener Weißwein
1 Zitrone

Die Zutaten in einem Bowlegefäß auf viel Eis kalt rühren und in Longdrinkgläsern mit Zitronenspalten servieren.

KIRSCH-PUNSCH
Für 4 Personen

100 g Kirschen
0,5 l Orangensaft
1 Flasche Rotwein
0,5 l Kirschsaft
3 Spritzer Zitronensaft
Orangenstück

In einem Bowlegefäß alle Zutaten auf Eis langsam kalt rühren und in Longdrinkgläsern servieren. Mit Kirschen und Orangenstücken garnieren.

KAFFEE, TEE UND

Café Acapulco

KAKTUS-BLÜTE EISKAFFEE
Für 2 Gläser

100 g Honigmelone
1 kleine Banane
2 EL Zucker
5 cl Kirschwasser
2 Tassen Kaffee
2 Kugeln Vanilleeis
Mandelstifte
2 Feigen
rote Zuckerblumen

Honigmelone und die Banane im Mixer pürieren. Mit Zucker, Kirschwasser und dem abgekühlten Kaffee verrühren. In zwei Cocktailschalen füllen und kühl stellen. Je eine Kugel Vanilleeis daraufgeben. Die Feigen mit Mandelstiften spicken und als Dekoration auf den Glasrand stecken. Zuckerblume auf das Eis legen.

COFFEE COBBLER BOURBON

1 Tasse starker Kaffee
1 Likörglas Bourbon
1 Likörglas Mokkalikör

Kaffee zubereiten und abkühlen lassen. Gestoßenes Eis in ein hohes, schlankes Glas füllen. Whiskey und Likör dazugeben und mit dem kalten Kaffee auffüllen. Je nach Geschmack süßen.

CAFÉ ACAPULCO

knapp 1/4 l Wasser
1 gehäufter TL löslicher Kaffee
40 g Puderzucker
1 kleines Likörglas Rum
Zitronensaft
Zitronenscheibe

Den löslichen Kaffee und den Puderzucker in kaltem Wasser auflösen. Mit Rum und Zitronensaft abschmecken. In ein Longdrinkglas auf Eiswürfel gießen, Zitronenscheibe auf den Glasrand stecken und mit Trinkhalm eiskalt servieren.

Kaktusblüte Eiskaffee

MILCH MIT SCHUSS

African Queen

AFRICAN QUEEN
Für 2 Gläser

1 Gläschen Mangosaft
1 Gläschen Vermouth Rosso
1 Tasse starker Kaffee (Mokka)
1 Prise geriebene Muskatnuss
Mineralwasser
1 Stück Mango
1 Dattel

Den Mangosaft, Vermouth und kalten Kaffee gut vermischen und mit Muskatnuss würzen. Auf zwei Longdrinkgläser verteilen und mit Mineralwasser auffüllen. Das Mangostück auf den Glasrand stecken, einen Trinkhalm durch die Dattel ziehen und kalt servieren.

SPLITTER-KAFFEE
Für 4 Gläser

6 TL löslicher Kaffee
1/2 l Wasser
5-7 TL Zucker
4 Eidotter
1 Likörglas Marsala
ungesalzene Pistazien

Den Kaffee mit einem halben Liter kochenden Wasser aufgießen und erkalten lassen. Anderthalb Teelöffel Zucker darin auflösen und den gesüßten Kaffee in einer Gefrierschale ohne Einsatz gefrieren lassen. Eidotter mit dem übrigen Zucker und dem Marsala verrühren und in gut gekühlte Gläser füllen. Den gefrorenen Kaffee im Geschirrtuch mit einem Fleischklopfer zerkleinern und auf die Gläser verteilen. Mit den in dünne Blättchen geschnittenen Pistazien dekorieren.

Tipp: Der Splitter-Kaffee eignet sich auch hervorragend als Dessert.

Café-Chocolat Flip

CAFÉ-CHOCOLAT FLIP

3-4 Messerspitzen löslicher Kaffee
2 EL löslicher Kakao
1 Ei
2 Gläschen Maraschino
2 Gläschen Zitronen- oder Orangenlikör
2 TL Puderzucker
2-3 Maraschinokirschen
etwas Schlagsahne

Alle Zutaten in einen Mixbecher geben und gut schaumig schlagen. In einen Sektkelch geben und mit Schlagsahne und den Kirschen verzieren.

MAZAGRAN

1/2 Tasse starker Kaffee (Mokka)
1 Likörglas Maraschino
1 Likörglas Cognac
1 Spritzer Angostura
Zucker
Nelkenpulver

Kaffee zubereiten und abkühlen lassen. Den kalten Kaffee auf Eisstückchen in ein Glas geben, Cognac, Maraschino und Angostura hinzufügen. Je nach Geschmack süßen und mit Nelkenpulver würzen. Mit Trinkhalm servieren.

KAFFEE, TEE UND MILCH MIT SCHUSS

Café Bon

MOKKA-EIS-FLIP
Für 2 Gläser

2 Tassen sehr starker Kaffee (Mokka)

2 gehäufte TL Zucker oder Vanillezucker

4-6 Kugeln Mokka-Eis

Schlagsahne

8 cl Eierlikör

Kaffee zubereiten und mit dem Zucker oder Vanillezucker süßen. Kalt stellen. Je zwei bis drei Kugeln Mokka-Eis in zwei Longdrinkgläser füllen und mit dem gekühlten Kaffee auffüllen. Steifgeschlagene Sahne daraufgeben und den Eierlikör darüber gießen. Mit einem langen Löffel sofort servieren.

CAFÉ BON
Für 3-4 Gläser

1/4 l frisch gepresster Orangensaft

1/4 l starker Kaffee

1/8 l Cola

2 cl Eierlikör

Orangenscheibe

Orangensaft mit kaltem Kaffee, Traubenzucker und Eierlikör gut vermischen, in hohe Gläser geben und mit Orangenscheibe und Trinkhalm servieren.

Mokka-Eis-Flip

KAFFEE, TEE UND MILCH MIT SCHUSS

Eiskaffee Karibik

Café La Bamba

EISKAFFEE KARIBIK
Für 4 Gläser

4-5 Messlöffel à 6 g Kaffee

0,5 l Wasser

4 große Kugeln Vanilleeis

8 cl weißer Rum

Kaffee filtern und sofort abkühlen. Mit vier großen Kugeln Vanilleeis verschlagen und den Rum hinzufügen. Mit Eiswürfeln im Glas servieren.

CAFÉ LA BAMBA
Für 4 Gläser

4-5 Messlöffel à 6 g Kaffee

0,5 l Wasser

8 cl Eierlikör

0,25 l Orangensaft

8 TL Rohrzucker

Orangenscheibe

Zitronenmelisse

Kaffee filtern und schnell abkühlen lassen. Eierlikör unterrühren und mit Orangensaft auffüllen. Mit Rohrzucker je nach Geschmack süßen und in hohe Gläser füllen. Mit Orangenscheibe und Melisse dekorieren.

KAFFEE, TEE UND MILCH MIT SCHUSS

Eiscafé flambiert

Marillen-Café

EISCAFÉ FLAMBIERT
Für 4-6 Personen

4 gehäufte TL löslicher Kaffee

2 Tassen Wasser

1 Päckchen Vanillezucker

1/2 Packung Vanilleeis

1/2 Packung Nusseis

4 Likörgläser Cognac

4-8 Stück Würfelzucker

Den Kaffee mit zwei Tassen warmem Wasser auflösen und den Vanillezucker hinzufügen. Abkühlen lassen. Das Eis auf vier bis sechs hohe Becher (möglichst aus dickwandigem Glas) verteilen und mit dem kalten Kaffee auffüllen. In einem kleinen Kupfertöpfchen den Cognac mit dem Würfelzucker erhitzen, anzünden und brennend über den Eiscafé gießen.

Tipp: Statt des Cognacs können Sie auch hochprozentigen Rum verwenden.

MARILLEN-CAFÉ
Für 4 Personen

4-5 Messlöffel à 6 g Kaffee

4 TL Zucker

8 frische Aprikosen

4 EL Marillenlikör

125 g Schlagsahne

100 g Pistazien

4 Partyspieße

Kaffee filtern, süßen, abdecken und sofort erkalten lassen. Inzwischen die Aprikosen häuten und entkernen. Die Hälfte der Aprikosen klein schneiden und eine halbe Stunde im Marillenlikör ziehen lassen. Die Sahne steif schlagen und die Pistazien grob hacken. Die übrigen Aprikosen halbiert auf Partyspieße stecken und in vier hohe Kaffeetassen setzen. Die in Likör eingeweichten Früchte hineingeben, mit dem kalten Kaffee aufgießen und mit Pistazien-Sahnehaube servieren.

KAFFEE, TEE UND MILCH MIT SCHUSS

KAFFEE-LONGDRINK

1 Tasse starker, aromatischer Kaffee

4 cl Cognac

Zucker

Kaffee-Longdrink

Kaffee abstrakt

KAFFEE ABSTRAKT
Für 2 Tassen

1/4 l starker Kaffee

4 cl Maraschino

4 cl Cognac

1 Spritzer Angostura

Zucker

Nelkenpulver

ORIENT-EXPRESS
Für ca. 10 Likörgläser

5 EL starker Kaffee (Mokka)

1/4 l Vollmilch

2 EL flüssige Sahne

10 cl Mokkalikör

1 gehäufter EL Zucker

Starken, aromareichen Kaffee aufgießen und nach Belieben süßen. Abkühlen lassen und in den Kühlschrank stellen. Den gut gekühlten Kaffee zusammen mit dem Cognac auf Eiswürfel in ein Longdrinkglas gießen.

Tipp: Verrühren Sie etwas Sahne in dem Drink, wenn er Ihnen pur zu stark ist.

Kaffee kochen und erkalten lassen. In zwei Tassen geben, Cognac, Maraschino und Angostura hinzufügen. Mit etwas Nelkenpulver würzen und nach Geschmack zuckern.

Kaffee mit wenig heißem Wasser zubereiten und abkühlen lassen. Milch mit Sahne, Zucker und Likör gut verquirlen. Den Kaffee hinzugeben. In Likörgläschen kalt servieren.

Wachmacher

200

WACHMACHER

1 Ei
1 Likörglas Cognac
1 Likörglas Portwein
1 Tasse starker Kaffee
Zucker
Für den Zuckerrand:
Eiweiß und Zucker

Den Rand eines Stielglases in Eiweiß und dann in Zucker tauchen. Das Ei zusammen mit einem Eiswürfel in den Shaker geben, die übrigen Zutaten hinzufügen und kräftig schütteln. Durch einen Strainer in das vorbereitete Glas füllen.

AMERICAN COFFEE FLIP

1 Tasse starker Kaffee (Mokka)
1 Eigelb
1-2 TL Zucker
2 EL Cognac
2 EL Kondensmilch

Das Eigelb mit Zucker, Cognac und Kondensmilch verquirlen und auf zwei bis drei Eiswürfel in den Shaker geben. Den eisgekühlten Kaffee dazugießen und kurz und kräftig schütteln. Den Flip durch einen Strainer in ein Cocktailglas oder einen Sektkelch gießen und sofort servieren.

KAFFEE-FLIP

2 cl Kaffee-Likör
2 cl weißer Rum
1 Eigelb
1 TL löslicher Kaffee

Drei Eiswürfel in einen Shaker geben, Likör, Rum, Eigelb und Kaffee hinzugeben und kräftig schütteln. In ein Cocktailglas abseihen und mit einer Prise Kaffee bestreuen.

Kaffee-Flip

KAFFEE, TEE UND MILCH MIT SCHUSS

TEE-COCKTAIL
Für 4-6 Gläser

1 kleine Dose Loquats oder Lychees
1/8 l Vermouth Bianco
1/2 l Wasser
5 TL schwarzer Tee oder 3-4 Teebeutel
50 g Kandis
1/4 l Orangensaft

Loquats bzw. Lychees auf einem Sieb abtropfen lassen und den Saft auffangen. Früchte mit Vermouth begießen und ca. sechs Stunden ziehen lassen. Tee und Kandis mit kochendem Wasser aufgießen, ca. fünf Minuten ziehen lassen, abgießen und kalt stellen. Kalten Tee, Orangensaft und den Loquats- bzw. Lycheesaft über die Früchte geben, umrühren und auf die Gläser verteilen.

Lemon Tea

LEMON TEA
Für 8 Gläser

5 TL English Tea
3/4 l Wasser
5 unbehandelte Zitronen
150 g Zucker
2 Gläschen Weinbrand

Den Tee mit kochendem Wasser übergießen und je nach Geschmack drei bis fünf Minuten ziehen lassen. Zitronen waschen, schälen, die Schale in den Tee geben, etwas ziehen lassen und wieder entfernen. Zitronensaft, Zucker, Weinbrand und Eiswürfel in den erkalteten Tee geben und servieren.

MARACUJA-TEE AUF EIS
Für 4-6 Gläser

10 TL Maracuja-Tee
3/4 l Wasser
8 EL Granatapfellikör
250 g Maracuja-Eis

Den Maracuja-Tee mit kochendem Wasser aufgießen, ca. fünf Minuten ziehen lassen, abgießen und kalt stellen. Den kalten Tee mit dem Likör verrühren und auf Eis in Gläsern servieren.

WILD FLOWERS
Für 4 Gläser

0,5 l Milch
150 g Hagebutten-Mark oder - Marmelade
1 Becher Natur-Joghurt
1 Piccolo Sekt

Milch mit Hagebutten-Mark oder Marmelade und Joghurt gut durchmischen. Je nach Geschmack etwas nachzuckern. Auf die Gläser verteilen und mit Sekt auffüllen. Einen Teelöffel Hagebutten-Mark obenauf geben und mit Wildrosenblüten dekorieren.

CHAMPAGNER-TEE
Für 4 Gläser

4 TL schwarzer Tee
1/4 l Wasser
12 Stück Würfelzucker
2 unbehandelte Zitronen
2 Flaschen Sekt

Den Tee mit kochendem Wasser aufbrühen, Würfelzucker hinzugeben und ca. fünf Minuten ziehen lassen und abgießen. Mit dem Saft einer halben Zitrone und der Schale einer ganzen Zitrone kaltstellen. Den kalten Tee mit dem Sekt auffüllen und drei Zitronenscheiben hineingeben.

KAFFEE, TEE UND MILCH MIT SCHUSS

ABENDBRISE
Für 4 Gläser

3 Beutel Früchtetee
3/4 l Wasser
Süßstoff
8 cl Himbeergeist
1 Tasse Himbeeren
4 Aprikosen

Den Tee mit dem kochenden Wasser übergießen, je nach Geschmack süßen, ziehen und erkalten lassen. Himbeeren und klein geschnittene Aprikosen mit Himbeergeist vermischen und eine halbe Stunde durchziehen lassen. Gestoßenes Eis in vier Gläser geben, darüber die Früchte und mit dem erkalteten Tee auffüllen.

Wild Flowers

KAFFEE, TEE UND MILCH MIT SCHUSS

Maracuja-Milch mit Zitronen-Sorbet

SCHOKO FRAPPÉ
Für 4 Personen

3/4 l kalter Trink-Kakao
1 Schuß Weinbrand
3 EL süße Sahne
4 Kugeln Vanilleeis
Kakaopulver

MARACUJA-MILCH MIT ZITRONEN-SORBET
Für 4 Personen

3/8 l Milch
1/8 l Maracujasaft
Saft 1/2 Zitrone
1 Schuß Aprikosenlikör
250 ml Zitronen-Sorbet
Sternfruchtscheiben
Zitronenmelisse

Milch, Säfte und Likör verrühren. Zitronen-Sorbet in eine Glasschale geben. Maracuja-Milch vorsichtig dazugießen. Mit Sternfruchtscheiben und Zitronenmelisse verzieren.

Schokoladen-Frappé

KAFFEE, TEE UND MILCH MIT SCHUSS

Rand der Gläser anfeuchten und in Kakaopulver tauchen. Trink-Kakao, Weinbrand und Sahne schaumig schlagen. In die Gläser füllen und Eis hineingeben. Mit etwas Kakaopulver bestreuen.

Mandelmilch-Drink mit Eis

BLUE MOON

4 cl weißer Rum
2 cl Curaçao blue
1 Kugel Vanilleeis
2 cl Sahne
10 cl Milch
frische Minze

Rum, Curaçao, Eis, Sahne und Milch im Mixer gut vermischen und in eine große Schale füllen. Mit Minze und 2 Trinkhalmen servieren.

MANDEL-MILCH-DRINK MIT EIS
Für 4 Personen

3/4 l Milch
50 g fein gehackte Mandeln
40 g Zucker
Mark einer Vanilleschote
2 EL Eierlikör
250 ml Caramel-Eiscreme
250 ml Schoko-Eiscreme
Schokostreusel
Raspelschokolade

Milch, Mandeln, Zucker, Vanillemark und Eierlikör im Shaker gut mischen. In die Gläser füllen und je eine Kugel Caramel- und Schokoeis hineingeben. Mit Schokostreuseln und Raspelschokolade dekorieren.

205

RHABARBER-SHAKE
Für 4 Gläser

0,7 l Milch
500 g Rhabarber
150 g Puderzucker
100 ml Sahne
2 Päckchen Vanillezucker
5 EL Himbeersirup
4 cl Himbeergeist
2 EL geröstete Mandelblättchen
1/2 TL gemahlener Zimt

Rhabarber abziehen und in Stücke schneiden. Mit Puder- und Vanillezucker, Himbeersirup und der Hälfte des Himbeergeist eine halbe Stunde ziehen lassen. Bei mittlerer Hitze weich dünsten und auskühlen lassen. Die Rhabarbermasse mit der Milch im Mixer gut zerkleinern. Den restlichen Himbeergeist hinzufügen. Auf die Gläser verteilen. Mit steif geschlagener, leicht gesüßter Sahne dekorieren. Darüber Mandelblättchen und Zimt streuen.

MOKKA-MILCH
Für ca. 10 Gläser

300 g Mokka-Milch
15 cl Mokkalikör

Kalte Mokka-Milch (Fertigprodukt) und Likör gut mischen und in Likörgläsern servieren.

SCHOKO-LADY
Für ca. 10 Gläser

300 g Schoko-Milch
15 cl Mandellikör

Kalte Schoko-Milch (Fertigprodukt) und Mandellikör gut mischen und in Likörgläsern servieren.

SÜSSES GEHEIMNIS
Für 4 Personen

600 g Sahne-Dickmilch
250 g tiefgefrorene Himbeeren (ungezuckert)
4 EL Puderzucker
5 cl weißer Rum
3 EL fein geschnittenes Basilikum

Himbeeren in einem hohen Gefäß mit dem Puderzucker bestreuen, Sahne-Dickmilch darüber gießen und mit dem Messerstab des Handrührgeräts zerkleinern. Gut durchrühren und Rum hinzufügen. In Gläser füllen, Basilikumblätter zufügen und nur ganz kurz unterrühren.

ROTE WOLKE
Für 4 Gläser

0,5 l Milch
0,4 l Rotwein
4 Eigelb
2 EL Zucker
Weintrauben
Zitronenmelisse

Die kalte Milch mit Rotwein, Eigelb und Zucker kräftig durchmischen, bis sich der Zucker gelöst hat. Auf vier Gläser verteilen und jeweils mit einer Weintraube und Zitronenmelisse dekorieren.

SÜSSER SCHATTEN
Für 4-6 Gläser

0,6 l Milch
2 EL Zucker
1 Päckchen Vanillezucker
250 g Sauerkirschen (entsteint)
2 Likörgläser Kirschlikör
1 Eigelb
4-6 Amaretti-Kekse

Die Sauerkirschen mit Vanillezucker, Zucker und ein wenig Milch im Mixer pürieren. Restliche Milch, Sahne, Eigelb und Likör hinzufügen und gut vermischen. In Gläser füllen und jeweils einen Keks obenauf legen.

Mokka-Milch · Schoko-Lady

KAFFEE, TEE UND MILCH MIT SCHUSS

Cocody

Schokomilch mit Schuß

COCODY
Für 2 Personen

1 Kokosnuss
1/8 l Kokosmilch
250 g Buttermilch
1 kleine Banane
1 EL Zucker
1 Päckchen Vanillezucker
2 cl weißer Rum
1 Ananasring

Die Augen der Kokosnuss mit einem Nagel anstechen, die Milch herauslaufen lassen und auffangen. Dann die Kokosnuss abklopfen, bis sie in zwei Hälften zerfällt. Fruchtfleisch stückweise vorsichtig herauslösen. Kokosnussmilch mit Buttermilch verquirlen, Banane zerdrücken und mit Zucker, Vanillezucker und Rum untermixen. Drink in zwei hohe Gläser füllen, mit Ananas dekorieren und in die mit gestoßenem Eis gefüllten Kokosnussschalen stellen. Mit Trinkhalmen servieren.

SCHOKO-MILCH MIT SCHUSS

0,2 l Schoko-Milch
2 cl Rum

Gut gekühlte Schoko-Milch und Rum gut vermischen, in ein hohes Glas geben und mit Trinkhalm servieren.

KAFFEE, TEE UND MILCH MIT SCHUSS

Dickmilch-Cocktail

PFLAUMEN-TRAUM
Für 4 Gläser

0,5 l Milch

1 Messerspitze Nelkenpulver

12 Dörrpflaumen (entsteint)

1/4 l Mineralwasser

1 Likörglas Zwetschgenschnaps

12 Basilikumblätter

Die Dörrpflaumen über Nacht im Mineralwasser einweichen. Am Morgen mit Mineralwasser und Milch im Mixer zerkleinern und durchmischen. Nelkenpulver und Zwetschgenschnaps dazugeben. Mit zerkleinerten Basilikumblättern in Gläsern servieren.

JOGHURT-ORANGE

150 g Joghurt

2 TL Orangenmarmelade

2 cl Orangenlikör

Orangenschale

Joghurt, Marmelade und Likör gut verrühren, in ein Cocktailglas geben und mit geriebener Orangenschale bestreuen.

BLONDIE
Für 4 Personen

150 g reife Aprikosen (entsteint)

300 g reife Pfirsiche (entsteint)

30 g Zucker

1 Päckchen Vanillezucker

Saft 1 Zitrone

500 g Buttermilch

2 cl Aprikosenlikör

4 Kugeln Vanilleeis

Obst waschen, entsteinen und klein schneiden. Zusammen mit Zucker, Vanillezucker und Zitronensaft in den Elektromixer geben und pürieren. Bei kleinster Stufe Buttermilch und Aprikosenlikör dazugießen. In vier kleine Dessertgläser füllen und je eine Eiskugel hineingeben.

DICKMILCH-COCKTAIL
Für 4 Gläser

1 kleine Dose Aprikosen

Saft 1 Zitrone

500 g Sahnedickmilch

1 Piccolo Sekt

1/2 TL gestoßene Korianderkörner

2 Stengel Zitronenmelisse

Aprikosen mit Sirup, Zitronensaft und Dickmilch im Mixer pürieren. Die Aprikosen-Dickmilch mit dem Sekt mischen, mit einem Hauch frisch gestoßenem Koriander würzen und durchrühren. Auf vier hohe Longdrinkgläser mit jeweils zwei Eiswürfeln verteilen und mit je einem Stengel Zitronenmelisse servieren.

ORANGEN-MILCH-SHAKE
Für 4 Gläser

4 cl weißer Rum

1/4 l Orangensaft

1 1/2 Orangen

2 cl Maraschinolikör

4 Kugeln Vanilleeis

2 EL Puderzucker

3/8 l Milch

8 TL geriebene Schokolade

Rum, Orangensaft, die abgeriebene Schale der Orangen, Likör, Vanilleeis und Puderzucker im Mixer gut vermischen und in Sektschalen füllen. Mit geriebener Schokolade bestreuen.

Joghurt-Orange

KAFFEE, TEE UND MILCH MIT SCHUSS

ROTE JOHANNA
Für 4 Personen

300 g rote Johannisbeeren
3 EL Zucker
2 cl Weinbrand
500 g Kefir (1,5 % Fett)

Johannisbeeren waschen, abzupfen und grob zerdrücken. Zusammen mit dem Zucker und dem Weinbrand in den Elektromixer geben. Durchmixen und bei kleinster Stufe die Buttermilch dazugießen. Kräftig durchmixen, in Gläser füllen und sofort servieren.

BROMILL-CHEN
Für 4 Personen

250 g frische Brombeeren
50 g Zucker
2 cl Eierlikör
500 g Kefir (1,5 % Fett)
0,1 l süße Sahne

Brombeeren waschen, verlesen und grob zerdrücken. Zusammen mit dem Zucker im Elektromixer pürieren. Bei kleinster Stufe Eierlikör und Kefir unterrühren. In Schalengläser füllen. Mit geschlagener Sahne und Brombeere dekorieren.

*Blondie ·
Rote Johanna · Bromillchen*

209

KAFFEE, TEE UND MILCH MIT SCHUSS

BORDER SHAKE

6 cl Kaffeelikör
2 Kugeln Erdbeereis
0,1 l Kakao
6 cl Sahne

Die Zutaten im Blender schaumig schlagen und in einem hohen Longdrinkglas servieren. Mit Trinkhalmen servieren.

SCHOKO-MANDEL-SHAKE

2 cl Schokoladenlikör
2 cl Amaretto
0,2 l Milch
1 Kugel Schokoladeneis
Schlagsahne
Schokolade

Liköre, Milch und Eis im Blender schaumig schlagen und in einem hohen Longdrinkglas servieren. Mit einer Sahnehaube und einigen Schokoladenstückchen krönen.

COGNAC AU LAIT

2 cl Cognac
0,1 l Milch
0,1 l Schlagsahne
1 TL Kakao
1 Prise Zucker
1 Prise Zimtpulver

Alle Zutaten mit Zimtpulver und Zucker nach Geschmack im Blender schaumig aufschlagen. Im hohen Longdrinkglas servieren.

ANANAS-KEFIR

0,2 l Kefir
2 cl Kokoslikör
1 cl Zitronensaft
1 cl Ananassaft
Ananasstück

Alle Zutaten im Blender mit 3 TL Crushed Ice durchmixen. In einem hohen Longdrinkglas servieren und mit einem Ananasstück garnieren.

WALDORFF ASTORIA

4 cl Bourbon
2 cl Grenadine
1 cl Zuckersirup
10 cl Milch
1 cl Sahne
1 Eigelb
1 Muskatnuss
Erdbeere

Alle Zutaten im Blender mit 3 TL Crushed Ice durchmixen. In einem hohen Longdrinkglas servieren und mit einer Erdbeere garnieren.

CAMEL JUICE

2 cl Kaffeelikör
2 cl Rum
1 cl Zitronensaft
3 cl kalter Kaffee
2 cl flüssige Sahne

Die Spirituosen und den Zitronensaft mit dem Kaffee mischen und in einen Tumbler geben, anschließend die flüssige Sahne darüber gießen.

THAI'S MOKKA FLIP

1 Eigelb
2 cl Kahlúa
1 cl Crème de Cacao, braun
2 cl Wodka
1 TL löslicher Kaffee
1 TL Puderzucker
2 cl Sahne

Alle Zutaten im Shaker mit Eis gut schütteln, anschließend in einen Tumbler abseihen.

KIRSCHMILCH MIT SCHUSS

0,1 l Kirschsaft
2 cl Kirschwasser
1 EL Zucker
15 cl kalte Buttermilch
1 EL Schlagsahne

Alle Zutaten im elektrischen Mixer mit 2 TL Crushed Ice bei niedriger Geschwindigkeit schaumig schlagen und im Milchglas servieren.

CAFÉ GALLIANO

2 cl Brandy
2 cl Galliano
2,5 cl kalter Kaffee
2 cl flüssige Sahne

Brandy, Likör und Kaffee vermischen, in ein kleines Glas geben und mit flüssiger Sahne toppen.

KAFFEE, TEE UND MILCH MIT SCHUSS

AMARETTO CUP

4 cl Amaretto
5 cl Sahne
10 cl Kaffee

Die Zutaten im Shaker auf Eis kräftig schütteln, anschließend in einen Becher abseihen.

BRANDIED GARDEN

2 cl Weinbrand
50 g Brombeeren
10 cl Sauerkirschsaft
1 TL Himbeersirup
10 cl Milch

Alle Zutaten im Mixer schaumig aufschlagen, kühl stellen und anschließend in einem hohen Longdrinkglas servieren.

SWEET PEPPERMINT

0,2 l Pfefferminztee
2 cl brauner Rum
60 g Ananasstücke
4 cl Läuterzucker
1 cl Zitronensaft

Die Ananasstücke in ein Longdrinkglas geben, die übrigen Zutaten im Barglas auf Eis gut vermischen und ebenfalls in das Glas seihen. Sehr kalt servieren.

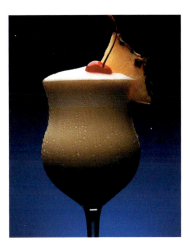

CAT

4 cl Kiwilikör
2 cl weißer Rum
1 Eiweiß
6 cl Milch
6 cl Kiwisaft

Das Eiweiß schaumig schlagen, die übrigen Zutaten im Shaker auf Eis kräftig mischen, anschließend das Eiweiß unterheben und in einem dekorativen Glas servieren. Nach Geschmack garnieren.

PAPAYA-BLUT-ORANGEN-SHAKE

2 cl weißer Rum
100 g Papaya
12 cl Blutorangensaft
1 TL Akazienhonig
1 cl Limettensaft
1 Kugel Vanilleeis
Blutorangenscheibe

Die Zutaten im Mixer schaumig schlagen und in einem hohen Longdrinkglas servieren. Mit der Blutorangenscheibe garnieren.

ALEXANDRA

1,5 cl Brandy
1,5 cl Kaffeelikör
5 cl Kaffee
2 cl Sahne
Limettenspalte
Muskatnuss

Im Shaker den Brandy mit dem Kaffee und dem Kaffeelikör auf Eis gut durchmischen. Anschließend in ein Stielglas über 2 Eiswürfel geben und mit Sahne auffüllen. Die Limettenspalte hineinlegen und alles mit geriebener Muskatnuss überstreuen.

AFRICAN QUEEN II

4 cl Amarula
4 cl Kirschsaft
2 TL Blaubeeren
4 cl Milch

Die Zutaten im Blender mit 2 TL Crushed Ice kräftig mixen und in einem Tumbler servieren.

MANGO MILK SHAKE

2 cl Batida de Coco
2 cl weißer Rum
3 EL frische Mangostücke
1 Kugel Vanilleeis
10 cl kalte Milch

Die Zutaten im Blender schaumig schlagen und in einem hohen Longdrinkglas servieren.

MELONEN-MILCH-SHAKE

2 cl weißer Rum
0,2 l Milch
50 g Melonenkugeln (Konserve)
1 Kugel Vanilleeis

Zutaten mit 2 TL vom Saft der Melonenkugeln im Blender schaumig schlagen und in einem hohen Longdrinkglas servieren.

211

HEISSE GETRÄNKE

IRISH COFFEE

2 TL brauner Zucker
1/8 l Irish Whiskey
1 Tasse starker, heißer Kaffee
Schlagsahne

Eine Tasse starken Kaffee aufgießen. Irish Coffee-Stielglas oder -Tasse anwärmen. Den Zucker hineingeben. Den Whiskey in einem hitzebeständigen Gefäß erwärmen und anzünden. Brennend über den Zucker gießen und dann mit dem heißen Kaffee auffüllen. Umrühren, bis sich der Zucker gelöst hat. Dann die halbgeschlagene Sahne über einen Löffelrücken vorsichtig auf den Kaffee gleiten lassen. Nicht mehr umrühren.

PHARISÄER

1 TL Zucker
1 TL löslicher Kakao
1 Likörglas Rum
1-2 TL löslicher Kaffee
Schlagsahne

Eine dreiviertel Tasse starken Kaffee aufgießen. In einer vorgewärmten Tasse oder einem Teeglas Zucker, Kakao und Rum verrühren und den heißen Kaffee dazugeben. Mit Schlagsahne zudecken.

Dieses Rezept verdanken wir der Findigkeit der Friesen. Da dem Pfarrer Alkohol ein Dorn im Auge war, versteckten sie ihn einfach im Kaffee unter einer dicken Sahnehaube. Doch der Pfarrer kam ihnen auf die Schliche und wetterte: Ihr Pharisäer!

Irish Coffee

Pharisäer

212

FÜR KALTE TAGE

Café Brûlot

CAFÉ BRÛLOT
Für 6 Tassen

1 Orange
40 Gewürznelken
Schale 1 Zitrone
1 Zimtstange
16 Stück Würfelzucker
3 EL Rum
6 Tassen starker, heißer Kaffee

Orange mit den Gewürznelken spicken. Zitronenschale, Zimtstange und Würfelzucker mit dem Rum erhitzen. Nach einigen Minuten den heißen Kaffee darüber geben. In hohen Tassen oder Gläsern servieren.

Tipp: Flambieren Sie den Kaffee mit einem zusätzlichen Schuss Rum.

WIENER FIAKER

3/4 Tasse heißer Kaffee
2 TL Kirschwasser
1 TL Zucker
1 TL Kaffeesahne
Schlagsahne

Kaffee aufgießen und Kirschwasser hinzugeben. Mit Zucker und Kaffeesahne verrühren und mit Schlagsahne verzieren.

HEISSE GETRÄNKE FÜR KALTE TAGE

CAFÉ À L'ORANGE

1 unbehandelte Orange
1/8 l starker löslicher Kaffee
Zucker
5 cl Cognac
2 EL geschlagene Sahne
1 TL Orangenlikör

Die Orange spiralförmig schälen. Ein Stück Orangenschale sehr fein hacken. Einen Teelöffel gehackte Orangenschale in einer Tasse mit dem Cognac übergießen. Einige Minuten ziehen lassen. Starken Kaffee aufgießen, schwach süßen und in die Tasse füllen. Die gesüßte Schlagsahne mit dem Orangenlikör vermischen und auf den Kaffee geben. Mit etwas Kaffeepulver bestreuen und mit der Orangenspirale dekorieren.

Café à l'orange

COFFEE WESTINDIA

1 Tasse starker, heißer Kaffee

2 TL Zucker

1 Gewürznelke

1/2 TL abgeriebene Orangenschale

1 Likörglas weißer Rum

etwas Schlagsahne

1 Zimtstange

Eine Tasse starken Kaffee filtern oder löslichen Kaffee aufgießen. Zucker, Gewürznelken, abgeriebene Orangenschale und Rum zugeben. Mit einer Haube aus Schlagsahne krönen. Die Zimtstange ersetzt den Löffel zum Umrühren.

TROPICAL CAFÉ

1 Tasse starker, heißer Kaffee

2-4 cl brauner Rum

1 TL Zucker

100 g Schlagsahne

Puderzucker

Zimt

Rum und Zucker in den heißen Kaffee geben. Die Sahne mit Puderzucker steif schlagen und auf den Kaffee spritzen. Mit Zimt bestäuben.

Coffee Westindia

RUSSISCHER KAFFEE

3/4 Tasse starker, heißer Kaffee (Mokka)

1 TL Zucker

3 EL Wodka

Kaffeesahne oder Rahm

Den Zucker in einer großen, feuerfesten und vorgewärmten Schale mit dem Wodka verrühren. Mit einem langen Streichholz vorsichtig anzünden. Mit dem heißen Mokka ablöschen. Etwas Kaffeesahne oder Rahm dazugießen und in einer Kaffeetasse servieren.

SCHWARZWALDKAFFEE

Für 4 Tassen

1/2 l Wasser

10-12 gehäufte TL Kaffee

4 TL Zucker

4 Gläschen Schwarzwälder Kirsch oder Obstler

Kaffee aufgießen und in vorgewärmte Tassen füllen. Mit je einem Löffel Zucker süßen. Den Kirsch dazugießen und heiß trinken.

CAFÉ AMSTERDAM

3-4 cl Eierlikör

1 Tasse starker, heißer Kaffee

1 TL Zucker

1-2 EL geschlagene Sahne löslicher Kaffee und Kakao

Den Eierlikör in eine vorgewärmte Tasse gießen. Heißen Kaffee süßen und darübergeben. Schlagsahne obenauf setzen. Mit etwas löslichem Kaffee und Kakao bestreuen.

CAFÉ CAPRICCIO

Für 2 Tassen

1 1/2 Tassen starker, heißer Kaffee

4 cl Cointreau

1 TL Vanillezucker

100 g Schlagsahne

Heißen Kaffee auf zwei Tassen verteilen. Cointreau hinzugeben und die mit Vanillezucker geschlagene Sahne obenauf spritzen.

Russischer Kaffee

Café Amsterdam

HEISSE GETRÄNKE FÜR KALTE TAGE

Sweet Lady

Café Mexicaine

SWEET LADY

1 Tasse heißer Kaffee
3-4 cl Bananenlikör
1 Prise Ingwerpulver
1 EL geschlagene Sahne

Den Likör in eine vorgewärmte Tasse gießen und mit dem heißen Kaffee auffüllen. Schlagsahne darübergeben und mit Ingwerpulver bestreuen.

CAFÉ MEXICAINE

Für 2 Tassen

2 EL löslicher Kaffee
2 EL Zucker
1-2 EL kaltes Wasser
2 gestoßene Nelken
1 Messerspitze Zimt
1 Messerspitze Ingwer
1 Becher Schlagsahne
2 Tassen heißer, löslicher Kaffee
2 Schuss Tequila

Den löslichen Kaffee mit dem Zucker und Wasser schaumig rühren. Nelken, Zimt, Ingwer und die angeschlagene Sahne hinzugeben und wieder kräftig schaumig rühren. Auf zwei Tassen verteilen und mit dem heißen Kaffee auffüllen. In jede Tasse einen kräftigen Schuss Tequila geben.

AMARETTO-PUNSCH
Für 4 Gläser

4 Eigelb
2 EL Honig
4 Portionsbeutel löslicher Cappuccino
1/4 l Wasser
4 Likörgläser Amaretto
löslicher Kakao

Eigelb mit dem Honig schaumig schlagen. Den löslichen Cappuccino, das Wasser und den Amaretto zugießen und im Wasserbad so lange schlagen, bis es heiß ist. Nicht kochen, da dann das Eigelb ausflockt. In vier Gläser füllen, mit Kakao bestreuen und sofort servieren.

DOMENICO PUNSCH
Für 4 Gläser

4 Portionsbeutel löslicher Cappuccino
2 Likörgläser Wodka
2 Likörgläser Kräuterlikör
1 TL Zucker
1 Becher Schlagsahne
4 Schokoladenblätter
4 Kirschen

Amaretto-Punsch · Schoko Grog · Domenico Punsch

Den Cappuccino zubereiten. Wodka und Likör mit dem Zucker erwärmen, anzünden und brennend in den Cappuccino gießen. In Gläsern mit geschlagener Sahne, einem Schokoladenblatt und einer Kirsche servieren.

SCHOKO GROG
Für 4 Gläser

100 g Zucker
1/4 l Wasser
3 EL lösliche Schokolade
2 Zimtstangen
1/4 l Milch
1/16 l Rum
1 Becher Schlagsahne
Zimt
Für den Zuckerrand:
Zitronensaft und Zucker

Vier Gläser am Rand in Zitronensaft und dann in Zucker tauchen. 100 Gramm Zucker mit dem Wasser zu einer sirupartigen Masse aufkochen. Die lösliche Schokolade, die Zimtstangen und die Milch hinzugeben. Fünf Minuten zugedeckt ziehen lassen. Nochmals kurz erwärmen und den Rum hinzugeben. Sofort in die vorbereiteten Gläser füllen und mit geschlagener Sahne und Zimt servieren.

HEISSE GETRÄNKE FÜR KALTE TAGE

MOKKA-EIER-PUNSCH
Für 4 Gläser

4 EL Kokosnusslikör
3 EL Kokosraspel
1 Vanilleschote
3 Eigelb
50 g Zucker
3 Tassen starker, heißer Kaffee (Mokka)

Die Ränder der Gläser in Kokosnusslikör und dann in Kokosraspel tauchen. Vanilleschote längs halbieren, das Mark mit dem Messerrücken herausschaben und mit Eigelb und Zucker in einem Topf schaumig schlagen. Mokka und restlichen Kokosnusslikör zufügen und bei geringer Wärmezufuhr weiterschlagen, bis Schaum aufsteigt. In Gläser füllen und sofort servieren.

Gewürzkaffee

Mokka-Eier-Punsch

GEWÜRZ-KAFFEE
Für 4 Gläser

2 frische Feigen
4 EL Amaretto
4 Tassen heißer Kaffee
1 Zimtstange
4 Gewürznelken
2 Messerspitzen Kardamom
2 Messerspitzen Muskatblüte (gemahlen)
40 g brauner Zucker

Feigen waschen und halbieren. Den Mandellikör in eine kleine, flache Schale geben. Feigenhälften ca. 15 Minuten hineinlegen. Inzwischen den Kaffee mit Zimt, Nelken, Kardamom, Muskatblüte und Zucker in einem Topf erhitzen und fünf Minuten ziehen lassen. Durch ein Sieb in vier Gläser gießen. Feigenhälften auf Spieße oder Zimtstangen stecken und auf die Glasränder setzen. Mit dem restlichen Mandellikör auffüllen und sofort servieren.

HEISSE GETRÄNKE FÜR KALTE TAGE

Kosakenblut

Café Noisette

KOSAKEN-BLUT
Für 2 Tassen

1/8 l starker Kaffee
1/8 l Rotwein
8 cl Wodka
5 TL Zucker

Alle Zutaten in einem Topf bis zum Siedepunkt erhitzen, aber nicht kochen. Heiß in Tassen servieren.

SCHWEIZER ALMKAFFEE

1 Eigelb
2 TL Zucker
4-6 TL löslicher Kaffee
4 cl Kirsch- oder Zwetschgenwasser
flüssige Sahne

Eigelb mit Zucker, Kirsch- oder Zwetschgenwasser und dem löslichen Kaffee gut verrühren. Mit sehr heißem Wasser auffüllen und nochmals rühren. Etwas flüssige Sahne zugeben.

Tipp: Statt des Kirsch- oder Zwetschgenwassers können Sie auch weißen Rum verwenden.

CAFÉ NOISETTE

1/4 l starker, heißer Kaffee
5 TL Kaffeesahne
4 cl Kirschwasser
Zucker

Sahne und je nach Geschmack Zucker in den heißen Kaffee geben. Das Kirschwasser hinzufügen.

Tipp: Seinen Namen verdankt dieser Kaffee dem Nussgeschmack. Stellen Sie zum Knabbern Nussplätzchen oder ein Schälchen Nüsse auf den Tisch.

HEISSE GETRÄNKE FÜR KALTE TAGE

Café Flambé

CAFÉ FLAMBÉ
Für 2 Tassen

1 Tasse starker, heißer Kaffee
4 Zuckerwürfel
2 Gläser Cognac

Zwei Tassen zur Hälfte mit heißem Kaffee füllen, Zucker dazugeben und ganz vorsichtig mit Cognac auffüllen. Anzünden und trinken, sobald die Flämmchen erloschen sind.

HEISSE GETRÄNKE FÜR KALTE TAGE

Santa Lucia

SANTA LUCIA
Für 2 Personen

1/2 l Wasser
5 EL gemahlener Kaffee
4-10 Stück Würfelzucker
4 Gewürznelken
1 Zimtstange
1/2 TL geriebene Orangenschale
4 cl Rum
2 EL Schlagsahne

Kaffee mit kochendem Wasser filtern und in einen Topf gießen. Zucker, Gewürze, Orangenschale und Rum hineingeben und zugedeckt kurz erhitzen (nicht kochen!). Durch ein Sieb in vorgewärmte Tassen gießen. Mit geschlagener Sahne und Orangenschale verzieren.

MARNISSIMO

3 cl Grand Marnier
1 Tasse heißer Kaffee
10 g Zucker
halbflüssige Sahne

Grand Marnier und Kaffee in feuerfestem Glas mischen, je nach Geschmack süßen und eine Krone aus halbflüssiger Sahne aufsetzen.

DÄNISCHER WÜRZ-KAFFEE
Für 4 Tassen

1/2 l Wasser
1/2 Zimtstange
1/2 Vanilleschote
5-6 gehäufte TL gemahlener Kaffee
100 g Sahne (kleiner Becher)
1 Päckchen Vanillezucker
1 EL Puderzucker
8 cl Gammel Dansk Bitter Dram
25 g Borkenschokolade

Wasser mit der einmal gebrochenen Zimtstange und der aufgeschlitzten Vanilleschote im kleinen Topf aufkochen und zugedeckt zehn Minuten simmern lassen. Kaffeepulver in Filtertüte geben. Zimtstange und Vanilleschote aus dem Wasser nehmen. Das Wasser sprudelnd aufkochen und den Kaffee aufgießen. Sahne mit dem Vanillezucker und dem Puderzucker halbsteif schlagen. In vier vorgewärmte Tassen jeweils 2 cl Gammel Dansk geben und mit dem heißen Kaffee auffüllen. Die Sahne darüber verteilen und einmal umrühren. Mit zerbröckelter Borkenschokolade bestreuen.

Dänischer Würzkaffee

OSTER-KAFFEE
Für 6 Personen

1 Becher Schlagsahne
1 Messerspitze Anispulver
6 EL Sambuca
6 TL brauner Zucker
6 Tassen heißer Kaffee
30 Kaffeebohnen

Sahne mit Anispulver sehr steif schlagen. Sambuca mit braunem Zucker erhitzen, auf die Tassen verteilen und mit Kaffee auffüllen. Darauf eine Sahnehaube geben und mit Kaffeebohnen verzieren.

Oster-Kaffee

KAFFEE-GROG
Für 4 Gläser

2 1/2 Tassen heißer Kaffee
20 cl roter Portwein
3 EL Rum
1 Päckchen Vanillezucker
1/2 TL Zimt
40 g brauner Kandis
1 Sternfrucht

Kaffee, Portwein, Rum, Vanillezucker, Zimt und Kandis in einem Topf erhitzen, aber nicht kochen. Ab und zu umrühren, bis sich der Kandis aufgelöst hat. Den Kaffee-Grog in Gläser füllen und mit je einer Sternfruchtscheibe dekorieren.

Kaffee-Grog

ORANGEN-KAFFEE
Für 4 Tassen

2 unbehandelte Orangen
100 g Schlagsahne
40 g Zucker
4 EL Orangenlikör
3 Tassen heißer Kaffee

Eine Orange sehr dünn schälen und die Schale in feine Streifen schneiden. Den Saft auspressen. Die andere Orange dick schälen und in Scheiben schneiden. Sahne steif schlagen. Orangensaft, Zucker und Orangenlikör auf vier Tassen verteilen und mit heißem Kaffee auffüllen. Darauf eine Sahnehaube setzen und mit Orangenscheibe und -streifen garnieren. Sofort servieren.

HOT MARIA

4 cl Milch
6 cl Tia Maria
Kaffeepulver

Heiße, aufgeschäumte Milch auf den Kaffeelikör in ein Glas geben und mit Kaffeepulver bestreuen.

Hot Maria

CASA BLANCA

4-6 cl Mokka-Likör
1-2 EL geschlagene Sahne
Kaffee- und Kakaopulver

Mokka-Likör in ein Likörglas geben und im Wasserbad oder in der Mikrowelle bei 600 Watt (ca. 1/2 Minute) erhitzen. Anschließend die Sahne daraufgeben und mit Kaffee- und Kakaopulver bestäuben.

Casa Blanca

HEISSE GETRÄNKE FÜR KALTE TAGE

Orangen-Kaffee

TEE MIT RUM

2 cl Rum
Zitronensaft
2 TL Zucker
1 TL Assam Tee
1 Stange Zimt

Den Tee mit heißem Wasser überbrühen und fünf Minuten ziehen lassen. Rum mit einigen Tropfen Zitronensaft und Zucker verquirlen. Mit dem Tee mischen und die Zimtstange dazugeben. Eventuell noch kurz erhitzen.

BACARDI FIRESIDE

2-4 cl weißer Rum
1 TL Zucker oder Kandis
1 Tasse schwarzer, heißer Tee
1 Zitronenscheibe
1 Zimtstange

Zucker und Zitronenscheibe in ein großes Tee- oder Grogglas geben. Den Rum zufügen und mit dem heißen Tee auffüllen. Zimtstange hineingeben.

TEE FÜR KALTE TAGE
Für 2 Gläser

2 TL Ceylon Tee
2 Gläschen Rum
2 Zitronenscheiben
Kandis

Den Tee mit kochendem Wasser übergießen, nach Geschmack drei bis vier Minuten ziehen lassen, Rum zugeben, in zwei Gläser gießen und mit Kandis süßen. Zitronenscheibe einschneiden und auf den Glasrand stecken.

BROMBEER-PUNSCH

3 cl Brombeerlikör
1 cl brauner Rum
1 TL Zitronensaft
1 Nelke
schwarzer, heißer Tee
Zitronenscheibe

Likör, Rum, Zitronensaft und Nelke in ein Glas geben und mit heißem, schwarzem Tee auffüllen. Eine halbe Zitronenscheibe auf den Glasrand stecken.

Tee mit Rum

Tee für kalte Tage

HEISSE GETRÄNKE FÜR KALTE TAGE

HEISSE GETRÄNKE FÜR KALTE TAGE

China Tee-Punsch

Cherry-Tee

CHINA TEE-PUNSCH
Für 4 Personen

4 TL Assam Tee
1/2 l Wasser
80 g Zucker
1 unbehandelte Zitrone
1/2 Flasche Weißwein
4 cl Arrak

Den Tee mit heißem Wasser überbrühen und fünf Minuten ziehen lassen. Mit Zucker und abgeriebener Zitronenschale abschmecken. Den Wein und Arrak dazugeben und eventuell nochmals kurz erhitzen.

CHERRY-TEE

1 TL Darjeeling Tee
Mark 1/2 Vanilleschote
Zitronensaft
2 cl Cherry Brandy
Zucker

Den Tee und das Mark der Vanilleschote mit heißem Wasser überbrühen und ca. drei Minuten ziehen lassen. Zitronensaft und Kirschlikör hinzugeben. Je nach Geschmack süßen.

ASIATISCHER TEE
Für 10 Gläser

4 TL Assam Tee
3/4 l Wasser
1 Flasche Rotwein
2 Gewürznelken
1 Vanilleschote
2 EL Zucker
Zitronensaft

Den Tee mit kochendem Wasser übergießen und je nach Geschmack drei bis vier Minuten ziehen lassen. Rotwein, Gewürznelken, Vanilleschote, Zucker und Zitronensaft hinzugeben. Langsam erhitzen und durch ein Sieb abgießen.

TEE-PUNSCH
Für 4-6 Personen

4-6 TL schwarze Teeblätter
1/2 - 3/4 l Wasser
1/2 Flasche Rotwein
100 - 150 g weißer oder brauner Zucker
2 Zimtstangen
3 Pimentkörner (Nelkenpfeffer)
3 Gewürznelken
Muskatblüte
Ingwerpulver
Saft 1 Orange
2 EL Cointreau oder Grand Marnier

Teeblätter in Teefilter oder -sieb geben. Mit siedend heißem Wasser übergießen und zugedeckt ca. fünf Minuten ziehen lassen. Rotwein mit Zucker und Gewürzen in einem Topf unter Rühren aufkochen. Bei geringer Hitze ca. fünf Minuten ziehen lassen. Rotwein durch ein Sieb gießen, mit Tee und Orangensaft mischen. Mit Cointreau bzw. Grand Marnier abschmecken. In vorgewärmten Teetassen oder Teegläsern heiß servieren.

Tipp: Noch aromatischer duftet und schmeckt der Punsch, wenn Sie unbehandelte Orangenschale mit den Gewürznelken spicken und mitkochen. Im übrigen können Sie zum Süßen auch Honig statt Zucker verwenden.

MITTERNACHTSTEE
Für 10 Gläser

16 TL Ceylon Tee
1 l Wasser
8 Orangen
2 Zitronen
Zucker
1/2 l Rum
etwas Arrak

Den Tee aufgießen und fünf Minuten ziehen lassen. Orangen und Zitronen auspressen. Orangen- und Zitronensaft mit Rum und etwas Arrak zum Tee geben, mit Zucker abschmecken und erhitzen.

Tee-Punsch

HEISSE GETRÄNKE FÜR KALTE TAGE

ROTER LÖWE
Für 4 Gläser

1 unbehandelte Orange
4 EL Zucker
1/4 l starker, schwarzer Tee
1/2 l nicht zu schwerer Rotwein
1 Prise gemahlene Nelken
1/4 l Johannisbeerlikör

Starken, schwarzen Tee aufbrühen. Die Orange spiralförmig schälen und dann auspressen. Saft mit Zucker, Tee, Rotwein und Nelkenpulver fast bis zum Kochen bringen. Erst dann den Johannisbeerlikör einlaufen und heiß werden lassen. Nicht kochen! In vier hitzebeständige Gläser füllen und jeweils ein Stück der Orangenspirale hineinhängen.

Roter Löwe

WÜRZIGER TEEPUNSCH
Für 4 Gläser

1 Vanilleschote
4 Gewürznelken
1 Zimtstange
4 Sternanis
Saft 1 Zitrone
4-6 Klumpen brauner Kandis
400 ml starker, schwarzer Tee
400 ml Orangensaft
100 ml Jamaica Rum

Vanilleschote längs aufschlitzen und mit dem Messerrücken das Mark herausschaben. Tee, Orangensaft und Rum in einen Topf geben. Vanilleschote und -mark, Gewürznelken, Zimtstange, Sternanis und Zitronensaft hinzufügen und erhitzen. Mit Kandis süßen. Punsch durch ein Sieb in Punsch- bzw. Teegläser füllen und jeweils mit Zitronenspirale garnieren.

Heiße Kirsche

MALVEN-PUNSCH
Für 4-6 Personen

4 Beutel Malventee
300 g Kandis
1 Flasche Rotwein
Saft 1/2 Zitrone
1/8 l Arrak

Teebeutel mit einem Liter kochendem Wasser überbrühen und ziehen lassen. Den Kandis im Tee auflösen. Zitronensaft, Rotwein und Arrak untermischen und alles nochmals erhitzen, jedoch nicht mehr kochen lassen.

230

HEISSE GETRÄNKE FÜR KALTE TAGE

HONIG-PUNSCH
Für 4 Personen

4 Beutel Früchtetee
Saft von 3 Zitronen
200 g Honig
1/4 Liter Weinbrand
unbehandelte Orange
Zitrone

Die Teebeutel mit einem Liter kochenden Wasser überbrühen und ziehen lassen. Die Orange dünn schälen und die Schale zusammen mit Weinbrand, Honig und dem Zitronensaft in den Tee geben. Alles eventuell nochmals erhitzen, aber nicht kochen lassen. In Gläser füllen und jeweils eine Zitronenscheibe auf den Rand stecken.

HEISSE KIRSCHE
Für 4 Gläser

1 Ananasring aus der Dose
1 EL Mandarin-Orangen aus der Dose
12 Sauerkirschen aus dem Glas
1/8 l Kirschlikör
1/2 l schwarzer Tee
2 TL Vanillezucker

Ananas, Mandarin-Orangen und Kirschen abtropfen lassen. Die Ananasscheibe in acht Stücke schneiden und abwechselnd mit den Mandarin-Orangen und den Kirschen auf Holzspieße stecken. Den Kirschlikör in einen Becher geben und im Wasserbad erhitzen. Den frisch aufgegossenen Tee mit Vanillezucker würzen und in vier Punschgläser füllen. Den Kirschlikör dazugießen und die Spieße über die Gläser legen.

KAMINFEUER

1 Teebeutel Hibiskusblüte
200 ml Wasser
1/2 unbehandelte Orange
1 Prise gemahlener Zimt
1 Prise gemahlener Ingwer
5 cl Kirschlikör
1 EL Sauerkirschen aus dem Glas

Den Teebeutel mit kochendem Wasser aufgießen, ca. fünf Minuten ziehen lassen und in einen kleinen Topf gießen. Orange spiralförmig schälen und auspressen. Orangensaft mit Zimt, Ingwer und Kirschlikör zum Tee geben und erhitzen, aber nicht aufkochen lassen. In ein Becherglas gießen und mit dem Kirsch-Spieß und der Orangenspirale dekorieren.

Kaminfeuer

HEISSE GETRÄNKE FÜR KALTE TAGE

MILCH-PUNSCH
Für 2 Gläser

0,4 l Milch
4 TL Zucker
1 Likörglas Rum
1 EL Weinbrand
1 EL Orangenlikör
3 Zimtstangen
Schlagsahne
Zimt

Milch erhitzen. Zucker, Rum und eine Zimtstange auf kleiner Flamme erwärmen. Weinbrand und Orangenlikör hinzufügen und bis kurz vor dem Sieden erhitzen. Die heiße Mischung in einen Krug gießen und mit der heißen Milch auffüllen. In zwei hohe Gläser füllen, jeweils eine Zimtstange hineingeben und mit Sahnetupfer servieren.

HEISSE SCHOKOLADE MIT RUM

1 Tasse heiße Schokolade
2-4 cl brauner Rum
Schlagsahne
Schokoraspel

Die heiße Schokolade zusammen mit dem Rum in ein Glas geben. Mit Sahnehaube und Schokoraspeln servieren.

Milch-Punsch

BÜSUMER EIERPUNSCH
Für 4 Personen

- 8 Eier
- 1/4 l Wasser
- 3 EL Zucker
- 1 Prise Ingwer (gemahlen)
- 1 Prise Nelkenpulver
- getrocknete Zitronenschale
- 1/4 l Rum (40 %)

Das Wasser erhitzen. Das Eigelb in einem Topf mit dem Zucker schaumig schlagen. Das heiße, nicht mehr kochende Wasser unter ständigem Rühren hinzugeben, mit den Gewürzen abschmecken und den vorgewärmten Rum hinzufügen. Das heiße, schaumige Getränk in vorgewärmte Punschgläser füllen.

Tipp: Das übrig gebliebene Eiweiß können Sie für Baiser verwenden.

Büsumer Eierpunsch

Kirsch-Punsch

KIRSCH-PUNSCH
Für 4 Gläser

- 4 Eigelb
- 1 Päckchen Vanillezucker
- 100 g Zucker
- 1 Prise Zimt
- 200 g Schlagsahne
- 1/2 l Milch
- 1/3 l Kirschlikör
- 1 unbehandelte Zitrone

Eigelb mit Vanillezucker, Zucker und Zimt in einem Topf verquirlen, bei mäßiger Hitze cremig aufschlagen, nach und nach die Sahne, Milch und den Kirschlikör einlaufen lassen. Dabei immer weiter schlagen, bis die Mischung schaumig wird. Auf keinen Fall aufkochen. In Punschgläser gießen und mit abgeriebener Zitronenschale bestreuen.

HEISSE GETRÄNKE FÜR KALTE TAGE

Weiß und Heiß

Eier-Grog

WEISS UND HEISS
Für 4 Gläser

0,8 l weißer Traubensaft
0,5 cl Rum
1 Messerspitze Zimt
1 Lorbeerblatt
1 Nelke
2 Eiweiß
100 g Zucker

Den Traubensaft zum Kochen bringen, die Gewürze dazugeben und alles ca. zwei Minuten aufkochen lassen. Durch ein Sieb in vier feuerfeste Gläser gießen. Jeweils etwas Rum dazugeben. Eiweiß und Zucker steif schlagen und unter die heiße Flüssigkeit rühren.

EIER-GROG

1 Eigelb
8 cl heiße Milch
1 cl Ahornsirup
3 cl brauner Rum
1 TL Kakaopulver

Eigelb, Ahornsirup und Rum schaumig schlagen. Vorsichtig in die heiße Milch unterrühren. In einem hitzebeständigen Glas heiß servieren. Mit Kakaopulver bestreuen.

GROG DAUPHIN

4 cl Calvados
10 cl Apfelsaft
Apfelstückchen
1 Nelke
Prise Zimt

Apfelsaft mit Apfelstückchen, der Nelke und einer Prise Zimt erhitzen. Calvados zugießen und heiß servieren.

TRAUBEN-SAFT-PUNSCH
Für 4 Gläser

1/4 l Rotwein
1/4 l roter Traubensaft
1 Lorbeerblatt
1 Gewürznelke
Kandiszucker

Rotwein und Traubensaft zum Kochen bringen. Lorbeerblatt und Gewürznelke hinzugeben und mit Kandiszucker süßen. Durch ein Sieb in Punschgläser gießen.

THE DAY AFTER

1 Eigelb
16 cl Consommé double (Fleischbrühe)
0,5 cl frisch gepresster Zitronensaft
2 cl Wodka
Salz, Pfeffer

Die Fleischbrühe zubereiten und mit Zitronensaft und Wodka verrühren. Mit Salz und Pfeffer abschmecken. In ein hitzebeständiges Glas gießen. Das Eigelb vorsichtig hineingeben. Es setzt sich unten ab. Vor dem Trinken das Eigelb mit der Suppe verrühren.

APFEL-GROG
Für 4 Gläser

1/2 l Apfelsaft
1/3 Flasche Jamaica Rum
8 Stückchen Zucker

Den Apfelsaft erhitzen. Stößel in die Gläser stellen und zur Hälfte mit dem Apfelsaft füllen. Jeweils mit ein bis zwei Stück Zucker süßen und pro Glas 6 cl Jamaica Rum hinzugeben. Sofort heiß servieren.

GLÜHWEIN
Für 4-6 Gläser

1 Flasche Rotwein
Saft 1 Orange oder Zitrone
etwas Zucker
Gewürznelken
Zimt

Rotwein zusammen mit dem Orangen- oder Zitronensaft, etwas Zucker, den Gewürznelken und dem Zimt erhitzen und in feuerfeste Gläser füllen. Sofort heiß servieren.

Traubensaft-Punsch

The Day After

JAMAICA BANANA BAY

1 cl Apricot Brandy
2 cl Bananenlikör
3 cl Jamaica Rum
1 Spritzer Kirschlikör

Apricot- und Bananenlikör, Rum und einen Spritzer Kirschlikör in ein Glas gießen. Teelöffel hineinstellen und mit ca. 80 ml kochendem Wasser auffüllen. Umrühren und sofort servieren.

JAMAICA SUN

3 cl Tutti Frutti Likör
3 cl Jamaica Rum
1 TL Ingwersirup
1-2 TL Kokosraspel

Likör, Sirup und Rum in ein Glas gießen. Teelöffel hineinstellen und mit ca. 80 ml kochendem Wasser auffüllen. Umrühren und sofort servieren.

Jamaica Banana Bay

Jamaica Sun

FEUERZANGENBOWLE
Für 6-8 Personen

3 Flaschen Rotwein
1/2 - 1 Flasche hochprozentiger Rum
1 Zuckerhut
6 Gewürznelken
1 Zimtstange
Orangen- und Zitronenschale

Rotwein mit Nelken, Zimtstange, Orangen- und Zitronenschale in einem Kupferkessel oder Edelstahltopf erhitzen. Topf auf ein Rechaud oder Stövchen stellen, Feuerzange mit Zuckerhut über den Topf legen, mit Rum tränken und anzünden. Mit der Schöpfkelle weiteren Rum über den Zuckerhut geben, bis er geschmolzen ist. Gut umrühren, Gewürze entfernen und die Bowle in feuerfesten Gläsern servieren.

Tipp: Die Feuerzangenbowle ist nicht nur eine sehr stimmungsvolle (Licht löschen, wenn Sie den Rum anzünden), sondern auch hochprozentige Angelegenheit. Wenn Sie die Promille reduzieren möchten, können Sie eine Flasche Rotwein durch den Saft von ausgepressten Orangen und Zitronen ersetzen.

ROTWEIN-PUNSCH MIT FRÜCHTEN
Für 4 Gläser

3/4 l halbtrockener Rotwein

1/4 l Jamaica Rum

3 EL Honig

2 kleine Äpfel

2 Orangen

Die Äpfel schälen, vierteln, entkernen und in Scheiben schneiden. Die Orangen dick schälen, die Filets zwischen den Trennhäuten herausschneiden und in einen Topf geben. Den Rotwein und Jamaica Rum zugießen und alles erhitzen. Zehn Minuten ziehen lassen und mit dem Honig süßen. Mit Löffeln sofort heiß servieren.

CIDERIFIC
Für 10 Gläser

25 cl brauner Rum

1,4 l Apfelcidre

1-2 Nelken

Zitronenscheiben

1 Zimtstange

Den Cidre erhitzen. Rum, Nelken und Zitronenscheiben zugeben und kurz ziehen lassen. Mit Zimtstange servieren.

ORANGEN-PUNSCH
Für 6 Gläser

1 Flasche Weiß- oder Rotwein

3 unbehandelte Orangen

Saft 1/2 Zitrone

1/4 l Wasser

100-200 g Würfelzucker

Die Orangen mit den Zuckerwürfeln abreiben und die Würfel in heißem Wasser auflösen. Den Wein, Orangen- und Zitronensaft hinzufügen und die Mischung rasch zum Kochen bringen, aber nicht aufwallen lassen. Heiß servieren.

SCHLUMMER-TRUNK

4 EL Eierlikör

1/4 l Rotwein

Eierlikör im Wasserbad erhitzen und schlagen, bis er dicklich wird. Dann den Rotwein langsam dazuschlagen. Heiß servieren und trinken.

Schlummertrunk

HEISSE GETRÄNKE FÜR KALTE TAGE

GLÖGG

10 cl Rotwein
Ingwer
Nelken
Zimt
Kardamon
1 TL Kandiszucker
1 TL Rosinen
1 TL geschälte Mandeln

Den Rotwein mit den Gewürzen langsam erhitzen. In eine Espressotasse Kandiszucker, Rosinen und geschälte Mandeln geben und mit der heißen Flüssigkeit aufgießen.

CAFÉ ANDALUSE

Für 2 Tassen

1/8 l Kondensmilch
1 EL Kakaopulver
2 EL Zucker
1/4 l starker, heißer Kaffee
4 cl trockener Sherry
2 Prisen geriebene Zartbitterschokolade

Kondensmilch mit Kakaopulver und Zucker aufkochen, Kaffee hinzufügen, Sherry unterrühren. Café Andaluse in 2 Tassen füllen, je 1 Prise Zartbitterschokolade darüber streuen.

GRAND MARNIER CAFÉ

3 cl Grand Marnier
1 Tasse starker, heißer Kaffee
10 g Kristallzucker
Sahne

Im feuerfesten Glas Grand Marnier und heißen Kaffee mischen und anschließend nach Belieben zuckern. Das Ganze mit halbflüssiger Sahne krönen.

CHOC GRAND MARNIER

3 cl Grand Marnier
1 Tasse heiße Schokolade
Sahne

In einem feuerfesten Glas Grand Marnier erhitzen, mit frisch zubereiteter heißer Schokolade aufgießen und die leicht geschlagene Sahne darüber heben.

BANANACUP

2 TL brauner Zucker
1 Tasse starker, heißer Kaffee
2 cl Bananenlikör
2 cl Kaffeelikör

In einen großen Becher braunen Zucker geben, mit heißem Kaffee zu drei Viertel auffüllen, umrühren und anschließend die Liköre dazugießen.

NACHTMÜTZE

1 Beutel Kamillentee
2 cl Rum
Muskatnuss
Zimtpulver
gemahlener Ingwer

Kamillentee mit heißem Wasser aufgießen und den erhitzten Rum dazugeben. Jeweils eine Prise der Gewürze dazugeben und umrühren.

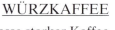

ORANGEN-CIDRE

10 cl Cidre
3 cl Rum
1 cl Orangensirup
2 cl Curaçao Triple Sec
Orangenscheiben

Alle Zutaten in einem Topf erhitzen, aber nicht kochen. Mit Orangenscheiben in einem feuerfesten Glas servieren.

WÜRZKAFFEE

1 Tasse starker Kaffee
1 EL Honig
1 TL Schokoladensirup
1 Prise Kardamon
1 Prise Koriander

Den Kaffee in einem Topf mit den übrigen Zutaten und den Gewürzen erhitzen und in einem rustikalen Becher servieren.

HEISSE GETRÄNKE FÜR KALTE TAGE

KÜSTENNEBEL

2 cl Doornkaat
1 Tasse starker Kaffee
Schlagsahne

Den Doornkaat erwärmen und in den heißen Kaffee geben. Mit halbflüssiger Sahne krönen.

MANDELKAFFEE

1 Tasse starker, heißer Kaffee
1 TL brauner Zucker
2 cl Amaretto
Schlagsahne
Mandelsplitter

Den Kaffee in einer Tasse mit dem Zucker vermischen, Amaretto hinzugeben und mit einer Sahnehaube krönen. Mandelsplitter darüber streuen.

BLACK MOZART

1/2 Tasse starker, heißer Kaffee
1/2 Tasse heiße Schokolade
2 cl Mozartlikör
Schlagsahne

Mit heißem Kaffee und heißer Schokolade, jeweils zu gleichen Teilen, ein hohes Glas drei Viertel auffüllen. Nun den Mozartlikör hinzugeben und umrühren. Mit einer Sahnehaube garnieren.

WHISKEY HOT TODDY

10 cl Kaffee
2 cl Zitronensaft
1 cl Zuckersirup
4 cl Bourbon
1 Zitronenscheibe
Nelken

Die Zutaten im Topf erhitzen, in ein feuerfestes Glas abseihen und servieren.

ELEFANTEN-KAFFEE

4 cl Amarula
1 Tasse starker, heißer Kaffee
geschlagene Sahne
Schokoladenraspel

Amarula in einen vorgewärmten Becher geben und mit Kaffee auffüllen. Eine Sahnehaube darauf setzen. Mit Schokoraspeln garnieren.

HOLLÄNDISCHER KAFFEE

2 cl Eierlikör
1 Tasse starker, heißer Kaffee
Schlagsahne
weiße Schokolade

Den Eierlikör in eine rustikale Tasse geben, mit heißem Kaffee auffüllen, leicht geschlagene Sahne darüber geben und mit 2 Stückchen weißer Schokolade garnieren.

CAFÉ PORT

starker, heißer Kaffee
Portwein
Rum
2 TL geriebener Kandiszucker
Sahne

Den Kaffee mit dem Portwein und dem Rum zu gleichen Teilen in einen Topf geben und den Kandis dazugeben. So lange sieden lassen, bis der Kandis sich aufgelöst hat. Das Getränk in dekorative hitzeverträgliche Gläser füllen und die noch flüssige Schlagsahne darüber geben.

CAPTAIN'S CHOCOLATE

4 cl Rum
2 cl Grenadine
1 Tasse heiße Schokolade
geschlagene Sahne
Schokoladenraspel

Rum und Grenadine in ein vorgewärmtes Glas geben, mit heißer Schokolade auffüllen und eine Sahnehaube darauf setzen. Mit Schokoraspeln garnieren.

DRINKS OHNE ALKOHOL

Bei diesen Drinks dürfen Sie und Ihre Gäste guten Gewissens über den Durst trinken, ohne am nächsten Tag einen Kater zu riskieren. Ohne Promille und mit viel Fantasie gemixt, sind sie die idealen Durstlöscher für alle, die einen klaren Kopf behalten wollen, keinen Alkohol trinken möchten oder dürfen. Diese Rezepte werden Sie und Ihre Gäste überzeugen, dass alkoholfreie Drinks keineswegs fad und langweilig, sondern durchaus „geistreich" sind. Im Gegensatz zu Cocktails und Longdrinks mit Promille sind Ihrer eigenen Kreativität bei alkoholfreien Drinks keine Grenzen gesetzt.

ERFRISCHEND

BANANA-SUMMER-DREAM

1/2 Banane
1 Spritzer Bananensirup
4 cl Milch
4 cl Ananassaft
etwas Zitronen- oder Limettensaft
Limetten- oder Zitronenscheibe

Alle Zutaten mit zwei Esslöffeln gestoßenem Eis ca. 15 Sekunden im Elektromixer vermischen und in ein Longdrinkglas abgießen. Mit Limetten- oder Zitronenscheibe dekorieren.

Banana-Summer-Dream

Fancy Fruits

LONGDRINKS

FANCY FRUITS

2 cl Himbeersirup
6 cl roter Traubensaft
6 cl Orangensaft
kohlensäurearmes Mineralwasser

Himbeersirup, Traubensaft und Orangensaft mit Eiswürfeln gut schütteln oder verrühren. In ein zu etwa einem Drittel mit „Fancy-ice-cubes" (in Eiswürfel eingefrorene Himbeeren und Zitronenschnitze) gefülltes großes Cocktailglas abseihen und mit kaltem Mineralwasser auffüllen.

BIG APPLE

2 cl Grenadine
6 cl Apfelsaft
2 Miniäpfel (aus der Dose)
kohlensäurehaltiges Mineralwasser
Apfelschale

Den Grenadinesirup mit dem Apfelsaft und drei Eiswürfeln im Mixglas gut verrühren, über einen der kleinen Äpfel in ein Longdrinkglas geben. Mit kaltem Mineralwasser auffüllen und einen gelben Eiswürfel (Aprikosensaft mit Mineralwasser gemischt) in den Drink geben. Den anderen Miniapfel auf den Glasrand stecken und mit Apfelschale garnieren.

Tipp: „Fancy-ice-cubes" machen jeden Drink zur Augenweide. Am besten legen Sie sich einen Vorrat dieser bunten, mit Früchten gefüllten Eiswürfel an. Wie es gemacht wird, lesen Sie auf Seite 24/25.

Big Apple

243

ERFRISCHENDE LONGDRINKS

Strawberry Fields

Cool Down

STRAW-BERRY FIELDS

2 cl Erdbeersirup
4 cl Birnensaft
3 cl Zitronensaft
6 cl Aprikosensaft
kohlensäurehaltiges Mineralwasser
Sahnehaube
Erdbeere

Sirup und Säfte über Eis in einem Shaker kurz und kräftig schütteln. In eine tiefe Cocktailschale auf gestoßenes Eis abseihen und mit kohlensäurehaltigem Mineralwasser auffüllen. Mit Erdbeere und Trinkhalm servieren.

COOL DOWN

1 cl Pfefferminzsirup
Saft 1 Limone
4 cl Ananassaft
natürliches Mineralwasser
Für den Zuckerrand:
Grenadine und
Zucker

Den Glasrand einer Champagnerschale in Grenadinesirup und dann in Zucker tauchen. Pfefferminzsirup, Limonensaft und Ananassaft im Shaker auf Eiswürfeln kurz und kräftig schütteln. In die vorbereitete und zur Hälfte mit gestoßenem Eis gefüllte Champagnerschale abseihen und mit eiskaltem Mineralwasser auffüllen.

ERFRISCHENDE LONGDRINKS

COME ON

2 cl Mandelsirup
3 cl Zitronensaft
4 cl Grapefruitsaft
4 cl Orangensaft
6 cl Ananassaft
kohlensäurehaltiges Mineralwasser
eine halbe Ananasscheibe
Kiwischeibe
Cocktailkirsche

Den Sirup und die Säfte über Eis in einen Shaker geben, kurz und kräftig schütteln und über Eis in ein mittleres Cocktailglas abseihen. Mit kohlensäurehaltigem Mineralwasser auffüllen, dekorieren und mit Trinkhalm servieren.

GREEN-LAND

2 frische Minzeblättchen
3 cl Pfefferminzsirup
1 cl Zuckersirup
4 cl Zitronensaft
kohlensäurehaltiges Mineralwasser
Limonenscheibe

Die Minzeblättchen grob hacken und mit gestoßenem Eis in ein Cocktailglas geben. Pfefferminz- und Zuckersirup mit dem Zitronensaft dazugeben, kurz umrühren und mit kaltem Mineralwasser auffüllen. Mit Limonenscheibe und Trinkhalm servieren.

Come On

Greenland

245

ERFRISCHENDE LONGDRINKS

Mistral

Kiwi-Mint

MISTRAL

2 TL Zucker
6 cl Grapefruitsaft
0,15 l Mineralwasser
1 großer Zweig frische Minze

Zucker und Grapefruitsaft in ein Longdrinkglas geben. Kräftig umrühren, bis der Zucker gelöst ist. Mit gekühltem Mineralwasser aufgießen, Eiswürfel hineingeben und mit dem Minzzweig dekorieren.

Tipp: Mit in Eiswürfeln eingefrorenen Cocktailkirschen und Minzblättern schmeckt der Drink noch besser!

KIWI-MINT
Für 4 Gläser

4 Kiwis
1 Sträußchen glatte Minze
kohlensäurehaltiges Mineralwasser
2 Messerspitzen Zimt

Kiwis dünn schälen. Fünf bis sechs Minzeblättchen abzupfen, waschen und klein schneiden. Fruchtfleisch der Kiwis mit einem Elektro-Mixstab fein pürieren. Durch ein feines Sieb passieren, die Minze dazugeben. Auf vier Kelchgläser verteilen, mit Mineralwasser aufgießen, mit Minzeblättchen dekorieren und mit Zimt überpudern.

THE WINNER

2 cl Grenadine
10 cl roter oder weißer Traubensaft
10 cl Orangensaft
Saft einer halben Zitrone
Orangen- und Zitronenscheibe
Weintraube

Grenadine und Säfte im Shaker mit zwei bis drei Eiswürfeln gut schütteln. In ein hohes Glas auf Eiswürfel abgießen. Weintraube, Orangen- und Zitronenscheibe auf einen Spieß stecken und über das Glas legen.

Tipp: Wer will, kann noch einen Spritzer Orange Bitter hinzugeben.

GRÜNER MUNTERMACHER

1 Kiwi
10 cl weißer Traubensaft
Ginger Ale
Kiwischeibe
Melisseblättchen

Kiwi dünn schälen, pürieren, durch ein Sieb streichen und in ein Longdrinkglas auf gestoßenes Eis geben. Traubensaft hinzufügen und alles gut verrühren. Mit kaltem Ginger Ale auffüllen. Mit Kiwischeibe und Melisseblättchen dekorieren.

The Winner

Grüner Muntermacher

ERFRISCHENDE LONGDRINKS

Blutorangen-Früchte-Cup

BLUT-ORANGEN-FRÜCHTE-CUP

0,2 l Blutorangen-Drink
kohlensäurehaltiges
Mineralwasser
frische Früchte

Früchte (Bananen, Kirschen, etc.) aufspießen. Blutorangen-Drink (Fertigprodukt) in ein großes Glas gießen und mit gut gekühltem Mineralwasser auffüllen. Spieß über das Glas legen.

Grapefruit-Drink

ERFRISCHENDE LONGDRINKS

GRAPE-FRUIT-DRINK

1/2 Grapefruit
4 cl Kirschsirup
1 TL Zitronensaft
Mineral- oder Heilwasser

Grapefruit schälen, filetieren und in kleine Stücke schneiden. Mit den übrigen Zutaten in ein Glas geben, umrühren und mit Mineral- oder Heilwasser auffüllen.

Ziel-Linie

ZIEL-LINIE
Für 4 Personen

Saft von 4 Zitronen
20 cl roter Traubensaft
5 cl Zuckersirup oder
50 g Zucker
1 l Mineralwasser
Zitronenscheiben

Zitronensaft, Traubensaft und Zuckersirup in einen Krug mit Eiswürfeln geben, gut verrühren und mit gut gekühltem Mineralwasser auffüllen. Zitronenscheiben hineingeben.

LIMBO BEAT

5 cl Bananensirup
2 cl Zitronensaft
Bitter Orange

Bananensirup und Zitronensaft über Eiswürfel in ein Longdrinkglas geben, gut umrühren und mit Bitter Orange auffüllen.

ERFRISCHENDE LONGDRINKS

Pussyfoot · Jogging Flip

Roter Mond

PUSSYFOOT

12 cl frisch gepresster Grapefruitsaft
2 cl frisch gepresster Orangensaft
3 cl Grenadine
Mineralwasser

Zutaten über Eis in ein Longdrinkglas geben, verrühren und mit Mineralwasser abspritzen.

JOGGING FLIP

6 cl frisch gepresster Orangensaft
4 cl frisch gepresster Grapefruitsaft
2 cl frisch gepresster Zitronensaft
1 TL Grenadine
1 Eigelb

Zutaten mit Eiswürfeln im Shaker gut mixen und in ein Longdrinkglas abseihen.

ROTER MOND

4 cl Grenadine
Saft einer viertel Zitrone
2 cl Kokosmilch
Mineral- oder Heilwasser
Zitronenscheibe

Grenadine, Zitronensaft und Kokosmilch in einem Shaker gut schütteln und in ein Glas gießen. Zwei Eiswürfel dazugeben und mit Mineral- oder Heilwasser auffüllen. Mit Zitronenscheibe dekorieren.

MIAMI

14 cl Ananassaft
1 cl Zitronensaft
1 cl Zuckersirup
1 cl Pfefferminzsirup
Zitronenscheibe
frische Minze

Säfte und Sirup im Shaker gut schütteln und in ein Longdrinkglas auf Eiswürfel abseihen. Mit Zitronenscheibe und Minze dekorieren.

ERFRISCHENDE LONGDRINKS

MORO SPEZIAL

0,1 l Blutorangen-Drink
0,1 l Sauerkirschsaft
1 Kugel Kirscheis

Blutorangen-Drink (Fertigprodukt) und Kirschsaft verquirlen und auf die Eiskugel in ein hohes Glas gießen. Mit Löffel und Trinkhalm servieren.

Moro Spezial

ERFRISCHENDE LONGDRINKS

EXOTICA

6 cl Ananassaft (ungesüßt)
1 cl Zuckersirup
Saft von einer Limone
Mineral- oder Heilwasser
Limonenscheibe
Für den Zuckerrand:
Zitronensaft und Zucker

Den Rand eines hohen Glases in Zitronensaft und dann in Zucker tauchen. Säfte und Sirup hineingeben, leicht verquirlen und mit Mineral- oder Heilwasser auffüllen. Limonenscheibe auf den Glasrand stecken.

Mowgli

Davis-Cup

Exotica

MOWGLI

1 Guayave (trop. Frucht) aus der Dose
1/8 l schwarzer Johannisbeersaft
Bitter Grapefruit

Guayave in vier Stücke schneiden und in ein hohes Glas geben. Zwei Eßlöffel des Guayaven-Sirups und den Johannisbeersaft hinzufügen und mit gut gekühltem Bitter Grapefruit auffüllen.

DAVIS-CUP

6 cl frischer Orangensaft
2 cl frischer Zitronensaft
1 cl Grenadine
1 cl Lime Juice
Bitter Lemon
Orangenscheibe
Ananasscheibe
Kirsche

Orangen- und Zitronensaft mit Grenadine und Lime Juice auf viel Eis in ein Longdrinkglas geben und mit Bitter Lemon auffüllen. Mit Kirsche, Orangen- und Ananasscheibe dekorieren.

ERFRISCHENDE LONGDRINKS

CHICOS TRAUM

1/2 Banane
Saft einer viertel Zitrone
2 cl Zuckersirup
Mineral- oder Heilwasser
Zitronenscheibe
Zitronenmelisse
Cocktailkirsche

Banane pürieren und zusammen mit Zitronensaft und Sirup im Shaker mixen. In ein Longdrinkglas geben und mit gut gekühltem Mineral- oder Heilwasser auffüllen. Mit Zitronenscheibe, Melisse und Cocktailkirsche dekorieren.

HAWAII BLUE

6 cl Ananassaft
6 cl Maracuja-Nektar
4 cl Grapefruitsaft
2 cl Curaçao blue ohne Alkohol
Limonenscheibe
Erdbeere

Säfte und alkoholfreien Curaçao im Shaker auf Eis mixen und in ein Longdrinkglas auf Eiswürfel abseihen. Mit Limonenscheibe und Erdbeere dekorieren.

Chicos Traum

ERFRISCHENDE LONGDRINKS

GREENY

2 cl Mandelsirup
4 cl Orangensaft
2 cl Zitronensaft
10 cl Ginger Ale
3 Spritzer Curaçao blue ohne Alkohol
Minzzweig

Mandelsirup, Orangen- und Zitronensaft im Shaker schütteln, in ein Longdrinkglas auf gestoßenes Eis abseihen und mit Ginger Ale auffüllen. Den Drink vorsichtig mit dem alkoholfreien Curaçao abspritzen und mit Minzzweig dekorieren.

Greeny

ERFRISCHENDE LONGDRINKS

APFELCOCKTAIL MIT WALDMEISTER
Für 4 Personen

2 Äpfel
1 Tasse Orangensaft
1/2 Tasse Waldmeistersirup
1 Päckchen Vanillezucker
Saft 1 Zitrone
1 Prise Zimtpulver
2-3 EL Honig
Zucker
Mineral- oder Heilwasser
Erdbeeren
Kirschen
Pfirsich

Vier Fruchtspieße vorbereiten. Äpfel schälen, entkernen und in Würfel schneiden. Mit Orangensaft, Waldmeistersirup, Vanillezucker, Zitronensaft, Zimtpulver und Honig in einem Elektromixer pürieren. Das Püree mit Zucker nach Geschmack süßen. Auf vier Gläser verteilen und mit Mineral- oder Heilwasser auffüllen. Fruchtspieß über jedes Glas legen und sofort servieren.

Apfelcocktail mit Waldmeister

JUANITA

6 cl Maracujasaft
6 cl Ananassaft
4 große Erdbeeren
1 cl Erdbeersirup
kohlensäurehaltiges Mineralwasser

Drei Erdbeeren pürieren und mit den Säften und dem Sirup im Mixer mit einem Eiswürfel gut durchmixen. In ein zu zwei Dritteln mit Eiswürfeln gefülltes Glas geben und mit Mineralwasser auffüllen. Eine Erdbeere auf den Glasrand stecken.

Juanita

TROPICAL COOLER

2 cl Maracujasirup
4 cl Maracujasaft
2 cl Zitronensaft
10 cl Tropical Bitter
Sternfruchtscheibe
Kirsche

Maracujasirup und -saft mit dem Zitronensaft im Shaker schütteln, in ein Longdrinkglas auf Eis geben und mit Tropical Bitter auffüllen. Mit Sternfruchtscheibe und Kirsche dekorieren.

Tropical Cooler

ERFRISCHENDE LONGDRINKS

Marisa

MARISA

1 cl Maracujasirup
1 cl Mango Fruchttrunk
4 cl Orangensaft
4 cl Kurmolke
kohlensäurehaltiges Mineralwasser
frische Früchte
frische Minze

Sirup, Säfte und Kurmolke im Shaker gut mixen und in ein bis zu etwa einem Drittel mit Eiswürfeln gefülltes Glas gießen. Mit Mineralwasser auffüllen und mit Früchten und Minze dekorieren.

FRESH-UP EXOTISCH

2 Scheiben frische Ananas
Saft 1 Orange
2 cl Grenadine
Mineral- oder Heilwasser
1 Kiwischeibe
2 Cocktailkirschen

Kiwischeibe halbieren und abwechselnd mit den Kirschen aufspießen. Die Ananasscheibe im Elektromixer pürieren. Mit Orangensaft und Grenadinesirup vermischen. In ein hohes Glas gießen und mit eisgekühltem Mineral- oder Heilwasser auffüllen. Mit dem Fruchtspieß servieren.

ERFRISCHENDE LONGDRINKS

RED SLIP

4 cl Erdbeersirup
4 cl Grapefruitsaft
10 cl Bitter Grapefruit
Erdbeere
Minzzweig

Sirup und Grapefruitsaft im Shaker schütteln, in ein Longdrinkglas auf Eis geben und mit Bitter Grapefruit auffüllen. Mit Erdbeere, Minzzweig und Trinkhalm servieren.

Red Slip

Carmen

CARMEN

8 cl Apfelsaft
4 cl weißer Traubensaft
1 cl Zuckersirup
3-4 frische Pfefferminzblätter
kohlensäurehaltiges Mineralwasser
Apfelscheibe

Die Minzblätter mit dem Zuckersirup in einem Longdrinkglas zerstoßen. Vier bis fünf Eiswürfel und den Traubensaft hinzugeben. Mit Mineralwasser auffüllen und einem Apfelstück dekorieren.

Fresh-up exotisch

257

ERFRISCHENDE LONGDRINKS

KIWI-DRINK
Für 4 Gläser

4 Kiwis
Saft 1 Zitrone
4 Kugeln Zitroneneis
1 EL Zucker
1 Messerspitze Ingwer
1 Messerspitze Zimt
3/4 l Mineral- oder Heilwasser
4 Kiwischeiben

Die geschälten Kiwis mit dem Zitronensaft und dem Eis im Mixer pürieren. Mit Ingwer und Zimt aromatisieren. Auf vier Gläser verteilen und mit dem Wasser auffüllen. Mit Kiwischeibe dekorieren und sofort servieren.

ANANAS-TRAUM
Für 4 Gläser

4 Scheiben Ananas
1 Tasse Ananassaft
4 EL Honig
einige Tropfen Vanillearoma
1 Flasche Mineral- oder Heilwasser

Ananasscheiben mit Ananassaft, Honig und Vanillearoma im Mixer pürieren. In vier Gläser geben und vorsichtig mit dem Wasser auffüllen. Einen Spieß mit Ananasstückchen in den Drink geben.

Kiwi-Drink · Grapefruit Spezial · Ananas-Traum

ERFRISCHENDE LONGDRINKS

GRAPEFRUIT SPEZIAL
Für 4 Gläser

2 Tassen Grapefruitsaft

2 Tassen weißer Traubensaft

3/4 l Mineral- oder Heilwasser

Grapefruitfilets

Den Grapefruitsaft mit dem Traubensaft vermischen. Auf vier Gläser verteilen und mit Mineral- oder Heilwasser auffüllen. Eiswürfel und Grapefruitfilets hineingeben und mit Cocktailspießen servieren.

Banana's Affair

Tropic Star

TROPIC STAR

6 cl Orangensaft mit Fruchtfleisch

6 cl Maracuja-Nektar

6 cl Ananassaft

Strunk einer kleinen Ananas

Cocktailkirsche

Säfte im Shaker gut vermischen und in ein Longdrinkglas auf Eiswürfel geben. Mit Ananas und Kirsche eiskalt servieren.

BANANA'S AFFAIR

8 cl Bananen-Nektar

4 cl Pfirsich-Nektar

4 cl Apfelsaft

Schlagsahne

Pfirsich- oder Apfelscheibe

Frucht-Nektar und Apfelsaft in einem Longdrinkglas gut verrühren und einen Tupfer Schlagsahne obenauf setzen. Pfirsich- oder Apfelscheibe auf den Glasrand stecken.

NOTHING

6 cl roter Johannisbeer-Nektar
4 cl Maracuja-Nektar
2 cl Orangensaft
1 EL geschlagenes Eiweiß
Mineralwasser

Säfte und Eiweiß im Shaker gut mixen, in ein Longdrinkglas abseihen und mit Mineralwasser auffüllen.

PUSSY CAT

5 cl Orangensaft
5 cl Ananassaft
2 cl Sahne
2 cl Curaçao blue ohne Alkohol

Säfte, Sahne und den alkoholfreien Curaçao im Shaker gut mixen und in ein Longdrinkglas abseihen.

JOGGER

3 cl Orangensaft
3 cl Bananen-Fruchtsaftgetränk
2 cl Mandelsirup
1 cl Zitronensaft
1 cl Sahne
frische Minze

Säfte, Sirup und Sahne im Shaker gut mixen und in ein Longdrinkglas abseihen. Mit frischer Minze dekorieren.

TROPICAL LOVE

5 cl Maracuja-Nektar
3 cl Sauerkirsch-Nektar
2 cl Ananassaft
Tonic Water
Ananasstück
Kirsche

Die Säfte im Longdrinkglas verrühren und mit gut gekühltem Tonic Water auffüllen. Mit Ananasstück und Kirsche dekorieren.

FRUIT BOY

4 cl Pfirsichsaft
4 cl Maracujasaft
Cola

Säfte in ein zur Hälfte mit Eiswürfeln gefülltes Longdrinkglas geben und mit Cola auffüllen. Umrühren und mit Strohhalm servieren.

Tropical Love · Nothing · Pussy Cat · Jogger

DAVIS-CUP SPECIAL
Für 2 Gläser

250 g Pfirsiche

1 Flasche Orangen-Milch-Getränk

1 EL Zitronensaft

Mineralwasser

Die Pfirsiche entkernen und das Fruchtfleisch im Mixer pürieren. Mit dem Orangen-Milch-Getränk verquirlen und mit Zitronensaft abschmecken. In zwei hohe Gläser füllen und mit Mineralwasser auffüllen.

MATCHBALL
Für 2 Gläser

100 g Mango (aus der Dose)

0,2 l Tropic-Frucht-Getränk

0,1 l Tonic Water

2 EL Zitronensaft

Das Mangofruchtfleisch im Mixer pürieren und mit dem Tropic-Frucht-Getränk gut verquirlen. In zwei hohe Gläser füllen, mit Tonic Water auffüllen und je einen Löffel Zitronensaft hineingeben.

TIEBREAKER
Für 2 Gläser

1 Banane

1 Flasche Tropic-Frucht-Getränk

1 EL Zitronensaft

Banane pürieren. Mit dem Tropic-Frucht-Getränk und dem Zitronensaft gut verquirlen.

Tiebreaker · Matchball · Davis-Cup Special

ERFRISCHENDE LONGDRINKS

Carom

Drink Olympic

SÜDWIND

5 cl Apfelsaft
5 cl Cola
1 Zitronenscheibe

Apfelsaft mit gestoßenem Eis in einem Becherglas verrühren und mit Cola auffüllen. Zitronenscheibe hineingeben oder auf den Glasrand stecken und mit Trinkhalm servieren.

CAROM

8 cl roter Traubensaft
2 cl Grapefruitsaft
4 cl Maracuja-Sirup
1 cl Zitronensaft
2 cl Kaffeesahne (10 %)
Ananasscheibe
Kirsche
Minzzweig

Säfte, Sirup und Kaffeesahne im Shaker mit Eiswürfeln kräftig mixen und in ein Kelchglas abseihen. Mit Ananasstück, Kirsche und Minze dekorieren.

DRINK OLYMPIC

6 cl roter Traubensaft
4 cl weißer Traubensaft
1 cl Zitronensaft
1 cl Zuckersirup
1 Eigelb
Sodawasser
Zitronenscheibe
Traubenrispe
Zitronenmelisse

Säfte, Sirup und Eigelb im Shaker auf Eis kräftig schütteln, in ein Longdrinkglas abseihen und mit Sodawasser auffüllen. Mit Zitronenscheibe, Traubenrispe und Zitronenmelisse dekorieren.

ERFRISCHENDE LONGDRINKS

Durstlöscher

Rosa Trauben-Cocktail

DURST-LÖSCHER

10 cl roter Traubensaft
10 cl weißer Traubensaft
2 cl gepresster Limettensaft
Limonenscheibe

Den Rand eines hohen Glases in den Limonensaft und dann in Zucker tauchen. Die Säfte hineingeben und bis zum Rand mit gestoßenem Eis auffüllen. Mit Limonenscheibe dekorieren.

ROSA TRAUBEN-COCKTAIL

8 cl roter Traubensaft
2 cl Grapefruitsaft
2 cl Limettensirup
Bitter Lemon
Limettenscheibe
blaue Weintraube

Die Säfte und den Sirup mit einigen Eiswürfeln im Shaker gut mixen, in ein Longdrinkglas abseihen und mit Bitter Lemon auffüllen. Mit Limettenscheibe und Weintraube servieren.

CARLOTTA

4 cl Apfelsaft
4 cl Selleriesaft
4 cl Karottensaft
1 Spritzer Zitronensaft
1 TL gehackte Petersilie

Alle Zutaten in einem vorgekühlten Longdrinkglas gut verrühren und kalt servieren.

ERFRISCHENDE LONGDRINKS

TARITA

50 g Honigmelone
2 Kugeln Mangoeis
1 Spritzer Zitrone
2 cl Kokosnusscreme
Mineral- oder Heilwasser
Minzzweig

Melone, Zitronensaft und Kokosnusscreme gut verrühren und über das Eis in ein hohes Glas gießen. Mit Wasser auffüllen, leicht verquirlen und mit Minzzweig dekorieren.

ORANGE FRESH

6 cl Orangensaft
2 cl Zitronensaft
2 cl Ananassaft
4 cl Ginger Ale
Sodawasser
Orangen- oder
Ananasscheibe

Die Säfte in einem Longdrinkglas mit Eiswürfeln gut verrühren. Mit Ginger Ale und Tonic Water auffüllen. Nochmals kurz umrühren. Mit Orangen- oder Ananasscheibe dekorieren.

Tarita

ERFRISCHENDE LONGDRINKS

Funny Winter

Champion

VERITAS

8 cl roter Traubensaft
2 cl Grapefruitsaft
Mineralwasser
Erdbeere
Physalis
(Kap-Stachelbeere)

Säfte in einem Longdrinkglas verrühren, Eiswürfel hineingeben und mit Mineralwasser auffüllen. Zwei halbe Erdbeeren und die Physalis (Kap-Stachelbeere) aufgespießt über das Glas legen.

FUNNY WINTER

4 cl Grapefruit-Nektar
8 cl Multivitaminsaft
0,8 cl Grenadine

Säfte und Grenadine in ein Longdrinkglas auf gestoßenes Eis geben und gut verrühren.

CHAMPION

4 cl Aprikosen-Nektar
4 cl Kirsch-Nektar
4 cl Multivitaminsaft
1 Spritzer Zitronensaft
Zitronenscheibe
Maraschinokirsche
Bananenscheibe
Orangenspirale

Aprikosen- und Kirsch-Nektar mit dem Multivitaminsaft in einem Longdrinkglas auf Eiswürfeln gut verrühren und mit Zitronensaft abspritzen. Mit aufgespießter Zitronenscheibe, Kirsche, Bananenscheibe und Orangenspirale dekorieren.

Veritas

265

ERFRISCHENDE LONGDRINKS

ROTES FRÜCHTCHEN
Für 4 Gläser

300 g Erdbeeren
1 EL Honig
0,3 l Blutorangen-Drink
4 Limettenscheiben

Erdbeeren waschen, putzen und mit dem Honig im Mixer sehr fein pürieren. Mit gut gekühltem Blutorangen-Drink (Fertigprodukt) auffüllen und nochmals kurz durchmixen. In vier Sektgläser verteilen und jeweils eine Limettenscheibe auf den Glasrand stecken.

Rotes Früchtchen

Banana Boat

Sunset

BANANA BOAT

4 cl Grapefruit-Nektar
2 cl Bananen-Nektar
1 Schuß Maracuja-Sirup
Ginger Ale
3 Bananenscheiben
2 Limonenachtel
Grapefruitschale

Nektar und Sirup mit Ginger Ale in einer Cocktailschale gut verrühren. Bananenscheiben abwechselnd mit Limonenachtel und Grapefruitschale auf einen Spieß stecken und auf das Glas legen. Mit Eiswürfeln servieren.

SUNSET

6 cl Pfirsich-Nektar
6 cl Ginger Ale
Pfirsichspalte

Nektar und Ginger Ale im Glas gut verrühren und mit Eiswürfeln servieren. Pfirsichspalte auf den Glasrand stecken.

ERFRISCHENDE LONGDRINKS

RED ROSE

8 cl roter Traubensaft
2 cl Erdbeersirup
1 cl Zitronensirup
Tonic Water
Zitronenscheibe
Erdbeere

Saft und Sirup im Shaker auf Eiswürfeln mixen, in ein Longdrinkglas abseihen und mit Bitter Lemon auffüllen. Mit Zitronenscheibe und Erdbeere dekorieren.

SURPRISE

5 cl roter Traubensaft
5 cl Orangensaft
2 cl Grapefruitsaft
2 cl Kokosnusssirup
Sternfruchtscheibe
Cocktailkirsche
Minzzweig

Die Säfte und den Sirup im Shaker mit einigen Eiswürfeln gut mixen und in ein Longdrinkglas geben. Mit Sternfruchtscheibe, Kirsche und Minzzweig dekorieren.

SPRINGTIME

5 cl weißer Traubensaft
5 cl roter Traubensaft
4 cl Grapefruitsaft
2 cl Kaffeesahne (10 %)
Grapefruitscheibe
Traube

Die Säfte und die Kaffeesahne im Shaker mit einigen Eiswürfeln gut mixen und in ein großes Ballonglas abseihen. Grapefruitscheibe und Traube auf den Glasrand stecken.

KUSSMUND-COCKTAIL

Für 4 Gläser

6 cl roter Traubensaft
1/8 l Johannisbeersaft
Saft von 2 Limonen
4 Traubenrispen

Je einen Esslöffel gestoßenes Eis in vier hohe Kelchgläser geben. Die im Shaker gemixten Säfte gleichmäßig auf die Gläser verteilen. Jeweils eine Traubenrispe über den Glasrand hängen.

Red Rose

Springtime

ERFRISCHENDE LONGDRINKS

FIESTA

2 cl Himbeersirup
8 cl Orangensaft
8 cl Maracujasaft
2 cl Sahne
Orangenscheibe

Sirup, Säfte und Sahne im Shaker kräftig schütteln und in ein Longdrinkglas über Eiswürfel abseihen. Mit Orangenscheibe und Trinkhalm servieren.

TRAUBEN FLIP

8 cl Milch
8 cl roter Traubensaft
1 Eigelb
2 cl Ahornsirup
1 Prise Muskatnuss
Traubenrispe
frische Minze

Milch, Traubensaft, Eigelb und Sirup mit einer Prise Muskatnuss im Shaker auf Eis gut schütteln. In ein vorgekühltes Kelchglas abseihen. Mit Traubenrispe und frischer Minze dekorieren.

ORANGEN FLIP

8 cl Maracujasaft
8 cl frisch gepresster Orangensaft
1 Eigelb
0,5 cl Grenadine
Kirsche mit Stiel

Säfte, Eigelb und Grenadine im Shaker mit mehreren Eiswürfeln schütteln und in ein vorgekühltes Glas seihen. Mit Kirsche am Stiel dekorieren.

GREEN COCONUT

8 cl Ananassaft
6 cl naturtrüber Apfelsaft
1 Eigelb
1 cl Kokosnusscreme
1 cl Curaçao blue (ohne Alkohol)
Maraschinokirsche mit Stiel

Säfte, Eigelb, Kokosnusscreme und alkoholfreien Curaçao im Shaker auf Eis gut schütteln. In ein zu einem Drittel mit gestoßenem Eis gefülltes Glas geben. Mit Maraschinokirsche und Trinkhalm servieren.

Trauben Flip

ERFRISCHENDE LONGDRINKS

Orangen Flip

Green Coconut

ERFRISCHENDE LONGDRINKS

Eicolada

EICOLADA

12 cl Ananassaft
1 Eigelb
2 cl Kokosnusscreme
frische Minze

Saft, Eigelb und Kokosnusscreme im Shaker mit sechs bis sieben Eiswürfeln gut schütteln und in ein zu einem Drittel mit gestoßenem Eis ge-fülltes Stielglas geben. Mit Minze und Strohhalm servieren.

EIERTRAUM

8 cl Ananassaft
4 cl Maracujasaft
1 Eigelb
2 cl Kokosnusscreme
1 cl Sahne
1 cl Mangosirup
frische Ananasscheibe

Säfte, Eigelb, Kokosnusscreme, Sahne und Sirup im Shaker mit sechs bis sieben Eiswürfeln gut schütteln. In ein zu einem Drittel mit gestoßenem Eis gefülltes Glas abseihen. Mit Ananasstück und Trinkhalm servieren.

Eiertraum

ERFRISCHENDE LONGDRINKS

EIER FIZZ

2 cl frisch gepresster Zitronensaft

12 cl Sanddorn-Orange-Nektar

1 Eigelb

1 Prise Ingwerpulver

2 TL Honig

Mineral- oder Heilwasser

Zitronenscheibe

Saft, Nektar, Eigelb, Ingwerpulver und Honig im Shaker mit zwei Eiswürfeln kurz durchmixen. In ein zu einem Drittel mit Eiswürfeln gefülltes Kelchglas geben. Mit einem Schuss Heilwasser auffüllen. Zitronenscheibe auf den Glasrand stecken und mit Trinkhalm servieren.

SUNDOWNER

8 cl Grapefruitsaft

4 cl Preiselbeersirup

2 cl Zitronensaft

Tonic Water

Die Säfte und den Sirup im Shaker auf Eis gut schütteln und in ein Longdrinkglas über Eiswürfel abseihen. Mit Tonic Water auffüllen.

Eier Fizz

ERFRISCHENDE LONGDRINKS

FLIP FLOP

12 cl Ananassaft
4 cl frisch gepresster Grapefruitsaft
1 Ei
1 cl Erdbeersirup
Erdbeere

Säfte, Ei und Sirup im Shaker mit sechs bis sieben Eiswürfeln schütteln und in ein zu einem Drittel mit Eiswürfeln gefülltes Glas abseihen. Eine halbe Erdbeere auf den Glasrand stecken und mit Trinkhalm servieren.

CHERRY COLADA

8 cl Sauerkirsch-Nektar
6 cl Orangensaft
1 cl Pulco
2 cl Kokosnusssirup
Ananasscheibe
2 Cocktailkirschen

Säfte und Sirup im Shaker gut schütteln und in ein Longdrinkglas auf Eiswürfel abseihen. Mit Ananasstück und Kirschen servieren.

Flip Flop

ERFRISCHENDE LONGDRINKS

EXOTIC PUNSCH

6 cl Ananas-Vollfruchtsaft
8 cl frisch gepresster Orangensaft
1 Ei
1 cl Guavensirup
Sternfruchtscheibe

Säfte, Ei und Sirup im Shaker mit sechs bis sieben Eiswürfeln gut schütteln. In ein Longdrinkglas auf Eiswürfel abseihen. Sternfruchtscheibe auf den Glasrand stecken und mit Trinkhalm servieren.

KIWI DREAM

2 cl frisch gepresster Zitronensaft
8 cl Ananassaft
1 Eigelb
2 cl Kokosnusscreme
3 TL frisches Kiwimus
Kiwischeibe

Säfte, Eigelb, Kokosnusscreme und Kiwimus im Shaker mit mehreren Eiswürfeln schütteln und in ein Becherglas auf Eiswürfel abseihen. Kiwischeibe auf den Glasrand stecken und mit Trinkhalm servieren.

Exotic Punsch

Kiwi Dream

273

ERFRISCHENDE LONGDRINKS

Göttertrunk

GÖTTER-TRUNK

8 cl Kirschsaft
2 cl Zuckersirup
4 cl frisch gepresster Orangensaft
1 Eigelb
Orangenscheibe

Säfte, Sirup und Eigelb im Shaker mit sechs bis sieben Eiswürfeln schütteln und in ein zu einem Drittel mit Eiswürfeln gefülltes Glas geben. Eine halbe Orangenscheibe auf den Glasrand stecken und mit Trinkhalm servieren.

EIS CUP

8 cl frisch gepresster Orangensaft
8 cl Maracujasaft
1 Eigelb
1 Kugel Vanilleeis
1 cl Erdbeersirup
Orangenscheibe
frische Minze

Säfte, Eigelb und Vanilleeis im Shaker mit zwei Eiswürfeln gut durchmixen. In ein zu einem Drittel mit Eiswürfeln gefülltes Glas geben und den Erdbeersirup darübergießen. Mit Orangenscheibe und Minze dekorieren.

EXOTIC DREAMS

8 cl Orangensaft mit Fruchtfleisch
6 cl Maracuja-Nektar
2 cl Kokosnusssirup
Sternfruchtscheibe
Cocktailkirschen

Säfte und Sirup im Shaker gut schütteln und in ein Longdrinkglas abseihen. Mit Sternfruchtscheibe und Cocktailkirschen servieren.

Eis Cup

274

ERFRISCHENDE LONGDRINKS

Eier-Punsch

EIER-PUNSCH

2 cl frisch gepresster Zitronensaft

8 cl frisch gepresster Orangensaft

12 cl Ananassaft

1 Ei

0,5 cl Grenadine

Zitronenscheibe

Maraschinokirsche mit Stiel

Säfte, Ei und Grenadine im Shaker mit mehreren Eiswürfeln gut schütteln und in ein Glas auf gestoßenes Eis abseihen. Mit Zitronenscheibe und Kirsche dekorieren.

ERFRISCHENDE LONGDRINKS

ANANASMINZE

1 Babyananas
frische Früchte
12 cl Ananassaft
6 cl Bitter Lemon
2 Spritzer Pfefferminzsirup

Eine gut gekühlte Babyananas waagerecht aufschneiden und das Fruchtfleisch klein schneiden. Das Fruchtfleisch mit frischen Früchten nach Geschmack mischen und wieder in die Ananas füllen. Ananassaft, Bitter Lemon und Pfefferminzsirup im Shaker aufschütteln und über die Früchte geben.

QUEEN CHARLOTTE

5 cl Mai Tai
5 cl Johannisbeersaft
Sodawasser

Mai Tai und Johannisbeersaft mit Crushed Ice im Mixer frappieren, in ein Cocktailglas geben und mit Sodawasser auffüllen.

SOMMERTRAUM

2 cl Zitronensaft
15 cl Apfelsaft
1 EL Honig

Die Zutaten in einem Shaker auf Eis kräftig mischen und anschließend in einen Tumbler seihen.

RED COCONUT

5 cl Kokosnuss-Creme
5 cl Ananassaft
2 cl Erdbeersirup
Minzblatt

Die Zutaten im Shaker mit Eiswürfeln gut schütteln und in ein Longdrinkglas auf Crushed Ice abseihen. Mit Minze garnieren.

MULTIFRUIT

8 cl Orangensaft
2 cl Maracujasaft
2 cl Mangosirup
2 cl Ananassaft
2 cl Zitronensaft

Alle Säfte in einem Shaker auf Eis kräftig mischen, anschließend über ein Barsieb in ein Sektglas füllen. Mit frischen Früchten servieren.

CHICAGO COOLER

3 cl Zitronensaft
6 cl Traubensaft
Ginger Ale
Limettenspalte

Zitronen- und Traubensaft in einem halb mit Eis gefüllten Tumbler verrühren, anschließend mit Ginger Ale auffüllen. Mit Limettenspalte garnieren.

AMERICAN GLORY

5 cl Grapefruitsaft
1 EL Zuckersirup
Zitronenlimonade

Zwei Eiswürfel in ein Cocktailglas geben, den Grapefruitsaft und den Sirup darüber gießen und mit Zitronenlimonade auffüllen.

CANADIAN DREAM

0,2 l Apfelsaft
1 TL Ahornsirup
2 Spritzer Zitronensaft

Gekühlten Apfelsaft mit Ahornsirup und Zitronensaft verrühren und in einem Limonadenglas servieren.

BAHAMAS

15 cl Apfelsaft
2 cl Zitronensaft
1 cl Grenadine
Limettenspalte

Die Zutaten im Longdrinkglas mit Eiswürfeln verrühren und den Saft einer Limettenspalte dazugeben.

ERFRISCHENDE LONGDRINKS

RED FRUITS

70 g Erdbeeren
50 g Blaubeeren
10 cl Blutorangensaft
1 TL Honig

Das Obst mit dem Honig im Mixer pürieren, den Saft hinzugeben, umrühren und kalt stellen.

FRUITCUP

6 cl Ananassaft
10 cl Orangensaft
2 cl Maracujasaft
2 cl Zitronensaft

Alle Säfte im Shaker auf Eis kräftig schütteln und in ein Longdrinkglas abseihen.

PEACH TREE

10 cl Pfirsichsaft
6 cl Orangensaft
2 Spritzer Zitronensaft
Pfirsichstücke

Die Zutaten im Shaker mit Eiswürfeln gut schütteln und in ein Longdrinkglas auf Eis abseihen.

BLUEBERRY PLANT

4 TL Blaubeeren
0,1 l Orangensaft
3 cl Zitronensaft
2 cl Erdbeersirup

Die Zutaten im Mixer mit einigen Eiswürfeln gut durchmixen. Die Mischung in ein Glas geben und mit einigen Blaubeeren garnieren.

PEPPER TONIC

1 cl Pfefferminzsirup
Tonic Water
Limettensaft
Limettenspalte

Pfefferminzsirup in einen Tumbler auf Eis geben und mit Tonic auffüllen. Mit Limettensaft abspritzen und mit Limettenspalte servieren.

MENTHAPOLL

Bunter Zucker
4 cl Pfefferminzsirup
15 cl Tonic Water
Zuckerstange

Cocktailglas mit buntem Zuckerrand garnieren, Pfefferminzsirup hineingeben und mit gekühltem Tonic Water auffüllen. Mit einer Zuckerstange garnieren.

SPORT FLIP

1 Eigelb
2 cl Sahne
1 cl Grenadinesirup
4 Erdbeeren

Alle Zutaten im Elektomixer mit 3 TL Crushed Ice aufschlagen und im Longdrinkglas servieren.

GRANITO DI LAMPONE

1 cl Zitronensaft
5 cl Himbeersirup
Sodawasser

Saft und Sirup mit Crushed Ice im Mixer frappieren, mit Soda auffüllen und nochmals vorsichtig umrühren. Im Longdrinkglas servieren.

BABY PIÑA COLADA

4 cl Kokossirup
16 cl Ananassaft
2 cl Sahne
Ananasstück
Cocktailkirsche

Die Zutaten im Elektromixer mit Eis gut durchmixen. Ein Longdrinkglas zur Hälfte mit Eiswürfeln füllen und die Mischung darüber geben. Mit einem Ananasstück und einer Kirsche garnieren.

MELONY

6 cl Melonensaft
4 cl Bitter Lemon
1 Spritzer Zitronensaft
Melonestück

Melonensaft und Bitter Lemon mit Zitronensaft im Barglas auf Eis verrühren und im Cocktailglas servieren. Mit Melonestück garnieren.

BOWLEN UND

Rosenbowle

ROSEN-BOWLE
Für 4 Personen

1 Tasse Honig
2 Päckchen Vanillezucker
Saft von 2 Orangen
1 Tasse Zitronensaft
1 Flasche Apfelsaft
1 Handvoll Rosenblätter
3/4 l Mineral- oder Heilwasser
Zucker

Honig mit Vanillezucker, Orangen- und Zitronensaft in ein Bowlegefäß geben und so lange rühren, bis sich der Honig aufgelöst hat. Mit dem Apfelsaft auffüllen und im Kühlschrank ca. 30-40 Minuten ziehen lassen. Die gewaschenen Rosenblätter gut abtropfen lassen und in die Bowle rühren. Weitere zwei Stunden in den Kühlschrank stellen. Kurz vor dem Servieren das Mineral- oder Heilwasser hinzugießen und je nach Geschmack mit Zucker süßen. Mit Rosenzweigen dekorieren.

Tipp: Je nach Anlass und Geschmack können Sie den Zitronensaft durch 8 bis 10 cl Orangenlikör und den Apfelsaft durch Weißwein ersetzen.

PFIRSICH-BOWLE
Für 4 Personen

1 Pfund Pfirsiche oder 1 große Dose
3/4 l Wasser
200 g Zucker
1/2 l Maracujasaft
1/8 l Zitronensaft
1/8 l Orangensaft
3/4 l Mineral- oder Heilwasser

Zucker und Wasser fünf Minuten aufkochen. Bei frischen Pfirsichen die Haut abziehen. Die Früchte in Stücke schneiden und in der Zuckerlösung ca. drei Stunden ziehen lassen. Eiskalten Maracuja-, Zitronen- und Orangensaft dazugeben. Kurz vor dem Servieren mit Heilwasser auffüllen.

Pfirsich-Bowle

KALTER PUNSCH

Ananas-Kiwi-Bowle

ANANAS-KIWI-BOWLE
Für 6 Personen

1 Ananas
6 Kiwis
Saft von 4 Zitronen
6 cl Mangosirup
1/4 l Ananassaft
1/4 l Maracuja-Nektar
2 Flaschen weißer Traubensaft
2 Flaschen kohlensäurehaltiges Mineralwasser

Die Ananas schälen und in Würfel schneiden. Die Kiwis schälen, vierteln und in Scheiben schneiden. Zitronensaft, Mangosirup, Ananassaft und Maracuja-Nektar gut verrühren und über die Früchte geben. Zugedeckt kühl mehrere Stunden durchziehen lassen. Die Früchtemischung mit Saft in ein Bowlegefäß geben, den eiskalten Traubensaft dazugießen und umrühren. Mit dem ebenfalls eiskalten Mineralwasser auffüllen.

BOWLEN UND KALTER PUNSCH

Summer Garden's Cup

Aprikosen-Bowle

SUMMER GARDEN'S CUP
Für 4-6 Personen

4 Zitronen
4 Saftorangen
300 g Erdbeeren
5 Aprikosen
5 Pfirsiche
8 cl Zuckersirup
1 l Ginger Ale
2 Flaschen kohlensäurehaltiges Mineralwasser

Zitronen und Orangen auspressen. Die Erdbeeren in Scheiben schneiden. Pfirsiche und Aprikosen entsteinen und in Spalten teilen. Das Obst in einer abdeckbaren Glas- oder Keramikschüssel mit dem Saft der Zitronen, Orangen und dem Zuckersirup ansetzen. Unter gelegentlichem Umrühren ca. zwei Stunden im Kühlschrank ziehen lassen. Vor dem Servieren mit dem gut gekühlten Ginger Ale und eiskaltem Mineralwasser aufgießen.

APRIKOSEN-BOWLE
Für 4-6 Personen

500 g Aprikosen oder 1 große Dose
1/4 l weißer Traubensaft
1/4 l roter Traubensaft
3 Zweige Zitronenmelisse
2 cl Zuckersirup
1 1/2 l Mineral- oder Heilwasser

Aprikosen putzen und in Stücke schneiden bzw. abtropfen. Traubensaft, Melisseblättchen und Zuckersirup zugeben und ca. eine Stunde ziehen lassen. Mit Heilwasser auffüllen.

Tipp: Für die Variante mit Alkohol tauschen Sie die Traubensäfte gegen Roséwein aus und geben noch 4 cl Curaçao hinzu.

Fruchtige Teebowle

FRUCHTIGE TEEBOWLE
Für 6-8 Personen

2 Flaschen klarer Birnensaft

frisch geriebener Ingwer oder Zitronenmelisse

5 TL Assam-Tee

1/4 l Wasser

3-4 EL Rohrzucker

2 EL Zitronen- oder Limonensirup

Saft von 2 Zitronen

2-3 Flaschen kohlensäurehaltiges Mineralwasser

250 g frische oder tiefgekühlte Brombeeren

Eine Flasche eiskalten Birnensaft mit Ingwer oder klein geschnittener Zitronenmelisse mischen. In Eiskugelbeutel abfüllen und in den Gefrierschrank stellen. Den Tee mit siedend heißem Wasser aufgießen und ca. fünf Minuten ziehen lassen. Inzwischen Rohrzucker, Zitronen- oder Limonensirup und Zitronensaft verrühren. Eine Handvoll der Birnensaft-Eiskugeln in ein Sieb geben. Den Tee darüber in die Zuckermischung gießen und gut verrühren. Die Flüssigkeit in ein Bowlegefäß abseihen. Mit der zweiten Flasche Birnensaft und dem Mineralwasser - beides eiskalt - aufgießen. Die restlichen Birnen-Eiskugeln und die Brombeeren in die Bowle geben. Das Bowlegefäß auf zerstoßenes Eis stellen.

Tipp: Sie können die Bowle auch ebenso gut mit Himbeeren oder Birnen aus der Dose zubereiten.

TROPIC-BOWLE
Für 4 Personen

1 Dose Ananasstücke (Abtropfgewicht 340 g)
1 Dose Mandarinenfilets (Abtropfgewicht 175 g)
1 Sternfrucht
1 Dose Litschies (150 g)
2 Flaschen Tropic Frucht-Getränk
1 l Mineralwasser

Ananasstücke und Mandarinenfilets mit Saft in ein Bowlegefäß geben. Litschies abgetropft untermischen. Die Sternfrucht in Scheiben schneiden und hinzufügen. Mit dem gut gekühlten Mineralwasser und Frucht-Getränk auffüllen und zugedeckt im Kühlschrank ziehen lassen.

Tropic-Bowle

BOWLEN UND KALTER PUNSCH

WALDMEISTER-BOWLE
Für 6-8 Personen

1 Bund frischer Waldmeister
1 unbehandelte Orange
3 Flaschen weißer Traubensaft
Zucker
1/2 l Mineralwasser

Den Waldmeister (er darf noch nicht blühen) waschen und zusammenbinden. In ein Bowlegefäß hängen, Orangenscheiben mit Schale hineingeben und den Traubensaft aufgießen. Im Kühlschrank etwa eine halbe Stunde ziehen lassen. Das Waldmeisterbüschel herausnehmen, die Bowle mit Zucker abschmecken und umrühren. Kurz vor dem Servieren mit kaltem Mineralwasser auffüllen.

BANANEN-BOWLE
Für 6 Personen

6 Bananen
1 l Bananensaft
1/4 l Zitronensaft
1/4 l Orangensaft
1/4 l Ananassaft
1 Flasche Mineralwasser

Bananen schälen und in Scheiben schneiden. In ein Bowlegefäß geben und die Säfte hinzufügen. Verrühren und kalt stellen. Kurz vor dem Servieren mit Mineralwasser auffüllen.

Tipp: Diese Bowle werden vor allem Kinder mit Begeisterung trinken. Bereiten Sie für jeden zusätzlich einen Bananenspieß vor. Dann ist die Freude noch größer. Wenn Sie möchten, können Sie in die Bowle auch noch ein paar Kiwischeiben hineingeben.

TRAUBEN-BOWLE
Für 6 Personen

200 g grüne Weintrauben
200 g dunkle Weintrauben
1 l weißer Traubensaft
1 l roter Traubensaft
2 Tassen Zitronensaft
1 Flasche Mineral- oder Heilwasser

Die Trauben waschen, halbieren und entkernen. Die Früchte in ein Bowlegefäß geben und die Säfte hinzufügen. Ein bis zwei Stunden ziehen lassen und kurz vor dem Servieren mit kaltem Wasser auffüllen.

BOWLEN UND KALTER PUNSCH

Teebowle Assam

Apfel-Ingwer-Bowle

TEEBOWLE ASSAM
Für 6 Personen

Blütenblätter
von 2 Teerosen

2 EL brauner Zucker

2 cl Limettensirup

Saft von 4 großen
Zitronen

1/2 l Assam-Tee

2 Flaschen klarer
Birnensaft

2 Flaschen kohlensäure-
haltiges Mineralwasser

Himbeeren
(frisch oder tiefgekühlt)

Die Blütenblätter mit dem braunen Zucker zerdrücken. Mit Limettensirup und Zitronensaft vermischen. Sehr starken Tee (doppelte Menge Teeblätter) aufgießen. Nach vier Minuten abseihen und sofort über Eiswürfel in ein großes Gefäß gießen. Den abgekühlten Tee zu den Blütenblättern geben, verrühren, kalt stellen und etwas zwölf Stunden ziehen lassen. In ein Bowlegefäß abseihen, mit dem eiskalten Birnensaft auffüllen und umrühren. Das eiskalte Mineralwasser hinzufügen. Himbeeren in die Bowle geben und eventuell eine ganze Teerose als Dekoration auf der Bowle schwimmen lassen.

APFEL-INGWER-BOWLE
Für 4-6 Personen

3 süßsäuerliche Äpfel

1/4 l Apfelsaft

1 TL Ingwer (gehackt)

1/2 l Ginger Ale

2 Flaschen Heilwasser

Äpfel waschen, entkernen und in Würfel schneiden. Mit Apfelsaft, Ginger Ale und Ingwer ca. eine Stunde ziehen lassen. Mit Heilwasser auffüllen.

284

RHABARBER-BOWLE
Für 4 Personen

500 g frischer Rhabarber
1/2 l Orangensaft
75 g Zucker
1 1/2 l Mineral- oder Heilwasser
2 Tassen Kirschsirup

Den Rhabarber schälen und in kleine Stücke schneiden. Den Orangensaft mit Zucker in einem Topf erhitzen, aufkochen lassen und den Rhabarber darin blanchieren. Erkalten lassen und in ein Bowlegefäß geben. Mit kaltem Heilwasser auffüllen. Mit einigen Eiswürfeln verrühren und mit Kirschsirup süßen.

BEEREN-BOWLE
Für 4-6 Personen

1 kg gemischte Beeren (tiefgekühlt)
2 gehäufte EL Zucker
Saft von 2 Orangen
6 cl Johannisbeersirup
1 1/2 l Mineral- oder Heilwasser

Die Beeren auftauen, Zucker, Orangensaft und Sirup hinzugeben. Fünf bis sechs Stunden ziehen lassen und kurz vor dem Servieren mit kaltem Heilwasser auffüllen.

Rhabarber-Bowle

Beerenbowle

BOWLEN UND KALTER PUNSCH

DSCHUNGELDRINK
Für 4 Personen

1 Kokosnuss
10 cl Bananensaft
10 cl Ananassaft
4 cl Kokosnusscreme
1 Banane

Die Kokosnuss öffnen, das Kokoswasser mit den Säften kühl stellen. Anschließend das Kokosfleisch mit der Banane und der Kokosnusscreme im Mixer aufschlagen, die Säfte hinzugeben und in Longdrinkgläsern servieren.

HONIG-EGG-NOGG
Für 4 Personen

4 Eier
12 cl Sahne
8 EL Honig
1 l Milch
1 TL Lebkuchengewürz

Die Zutaten mit 4 TL Crushed Ice im Blender mit niedriger Geschwindigkeit schaumig schlagen. In ein Bowlegefäß füllen, mit Lebkuchengewürz garnieren.

HIMBEER-KALTSCHALE
Für 4 Personen

0,5 l Bitter Lemon
0,5 l Mineralwasser
200 g Himbeermark
1 cl Zitronensaft
1 Zitrone

Die Zutaten, ohne Mineralwasser, in einer Karaffe verrühren und kalt stellen. Die Zitrone in Scheiben schneiden. Vor dem Servieren das Mineralwasser und die Zitronenscheiben dazugeben.

FRÜCHTE-BOWLE
Für 4 Personen

400 g frische Früchte
0,75 l Orangensaft
0,75 l Maracujasaft
0,75 l Apfelsaft
0,5 l Grapefruitsaft
12 cl Zitronensaft

Die Früchte waschen, putzen und klein schneiden. Die gekühlten Säfte in einer Karaffe mischen. Früchte separat servieren.

FIESTA
Für 4 Personen

4 cl Maracujasirup
100 g Erdbeeren
1 Flasche alkoholfreier Sekt

Die Erdbeeren mit dem Maracujasirup in einem Barglas vermischen, jeweils 1 TL der Mischung in ein Champagnerglas geben und mit dem eiskalten, alkoholfreien Sekt auffüllen.

KINDER-SANGRÍA
Für 4 Personen

1 Zitrone
1 Orange
1 Pfirsich
2 EL Zucker
1 l roter Traubensaft
0,5 l Pfirsichsaft
0,5 l Bitter Orange

Zitrone und Orange in Scheiben schneiden, Pfirsich in kleine Stücke schneiden. Den Zucker und die Säfte darüber geben und kalt stellen.

ZITRONEN-BOWLE
Für 4 Personen

4 Zitronen
0,5 l Ananassaft
20 cl Orangensaft
10 cl Zitronensaft
10 cl Zuckersirup
0,5 l Bitter Lemon
40 cl Sodawasser

Die Zitronen schälen, filetieren und mit den übrigen Zutaten in einem Bowlegefäß ansetzen. Vor dem Servieren Crushed Ice hinzugeben und mit Zuckerrand servieren.

FRUIT CUP
Für 4 Personen

500 g frische Saisonfrüchte
5 cl Lime Juice
Bitter Orange

Die geputzten und klein geschnittenen Früchte mit dem Lime Juice in einem Barglas marinieren. Mit der Mischung 4 Longdrinkgläser großzügig füllen, Bitter Orange darüber gießen und die Früchte mit einem Löffel zerdrücken.

BOWLEN UND KALTER PUNSCH

KARAMBOLE-ANANAS-BOWLE

Für 4 Personen

1 Babyananas
4 Sternfrüchte
1 Flasche alkoholfreier Wein
4 cl Grenadine
1 Flasche alkoholfreier Sekt

Die Ananas und die Sternfrüchte putzen und in Stücke schneiden, Wein und Grenadine hinzufügen und eine Stunde kalt stellen. Danach den gekühlten Sekt darüber geben und servieren.

BERRYBOWL

Für 4 Personen

8 cl Zitronensaft
12 cl Apfelsaft
2 TL Grenadine
8 TL Zucker
0,7 l Sodawasser
500 g Erdbeeren

Die Erdbeeren klein schneiden. Säfte, Zucker und Grenadine darüber geben und 1 Stunde ziehen lassen. Vor dem Servieren das kalte Sodawasser dazugeben.

TRAUBEN-MELONEN-BOWLE

Für 4 Personen

1 Honigmelone
200 g rote Trauben
4 cl Zitronensaft
8 cl Zimtsirup
1 Flasche alkoholfreier Wein
1 Flasche alkoholfreier Sekt

Die Honigmelone in kleine Stücke schneiden und mit Trauben, Zitronensaft, Zimtsirup und Wein ansetzen. Vor dem Servieren den gekühlten Sekt hinzugeben.

ORANGEN-BOWLE ELISABETH

Für 4 Personen

4 Orangen
4 TL Zucker
0,7 l Orangensaft
12 cl Zitronensaft
0,5 l Traubensaft
0,7 l Sodawasser

Die Orangen in Scheiben schneiden. Mit dem Zucker und den Säften ansetzen und 1 Stunde kühl stellen. Vor dem Servieren mit kaltem Sodawasser auffüllen.

HONIGMELONEN-BOWLE

Für 4 Personen

8 cl Johannisbeersaft
10 cl roter Grapefruitsaft
1 Banane
1 Honigmelone
0,7 l Zitronenlimonade

Die Zutaten, ohne Zitronenlimonade, im Blender mit 4 TL Crushed Ice bei niedriger Drehzahl mixen. Mit kalter Zitronenlimonade auffüllen.

EARL-GREY-PUNSCH

Für 4 Personen

0,5 l Earl-Grey-Tee
0,5 l Ginger Ale
2 cl Lime Juice
Zucker

Die Zutaten in einer Karaffe auf Eis langsam verrühren. Nach Geschmack zuckern.

KREOLEN-PUNSCH

Für 4 Personen

100 g frische Früchte
0,2 l Traubensaft
0,2 l Orangensaft
0,2 l Ananassaft
1 cl Zitronensaft
2 cl Kokoscreme
0,5 l Ginger Ale

Die Früchte putzen und klein schneiden. In einem Bowlengefäß mit den Säften ansetzen und 1 Stunde kühl stellen. Vor dem Servieren das Ginger Ale dazugeben.

MALVEN-PUNSCH MIT ORANGEN

Für 4 Personen

0,7 l Malventee
6 EL Traubenzucker
0,3 l Orangensaft
1 cl Zitronensaft
1 Orange

Tee, Traubenzucker, Orangen- und Zitronensaft in einer Karaffe mit viel Eis verrühren. Die Orange in Scheiben schneiden und dazugeben.

287

KÜHLE DRINKS MIT K.

Sommer-Brise

Bananen-Mokka-Flip

SOMMER-BRISE

1 TL löslicher Kaffee
Saft von einer Orange
1 Eigelb
2 TL Zucker
1 Kugel Vanilleeis

Das Vanilleeis in ein Cocktailglas geben. Die übrigen Zutaten im Shaker gut schütteln oder in einem Gefäß mit dem Schneebesen schlagen und über das Eis geben. Vor dem Servieren kurz im Kühlschrank kühlen.

EISKAFFEE ALASKA

Für 4 Gläser

4 TL löslicher Kaffee
1/2 l Vollmilch
4 EL Zucker
1 Packung Vanilleeis

Den löslichen Kaffee mit einem halben Liter kaltem Wasser aufgießen. Milch dazugeben und mit dem Handmixer unterrühren. Das Eis dazugeben und ca. 15 Minuten in den Kühlschrank stellen.

BANANEN-MOKKA-FLIP

1 Banane
20 cl naturtrüber Apfelsaft
1 EL löslicher Kaffee
2 EL gemahlene Mandeln
2 EL Ahornsirup

Banane schälen, in Scheiben schneiden und in einen hohen Rührbecher geben. Apfelsaft dazugießen und alles mit dem Mixstab pürieren. Kaffeepulver in ein bis zwei Eßlöffeln heißem Wasser auflösen. Mit Mandeln, Ahornsirup und dem Bananen-Apfelsaft gut verrühren. Im großen Ballonglas servieren.

EISKAFFEE COPACABANA

Für 2 Gläser

1/4 l Milch
1/4 l Sahne
1 Beutel löslicher Eiskaffee frappé
1 Schuss Rum
2 Kumquats

Den löslichen Kaffee mit kalter Milch, Sahne und Rum verrühren. Auf zwei Gläser verteilen und mit Kumquatscheiben dekorieren.

FEE, TEE UND MILCH

PIÑA COLADA SHAKE
Für 2 Gläser

1/2 l Milch

1 Beutel löslicher Eiskaffee „Piña Colada"

4 Kugeln Ananaseis

Limettenscheiben

Den löslichen Eiskaffee mit Milch verrühren und über jeweils zwei Eiskugeln in zwei Gläser füllen. Mit Limettenscheiben dekorieren.

EISKAFFEE FRAPPÉ
Für 2 Gläser

1 Beutel löslicher Eiskaffee frappé

1/2 l Milch

4 Kugeln Schokoladeneis

Den löslichen Eiskaffee mit der Milch aufgießen und über je zwei Eiskugeln in zwei Gläser füllen.

KARIBIK-TRAUM

Ananas

1/2 l Milch

1 Beutel löslicher Eiskaffee „Piña Colada"

1 Prise löslicher Kaffee

Von der Ananas einen Deckel abschneiden, die Frucht aushöhlen, einen Teil des Fruchtfleischs klein schneiden und wieder hineingeben. Den löslichen Eiskaffee mit kalter Milch aufgießen, verrühren und in die Ananas füllen. Mit etwas Kaffeepulver bestreuen und gut gekühlt mit zwei Trinkhalmen servieren.

Karibik-Traum ·
Piña Colada Shake ·
Eiskaffee Frappé

KÜHLE DRINKS MIT KAFFEE, TEE UND MILCH

Südsee-Eiskaffee

EISCREME-SODA-KAFFEE
Für 2 Gläser

| 1/8 l Wasser |
| 2 EL gemahlener Kaffee |
| 1/8 l Milch |
| 30 g Zucker |
| 2 Kugeln Vanilleeis |
| 2 Kugeln Schokoladeneis |
| 1/4 l Mineralwasser |

Den Kaffee mit kochendem Wasser filtern, mit Milch und Zucker mischen und kaltstellen. Das Eis auf zwei Gläser verteilen, die Kaffee-Milch-Mischung zugießen und mit Mineralwasser auffüllen. Mit Trinkhalm servieren.

NORDLAND-TEE
Für 4 Gläser

| 1/2 l schwarzer Tee |
| 1/2 l Apfelsaft |
| 2 TL Bienenhonig |
| Saft von 2 Orangen |
| Saft 1 Zitrone |
| 4 Zitronenscheiben |

Tee aufgießen, ziehen lassen und kalt stellen. Kalten Tee mit Apfel-, Orangen- und Zitronensaft mischen und mit Honig süßen. Auf Eiswürfeln mit einer Zitronenscheibe servieren.

SÜDSEE-EISKAFFEE

| 1 Tasse starker Kaffee |
| 1/2 Glas Ananassaft |
| einige Ananasstückchen |
| Zucker |
| 1 Kugel Vanilleeis |

Eine Tasse starken (gemahlenen oder löslichen) Kaffee aufgießen, erkalten lassen und mit dem Ananassaft mischen. Über die Eiskugel in ein Stielglas gießen und die Ananasstückchen hinzugeben. Nach Geschmack mit Zucker süßen und mit Trinkhalm servieren.

EUROPA EISKAFFEE

| 1-2 Kugeln Vanilleeis |
| 1 Tasse starker Kaffee |
| Schlagsahne |
| 1 Eiswaffel |

Vanilleeis in ein Stielglas geben. Mit starkem, eiskaltem Kaffee auffüllen und flüssige Sahne hinzugießen. Die übrige Sahne schlagen und obenauf geben. Mit Eiswaffel, Trinkhalm und langem Löffel servieren.

Eiscreme-Soda-Kaffee

290

KÜHLE DRINKS MIT KAFFEE, TEE UND MILCH

Ananas-Kaffee

ANANAS-KAFFEE
Für 2 Gläser

1 Tasse starker Kaffee

1 TL Zucker

1 Tasse Ananassaft aus der Dose

2 EL fein geschnittene Ananas

Eine Tasse starken Kaffee aufgießen und erkalten lassen. Mit Saft und Zucker verrühren. Eiswürfel und Ananasstücke in zwei Bechergläser geben und mit der Kaffee-Saft-Mischung auffüllen.

COFFEE ON THE ROCKS

1 Tasse starker Kaffee (Mokka)

1 Tasse Milch

1 TL löslicher Kakao

1 Kugel Schokoladeneis

1 EL Schlagsahne

Kaffee aufgießen und erkalten lassen. Milch, Sahne, Schokoladeneis und Kakao hinzugeben und mit einem Schneebesen schaumig rühren. Zwei bis drei Eiswürfel in ein hohes Glas geben und mit der gut gekühlten Kaffee-Mischung auffüllen.

KAFFEE ALASKA

1-2 TL löslicher Kaffee

3 gehäufte TL löslicher Kakao

Den Kaffee aufgießen, den löslichen Kakao hinzugeben und zusammen über Eiswürfel in ein hohes Glas gießen. Mit Trinkhalm servieren.

Kaffee Alaska

CAFÉ SORBET
Für 4 Gläser

1/4 l Kaffee

2 TL Kakao

1/8 l süße Sahne

Zucker

1/4 l Milch

1/4 l Schokoladeneis

Den kalten Kaffee mit Sahne und Milch verquirlen. Zucker, Kakao und das Schokoladeneis dazugeben und nochmals verquirlen. Jeweils zwei Eiswürfel in jedes Glas geben und die Kaffeemischung darüber gießen.

Coffee Cool

COFFEE COOL
Für 2 Tassen

1/4 l starker Kaffee

Kondensmilch

Zucker

2 Kugeln Vanilleeis

Mineralwasser

Den erkalteten Kaffee mit Milch und Zucker verrühren. Je eine Kugel Eis in eine Tasse geben, den Kaffee darüber gießen und mit Mineralwasser auffüllen.

EISKAFFEE SOMMERWIND
Für 2 Gläser

1/4 l Milch

1/4 l Orangen- oder Grapefruitsaft

1 Beutel löslicher Eiskaffee frappé

2 Kugeln Vanilleeis

Orangenspirale

Eiskaffee Sommerwind

Den löslichen Eiskaffee mit Milch und Orangen- bzw. Grapefruitsaft verrühren und über jeweils eine Kugel Eis auf zwei Gläser verteilen. Mit Orangenspirale dekorieren.

WIENER EISKAFFEE
Für 4 Gläser

60 g gemahlenen Kaffee
1/2 l Wasser
4 Eidotter
200 g Zucker
1/4 l Milch
Schlagsahne

Den Kaffee mit einem halben Liter Wasser in einem Topf aufbrühen und ca. zehn Minuten (an der Grenze zum Kochen) ziehen lassen. Milch erhitzen. Den Kaffee durch ein feines Leinentuch sieben. Mit den Eidottern und dem Zucker glatt rühren und unter Rühren die kochende Milch hinzugeben. Auf kleiner Flamme bis kurz vor dem Kochen weiterschlagen. Die abgekühlte Masse im Tiefkühlfach anfrieren, bis sie cremig ist. In die Gläser füllen, mit einer Haube aus ungesüßter Schlagsahne garnieren und mit langen Löffeln servieren.

CAFÉ BANANAS
Für 4 Gläser

2 Bananen
4-5 Messlöffel à 6 g Kaffee
0,5 l Wasser
0,25 l Milch
30 g Zucker
Für den Zuckerrand:
Zitronensaft und Zucker

Den Kaffee filtern und sofort kalt werden lassen. Den Rand von vier Kelchgläsern in Zitronensaft und dann in Zucker tauchen. Den kalten Kaffee zusammen mit den klein geschnittenen Bananen, der Milch und dem Zucker in einen Mixer geben. Nochmals kräftig verrühren und auf die vier Gläser verteilen.

Café Bananas

KÜHLE DRINKS MIT KAFFEE, TEE UND MILCH

Eisiger Tee-Cocktail

PFEFFERMINZ-LIMONADE
Für 4 Gläser

1/4 l Wasser
4 EL Honig
2 Beutel Pfefferminztee
Saft von 2 Limonen
3 cl Pfefferminzsirup
3/4 l Mineral- oder Heilwasser
4 Limonenscheiben

Das Wasser mit dem Honig zum Kochen bringen und über die beiden Beutel Pfefferminztee gießen. Fünf Minuten ziehen und dann abkühlen lassen. Anschließend kalt stellen. Mit frisch gepresstem Limonensaft und Pfefferminzsirup vermischen. Kurz vor dem Servieren mit Mineral- oder Heilwasser auffüllen und mit Limonenscheiben verzieren.

Pfefferminz-Limonade

CAFÉ MADEMOISELLE
Für 4 Gläser

4 TL löslicher Kaffee
8 TL Orangensirup
1/2 l Mokkaeis
1 Flasche roter Traubensaft

Das Mokkaeis in Würfel schneiden und auf die Gläser verteilen. Jeweils zwei Löffel Orangensirup und einen Teelöffel Kaffee dazugeben. Mit Traubensaft auffüllen und mit Trinkhalm servieren.

EISIGER TEE-COCKTAIL
Für 4 Gläser

6 TL English Tea
1/2 l Wasser
Saft 1 Grapefruit
Saft 1 Orange

Den Tee mit kochendem Wasser aufgießen, vier Minuten ziehen lassen und durch ein Sieb gießen. Grapefruit- und Orangensaft dazugeben. Eiswürfel in die Gläser geben und den heißen Tee darüber gießen.

KÜHLE DRINKS MIT KAFFEE, TEE UND MILCH

Hawaii-Drink

JÄGER-TRUNK
Für 4 Gläser

3/4 l Wasser
3 Beutel Pfefferminztee
1/8 l Waldmeistersirup
Orangenspirale

Teebeutel mit siedend heißem Wasser aufgießen und ca. fünf Minuten ziehen lassen. Beutel herausnehmen und den Tee kalt stellen. Kalten Tee mit Waldmeistersirup verrühren, auf vier Gläser verteilen und mit Orangenspirale dekorieren.

Jägertrunk

KAFFEE ELISABETH
Für 4 Gläser

1/2 l Wasser
4 EL Kaffee
8 gestrichene EL Puderzucker
1/2 l Sahne
Kakaopulver

Den Kaffee zubereiten, je drei große Eiswürfel in vier Gläser geben und den heißen Kaffee rasch darüber gießen. Mit je zwei Esslöffeln Puderzucker süßen und im Kühlschrank völlig erkalten lassen. Die ungesüßte Sahne steifschlagen und auf die vier Gläser verteilen. Mit Kakaopulver bestreuen.

HAWAII-DRINK
Für 8 Gläser

1 kleine Dose Ananaswürfel
Zitronensaft
1/2 l English Tea
kandierter Ingwer
2 Flaschen Mineralwasser

Starken Tee aufgießen und erkalten lassen. Die Ananaswürfel sehr fein schneiden, abtropfen lassen und mit Zitronensaft marinieren. Den kalten Tee darüber gießen und im Kühlschrank ca. eine Stunde durchziehen lassen. Vor dem Servieren gehackten Ingwer dazugeben und mit gut gekühltem Mineralwasser auffüllen.

EISTEE
Für 4 Personen

1/2 l naturtrüber Apfelsaft
8 TL Assam-Tee
1,5 l Wasser
1 Handvoll Lindenblüten (frisch o. getrocknet)
1 Stück Zimtrinde
1 Stück Orangenschale
1 Orange
Zitronenmelisse
Für den Zuckerrand:
Orangensaft und Zucker

Apfelsaft in Eiskugelbeutel füllen und in den Gefrierschrank stellen. Teeblätter in Teefilter oder -sieb geben, mit einem Liter siedend heißem Wasser übergießen und ca. fünf Minuten ziehen lassen. Lindenblüten, Zimtrinde und Orangenschale mit einem halben Liter kaltem Wasser aufsetzen und bei geringer Hitze etwa fünf Minuten ziehen lassen. Dann abseihen und erkalten lassen. Orange schälen, Fruchtstücke zwischen den Trennhäutchen herausschneiden und den Saft auffangen. Den Tee und Lindenblüten-Extrakt mischen, Orangensaft und Fruchtstücke hinzugeben und kalt stellen. Den Rand der Gläser in Orangensaft und dann in Zucker tauchen. Einen Teil der Apfelsaft-Eiskugeln zerstoßen und in den Gläsern verteilen. Tee aufgießen, Eiskugeln hineingeben und mit Zitronenmelisse dekorieren.

Tipp: Es muß nicht unbedingt Apfelsaft sein. Der Eistee schmeckt auch mit anderen Obstsäften.

Malventee

MALVENTEE
Für 4 Gläser

1 Liter Wasser
2 Beutel Hagebuttentee
2 Beutel Malventee
Süßstoff oder Zucker
Spritzer Zitronensaft

Teebeutel mit siedend heißem Wasser übergießen und ca. fünf Minuten ziehen lassen. Beutel herausnehmen und den Tee kalt stellen. Kalten Tee nach Geschmack süßen und einen Spritzer Zitronensaft hinzugeben.

Eistee

KÜHLE DRINKS MIT KAFFEE, TEE UND MILCH

Melisse-Fruchttrunk · Hagebutte-Zitrotrunk · Kirsch-Malven-Trunk

KIRSCH-MALVEN-TRUNK
Für 4 Gläser

1/2 l Wasser
2 Beutel Malventee
1/2 l Kirschsaft

Die Teebeutel mit siedend heißem Wasser übergießen und ca. fünf Minuten ziehen lassen. Beutel herausnehmen und den Tee kalt stellen. Kalten Tee mit Kirschsaft verrühren und auf vier Gläser verteilen.

HAGEBUTTE-ZITRO-TRUNK
Für 4 Gläser

1 l Wasser
3 Beutel schwarzer Tee
1 Beutel Hagebuttentee
Saft 1 Zitrone
Süßstoff oder Zucker
2 Zitronenscheiben

Die Teebeutel mit siedend heißem Wasser übergießen und ca. fünf Minuten ziehen lassen. Beutel herausnehmen und den Tee kalt stellen. Kalten Tee mit Zitronensaft verrühren und je nach Geschmack süßen. In Gläser füllen und jeweils mit einer halben Zitronenscheibe dekorieren.

MELISSE-FRUCHT-TRUNK
Für 4 Gläser

1/2 l Wasser
2 Beutel Melissentee
1/2 l Orangen-Aprikosen-Saft
Süßstoff oder Zucker

Teebeutel mit siedend heißem Wasser aufgießen und ca. fünf Minuten ziehen lassen. Beutel herausnehmen und den Tee kalt stellen. Kalten Tee mit dem Fruchtsaft verrühren und je nach Geschmack süßen. Mit Eiswürfeln servieren.

297

RED TEA
Für 5 Gläser

3/4 l Wasser
3 Beutel Hagebuttentee
125 g tiefgekühlte Himbeeren
3 ml flüssiger Süßstoff
Zitronenmelisse

Die Teebeutel mit kochendem Wasser aufgießen und ca. fünf Minuten ziehen lassen. Beutel herausnehmen und den Tee kalt stellen. Die Himbeeren auftauen lassen (einige für die Dekoration zurücklegen), mit etwas Wasser aufkochen und pürieren. Durch ein Tuch 1/8 Liter Saft auspressen. Mit Süßstoff abschmecken und mit dem Tee vermischen. Auf die Gläser verteilen und mit Himbeerspießchen und Zitronenmelisse dekorieren.

BANANEN-TROPIC-DRINK

1 Banane
1 cl Grenadine
6 cl Milch
2 cl Sahne
Sternfruchtscheibe
Kirsche

Die Hälfte der Banane mit Sirup, Milch und Sahne im Elektromixer ca. 15 Sekunden mixen und dann in ein Longdrinkglas abgießen. Einen Spieß mit Banane, Sternfruchtscheibe und Kirsche über den Glasrand legen.

SÜSSER SIEG

1 Kugel Erdbeereis
10 cl Milch
10 cl roter Traubensaft
1/2 TL Vanillearoma
dunkle Weintrauben
Erdbeeren

Eis, Milch und Traubensaft im Elektromixer durchmixen, bis der Drink schaumig ist. Mit Vanillearoma abschmecken und in ein Stielglas gießen. Einen Spieß mit Erdbeeren und Weintrauben in das Glas stellen.

Red Tea

Bananen-Tropic-Drink

KÜHLE DRINKS MIT KAFFEE, TEE UND MILCH

SOMMER-FRISCHE
Für 4 Gläser

3/4 l Wasser
4 Beutel Früchtetee
Süßstoff oder Zucker
4 Kugeln Vanille- oder Zitroneneis
frische Früchte

Sommerfrische

Teebeutel mit siedend heißem Wasser aufgießen, süßen und ca. fünf Minuten ziehen lassen. Beutel herausnehmen und den Tee kalt stellen. Eis auf vier Gläser verteilen, einige frische, klein geschnittene Früchte hinzugeben und mit dem kalten Tee auffüllen.

Süßer Sieg

KÜHLE DRINKS MIT KAFFEE, TEE UND MILCH

GESPRITZTE ERDBEER-MILCH

1/8 l Milch
100 g Erdbeeren
1 EL Zucker
Zitronensaft
Mineral- oder Heilwasser

Erdbeeren waschen, klein schneiden und im Mixer pürieren. Früchte mit Milch, Zitronensaft und Zucker schaumig schlagen. Die Erdbeermilch in ein hohes Glas geben und mit eisgekühltem Wasser auffüllen.

ERDBEER-KEFIR

75 g frische Erdbeeren
1 Spritzer Zitronensaft
150 g fettarmer Kefir
Zucker oder Süßstoff
Erdbeere

Erdbeeren grob zerkleinern und zusammen mit Zitronensaft und Kefir im Elektromixer pürieren. Mit Zucker oder Süßstoff abschmecken, in ein Glas füllen und mit Erdbeere dekorieren.

Gespritzte Erdbeermilch

ROTE JOHANNA
Für 8 Gläser

7 TL schwarzer Tee
1 l Wasser
1 Flasche roter Johannisbeersaft
Zucker

Den Johannisbeersaft in eine Eiswürfelschale füllen und gefrieren lassen. Den Tee aufbrühen und ca. fünf Minuten ziehen lassen. Nach Geschmack süßen und kalt stellen. Den kalten Tee über jeweils drei Johannisbeer-Eiswürfel in die Gläser gießen.

OBST-FLIP
Für 4 Gläser

1 Orange
100 g Pfirsiche (entsteint)
3 Eier
4 EL Zucker
1/2 l Joghurt
Mineral- oder Heilwasser

Orange schälen und mit den Pfirsichen im Elektromixer pürieren. Eier, Zucker und Joghurt dazugeben und alles gut verrühren. Auf vier Schalengläser verteilen und mit dem Wasser auffüllen.

TEA TONIC
Für 4 Gläser

1/2 l schwarzer Tee

Zucker

1/2 l Tonic Water

4 Kirschen

Tee aufgießen, ziehen lassen, süßen und kalt stellen. Kalten Tee mit Tonic Water mischen. Auf Eiswürfeln und mit einer Kirsche in Longdrinkgläsern servieren.

KOKOSNUSS-TEE
Für 4 Personen

4 Kokosnüsse

4 Beutel Malventee

1 Flasche Zitronensprudel

Die Teebeutel mit siedend heißem Wasser übergießen, süßen, ziehen und erkalten lassen. Mit Zitronensprudel verrühren. Von den Kokosnüssen einen Deckel absägen. Die Kokosnussmilch mit dem Malvengetränk vermischen. Eiswürfel in die Kokosnüsse geben und das Mixgetränk darüber gießen.

Obst-Flip

Bananen-Kefir

BANANEN-KEFIR

1 mittelgroße Banane

0,2 l Kefir

5 cl Mineralwasser

1-2 EL Sanddornsaft (ungesüßt)

1-2 EL Zitronen- oder Limonensaft

Minzeblättchen

Banane schälen und in grobe Stücke schneiden. Mit Kefir, Mineralwasser und Säften im Elektromixer auf höchster Stufe verquirlen. In ein Longdrinkglas füllen und mit Minzeblättchen dekorieren.

PFIRSICH-JOGHURT-SHAKE

1 reifer Pfirsich
150 g Sahne-Joghurt
1 TL löslicher Kaffee

Pfirsich-Joghurt-Shake

Pfirsichhaut über Kreuz einritzen, kurz in kochendes Wasser legen, abschrecken und die Haut abziehen. Pfirsich halbieren und in kleine Würfel schneiden. Im Mixer mit Joghurt pürieren. Kaffeepulver in ein bis zwei Esslöffeln heißem Wasser auflösen und unter den Pfirsich-Joghurt-Shake mischen.

ORANGEN-BUTTER-MILCH-SHAKE
Für 4 Gläser

500 g Buttermilch
Saft von 4 Orangen
Saft von 2 Grapefruits
1 Päckchen Vanillinzucker
50-75 g Zucker
1 Orange
8 Cocktailkirschen

Gut gekühlte Buttermilch, Säfte und Zucker im Mixer verquirlen und in vier Gläser füllen. Orange in Scheiben schneiden, vierteln und mit jeweils zwei Cocktailkirschen auf Spieße stecken. Auf das Glas legen und sofort servieren.

TEE-PFIRSICH-TRUNK
Für 4 Personen

1/2 l Wasser
2 Beutel Ostfriesen-Tee
1/2 l Pfirsichsaft
Süßstoff
Zitronenspirale

Teebeutel ca. fünf Minuten in kochendem Wasser ziehen lassen. Beutel herausnehmen und Tee kalt stellen. Kalten Tee mit Pfirsichsaft verrühren, mit Süßstoff abschmecken und mit Zitronenspirale verzieren.

APRIKOSEN-ORANGEN-MIX
Für 4 Gläser

Saft von 4 Orangen
1 kleine Dose Aprikosen
1/2 l Milch
125 g Schlagsahne
4 Orangenscheiben

Orangensaft und Aprikosen mit Saft im Mixer pürieren. Die gut gekühlte Milch unterschlagen. In vier Gläser füllen. Die Sahne steif schlagen und auf jeden Drink eine Sahnehaube setzen. Mit Orangenscheibe dekoriert servieren.

Orangen-Buttermilch-Shake   *Aprikosen-Orangen-Mix*

KÜHLE DRINKS MIT KAFFEE, TEE UND MILCH

Pfefferminz-Fee

Blüten-Shake

PFEFFER-MINZ-FEE
Für 4 Gläser

1/2 l Milch
2 TL frische Minzeblätter
0,3 l Wasser
3 EL Honig
4 Kugeln Zitroneneis

Die Minzeblätter mit kochendem Wasser überbrühen. Honig darin auflösen und abkühlen lassen. Mit der Milch vermischen und über je eine Kugel Zitroneneis in die Gläser füllen.

Tipp: Statt der frischen Minzeblätter können Sie auch zwei Beutel Pfefferminztee aufgießen.

BLÜTEN-SHAKE
Für 4 Gläser

1/2 l Milch
2 EL Puderzucker
3 Dolden frische Holunderblüten
2 EL Zitronensaft
2 Kugeln Vanilleeis
1/4 l kohlensäurehaltiges Mineralwasser

Holunderblüten vom Stengel befreien, mit Puderzucker bestäuben und eine halbe Stunde ziehen lassen. Zitronensaft hinzugeben und mit der Milch aufgießen. Das Vanilleeis mit dem Rührgerät darunter mischen. Mit Mineralwasser auffüllen und mit Holunderblüten servieren.

KÜHLE DRINKS MIT KAFFEE, TEE UND MILCH

Mokka-Shake

HIMBEER-DRINK

100 g Himbeeren
1 EL Zitronensaft
150 g Buttermilch
Süßstoff oder Zucker

Frische Himbeeren waschen bzw. tiefgekühlte antauen. Im Mixer zusammen mit Buttermilch und Zitronensaft pürieren und anschließend süßen. In ein Glas füllen und einige ganze Himbeeren hineingeben.

APFEL-DRINK

1/2 Apfel
1 TL Zitronensaft
150 g Buttermilch
Zucker oder Süßstoff
1 Prise Zimt

Apfel schälen, entkernen und klein schneiden. Zusammen mit Zitronensaft und der Hälfte der Buttermilch pürieren und dann die restliche Buttermilch untermixen. Süßen, in ein Glas füllen und mit Zimt bestreuen.

MOKKA-SHAKE
Für 4 Gläser

500 g fettarmer Kefir
1 EL löslicher Kakao
1 TL löslicher Kaffee
1 Eigelb
Saft 1 Orange
2 EL Zucker
Schlagsahne
Kakao

Kefir mit Kakao, Kaffee, Eigelb und Orangensaft gut verquirlen. Mit Zucker abschmecken und gut kühlen. Vor dem Servieren nochmals kräftig durchrühren, in vier Gläser füllen, mit Sahnehaube dekorieren und mit Kakao bestäuben. Mit Trinkhalm servieren.

304

JOHANNIS-BEER-DRINK

75 g rote Johannisbeeren
1 TL Zitronensaft
150 g fettarmer Kefir
Zucker oder Süßstoff

Die Johannisbeeren waschen, von den Stielen streifen und fünf Beeren zur Seite legen. Die übrigen Johannisbeeren zusammen mit Zitronensaft und Kefir im Mixer pürieren. Süßen, in ein Glas füllen und die fünf Johannisbeeren hineingeben.

GEMÜSE-BUTTERMILCH

150 g Buttermilch
100 ml Gemüsesaft
1 TL Zitronensaft
1 Messerspitze Meerrettich
Pfeffer
1 Prise Salz

Alle Zutaten kräftig verquirlen und den Drink vor dem Servieren nochmals abschmecken.

TOMATEN-KEFIR

150 g fettarmer Kefir
100 g pürierte Tomaten
1 TL Zitronensaft
etwas Knoblauchpulver
Pfeffer
1 Prise Salz
1 EL Schnittlauchröllchen
Partytomate

Kefir mit Tomaten, Zitronensaft und Gewürzen im Mixer gut durchmixen. Nochmals abschmecken, in ein Glas füllen und mit Partytomate servieren.

PFIRSICH-KEFIR

75 g frischer Pfirsich
1 TL Zitronensaft
150 g fettarmer Kefir
Zucker oder Süßstoff

Pfirsichstück würfeln und zusammen mit den anderen Zutaten im Mixer pürieren. Süßen und im Glas servieren.

COUCHER DU SOLEIL
Für 4 Gläser

3 EL löslicher Kaffee
4 Eigelb
Zucker
10 EL süße Sahne

Alle Zutaten im Shaker auf gestoßenem Eis kräftig schütteln. In ein Cocktailglas abseihen und sofort servieren.

HAPPY MONDAY
Für 4 Gläser

0,7 l Milch
2 Eigelb
2 EL lösliche Schokolade
2 TL löslicher Kaffee
4 EL brauner Zucker
0,4 l Schlagsahne
2 EL Schokoraspeln

Die Sahne steif schlagen. Alle übrigen Zutaten mit dem Handmixer gut aufschlagen. In Gläser füllen. In jedes Glas vorsichtig einen Teelöffel Sahne einrühren, so daß die Flüssigkeit marmorisiert aussieht. Einen Tupfer Sahne obenauf geben und mit Schokoraspeln bestreuen.

Gemüse-Buttermilch · Tomatenkefir · Pfirsich-Kefir · Himbeerdrink · Apfel-Drink · Johannisbeerdrink

KÜHLE DRINKS MIT KAFFEE, TEE UND MILCH

Kräuter-Buttermilch · Trauben-Flip · Zitronen-Schoko-Buttermilch

Birnen-Buttermilch · Tomaten-Buttermilch · Stachelbeer-Buttermilch

KRÄUTER-BUTTER-MILCH
Für 4 Gläser

500 g Buttermilch
2 EL Schnittlauch
2 EL Blattpetersilie
2 EL Sauerampfer
2 EL Dill
1 Prise Salz
frisch gemahlener Pfeffer

Die Buttermilch mit den fein geschnittenen Kräutern gut verrühren. Mit Salz und Pfeffer abschmecken und in Gläsern servieren.

TRAUBEN-FLIP
Für 4 Gläser

500 g Buttermilch
1/4 l roter Traubensaft
2 EL Zucker
1 Eigelb

Alle Zutaten in einem hohen Gefäß mit dem Mixstab gut mischen und sofort kühl servieren.

ZITRONEN-SCHOKO-BUTTER-MILCH
Für 2 Gläser

300 g Buttermilch
1/3 Tafel edelbittere Schokolade
2 Kugeln Zitroneneis

Die Schokolade raspeln und unter die Buttermilch mischen. Je eine Kugel Zitroneneis in zwei große Rotweingläser geben und die Schoko-Buttermilch darüber gießen. Mit Löffel servieren.

BIRNEN-BUTTER-MILCH
Für 4 Gläser

500 g Buttermilch
1 Dose Birnen

Sechs Birnenhälften zerkleinern und nach und nach zu der Buttermilch in den Elektromixer geben. 1/4 Liter Birnensirup hinzufügen, nochmals verquirlen und kalt servieren.

STACHEL-BEER-BUTTER-MILCH
Für 4 Gläser

600 g Buttermilch
150 g Zucker
250 g Stachelbeeren
1 Tasse Zitronenmelisse

Die reifen Stachelbeeren mit einer Gabel einstechen. Mit dem Zucker und sehr wenig Wasser andünsten. Die Melisseblätter dazugeben und weitere fünf Minuten dünsten. Abkühlen und dann alles mit der Buttermilch mischen. Mit Melisseblättern dekorieren.

TOMATEN-BUTTER-MILCH
Für 4 Gläser

500 g Buttermilch
1/8 l frischen Tomatensaft
1 EL Zitronensaft
1 Messerspitze Salz
Muskatnuss

Buttermilch, Tomaten- und Zitronensaft mit gestoßenem Eis im Mixer gut vermischen und mit Salz abschmecken. In Gläser füllen und mit Muskatnuss bestreuen.

TROPICAL HIT
Für 4 Gläser

400 g Dickmilch
1/4 l Maracujasaft
1/4 l Birnensaft

Dickmilch und Säfte mit dem Handmixer gut verrühren. Gestoßenes Eis hinzugeben und nochmals kurz mixen. Eiskalt in hohen Gläsern mit Trinkhalmen servieren.

QUITTEN-TRUNK
Für 4 Gläser

600 g Trinksauermilch
5 EL Quittenmus oder
4 EL Quittengelee
2 EL Puderzucker
1 Messerspitze Piment

Quittenmus oder -gelee in etwas Sauermilch auflösen. Puderzucker und restliche Sauermilch hinzufügen. Mit dem Handmixer oder Schneebesen kräftig verquirlen und zum Schluß mit gemahlenem Piment aromatisieren.

Tropical Hit · Quitten-Trunk

KÜHLE DRINKS MIT KAFFEE, TEE UND MILCH

Aprikosen-Orangen-Drink

KIRSCH-DRINK

50 g frische Süßkirschen (entsteint)
1 EL Zitronensaft
150 g Buttermilch
Zucker oder Süßstoff

Die entsteinten Kirschen zusammen mit Zitronensaft und einem Schuss Buttermilch kräftig durchmixen. Restliche Buttermilch untermischen und mit Zucker bzw. Süßstoff abschmecken.

GURKEN-KEFIR

100 g Salatgurke
1/2 Bund Dill
1 EL Zitronensaft
175 g fettarmer Kefir
weißer Pfeffer
Salz

Gurke schälen, würfeln und zusammen mit dem fein gewiegten Dill, Zitronensaft und Kefir kräftig durchmixen. Mit Pfeffer und Salz abschmecken, in ein Glas gießen und Gurkenscheibe auf den Rand stecken.

Gurkenkefir · Radieschen-Drink · Aprikosen-Buttermilch · Kirsch-Drink

APRIKOSEN-ORANGEN-DRINK
Für 4 Gläser

300 g frische Aprikosen
10 cl frisch gepresster Orangensaft
500 g fettarmer Kefir
1 Päckchen Vanillinzucker
50 g Zucker

Aprikosen waschen, entsteinen und klein schneiden. Zusammen mit dem Orangensaft im Elektromixer pürieren. Kefir, Vanillinzucker und Zucker untermixen. In vier Gläser füllen und mit Trinkhalm servieren.

Tipp: Der Drink schmeckt auch mit Aprikosen oder Pfirsichen aus der Dose. Sie brauchen dann nur ganz wenig oder gar keinen Zucker.

308

APRIKOSEN-BUTTERMILCH

70 g frische Aprikosen (entsteint)
1 EL Zitronensaft
150 g Buttermilch
Zucker oder Süßstoff

Aprikosen grob zerkleinern, mit Zitronensaft und einem Schuss Buttermilch kräftig durchmixen. Restliche Buttermilch darunter mischen und mit Zucker bzw. Süßstoff abschmecken.

RADIESCHEN-DRINK

1/2 Bund rote Radieschen
1/2 kleine Zwiebel
175 g fettarmer Kefir
1 EL Zitronensaft
weißer Pfeffer
Salz
Schnittlauchröllchen

Die Radieschen putzen, waschen und grob zerkleinern. Zwiebel schälen, fein würfeln und zusammen mit Radieschen, Zitronensaft und der Hälfte des Kefir in den Elektromixer geben. Kräftig durchmixen und den restlichen Kefir untermischen. Mit Pfeffer und Salz abschmecken und mit Schnittlauch bestreut im Glas servieren.

BANANEN-MILCH HOKUSPOKOS
Für 4 Gläser

2 große, reife Bananen
1/2 l fettarme Milch
1 Päckchen Vanillinzucker
2 gestr. EL Zucker

Bananen schälen, mit der Gabel zerdrücken und mit der Hälfte der kalten Milch im Mixer pürieren. Die restliche Milch, den Vanillinzucker und den Zucker unterrühren. In vier Gläser füllen und sofort servieren.

Bananenmilch Hokuspokos · Erdbeermilch Simsalabim

ERDBEER-MILCH SIMSALABIM
Für 4 Gläser

300 g frische Erdbeeren
1 Päckchen Vanillinzucker
2 gestr. EL Zucker
1/2 l fettarme Milch

Erdbeeren waschen, putzen und mit der Gabel grob zerdrücken. Den Vanillinzucker und den Zucker untermischen, in den Mixer geben, die Hälfte der kalten Milch dazugießen und alles auf höchster Stufe gut durchmixen. Restliche Milch unterrühren und eventuell nachsüßen. In vier Gläser füllen und direkt servieren.

Brown Coconut

BUTTERMILCH-DRINK MIT EIS
Für 4 Gläser

2 Scheiben Ananas (Dose)
1 kleine Banane
200 g Buttermilch
1 EL Zucker
1 Päckchen Vanillinzucker
250 ml Himbeereis
4 EL Himbeeren
frische Minze

Ananas und Banane im Mixer leicht pürieren. Buttermilch zugeben und mit Zucker und Vanillinzucker abschmecken. Vier gestoßene Eiswürfel hinzugeben. In Cocktailschalen füllen und jeweils eine Kugel Himbeereis hineinsetzen. Mit frischen Himbeeren, Ananasstückchen und Minze garnieren.

Buttermilch-Drink mit Eis

BROWN COCONUT
Für 4 Gläser

400 ml Kakao
400 ml Kokosnusssaft
4 Eigelb
500 ml Schoko-Eiscreme
4 TL Kokosraspeln
4 TL löslicher Kakao

Kalten Kakao, Koskosnusssaft und Eigelb im Mixer oder mit dem Mixstab schaumig rühren. Eiskugeln in vorgekühlte Gläser geben und rasch mit der Kakao-Mischung auffüllen. Mit Kokosraspeln und Kakao bestreuen. Mit Trinkhalm und Löffel servieren.

KÜHLE DRINKS MIT KAFFEE, TEE UND MILCH

KIWI-MILCH-MIX MIT EIS

Für 4 Gläser

4 Kiwis
1/4 l Grapefruitsaft
1/2 l Milch
2 EL Zucker
4 Kugeln Erdbeereis
4 Kiwischeiben
4 Erdbeeren
Zitronenmelisse

Kiwis schälen und pürieren. Mit Grapefruitsaft und Milch kräftig verrühren. Mit Zucker abschmecken. Je eine Eiskugel in die Gläser geben und mit Kiwi-Milch aufgießen. Glasränder mit Kiwischeibe, Erdbeere und Zitronenmelisse garnieren.

COPA BANANA

Für 4 Gläser

1 Becher Bananen-Milch
4 Kugeln Vanilleeis oder Cassata
1 Banane
Cocktailkirschen

Je eine Kugel Eis in ein Glas geben und die gut gekühlte Bananenmilch darüber gießen. In jedes Glas einen Spieß mit Bananen und Kirschen stellen.

Kiwi-Milch-Mix mit Eis

KÜHLE DRINKS MIT KAFFEE, TEE UND MILCH

BLACK PRINCE

10 cl kalter Kaffee
2 cl Sahne
2 cl Kokosnusssirup
2 cl Orangensirup

Kaffee und Sirup im Shaker auf Eis kräftig schütteln, anschließend in ein Longdrinkglas abseihen und mit der flüssigen Sahne krönen.

ZIMTMILCH MIT BIRNE

0,2 l Milch
1/2 Birne
1 TL Kakao
1 TL Zimtpulver
1 TL Zucker
10 g Vanillinzucker
3 Spritzer Zitronensaft

Die geschälte und entkernte Birne mit den übrigen Zutaten und Zitronensaft und 2 TL Crushed Ice im Blender durchmixen und in einem hohen Longdrinkglas servieren.

DÄNISCHER TRUNK

12 cl Kakao
6 cl Kirschsaft
Sodawasser

Kakao und Kirschsaft im Shaker auf Eis mischen, in ein Longdrinkglas geben und mit Sodawasser auffüllen.

HIMBEERSCHAUM

100 g Himbeeren
1 EL Himbeersirup
250 g Kefir
2 EL Schlagsahne

Himbeeren und Sirup mit der Hälfte des Kefirs in einen Mixer geben und gut durchschlagen. Dann den restlichen Kefir und die Sahne unter die Masse heben und in einem Cocktailglas anrichten.

CHERRY COCO

12 cl Pfirsichmark
2 cl Kokossirup
0,1 l Milch
2 cl Schlagsahne
1 Pfirsich

Den geschälten, in Stücke geschnittenen Pfirsich mit den übrigen Zutaten und 3 BL Crushed Ice im Mixer schaumig aufschlagen. In dekorativen Gläsern servieren.

BLONDINE

3 cl Zitronensaft
0,25 l Buttermilch
1 EL Zucker
50 g Kokosnuss
2 cl Orangensaft
2 Kugeln Vanilleeis
1 TL Vanillezucker

Alle Zutaten im Blender durchmixen, anschließend in einem dekorativen Glas servieren und nach Geschmack garnieren.

TEA FLIP

1 TL Zuckersirup
1 Eigelb
2 cl Sahne
Schwarzer Tee
Muskatnuss

Sahne, Zuckersirup und das Eigelb im Shaker auf Eis kräftig durchschütteln und mit Muskatnuss abschmecken. Anschließend in ein Teeglas füllen und mit schwarzem Tee aufgießen.

GRÜNE WITWE

0,2 l kalter Schwarzer Tee
2 cl Kiwimark
1 TL Honig
1 cl Zitronensaft

Alle Zutaten im Shaker auf Eis kräftig schütteln, anschließend auf viel Eis in einem Becherglas servieren.

312

KÜHLE DRINKS MIT KAFFEE, TEE UND MILCH

BLAUBEERDRINK

15 cl Buttermilch
1 TL Zitronensaft
1 EL Honig
50 g Blaubeeren

Die Zutaten im Blender schaumig aufschlagen, in ein Longdrinkglas füllen und mit Trinkhalm servieren. Mit Früchten garnieren.

MANDARINEN-SHAKE

10 cl Kefir
8 cl Orangensaft
50 g Dosenmandarinen
1 cl Zitronensaft

Die Dosenmandarinen und 2 TL Mandarinensaft mit den anderen Zutaten im Blender durchmixen und im Longdrinkglas servieren.

CITRONELLA

2 Kugeln Zitroneneis
12 cl Buttermilch
3 cl Zitronensaft
2 cl Läuterzucker

Die Zutaten im Blender schaumig aufschlagen, anschließend in einem großen Glas servieren und nach Geschmack garnieren.

KIRSCH-SHAKE

10 cl Sauerkirschsaft
1 EL Honig
10 cl Buttermilch

Die Zutaten im Blender schaumig aufschlagen und im Longdrinkglas servieren.

MINIMI

5 cl l Milch
5 cl Orangensaft
10 cl kalter Schwarzer Tee
1 EL Heidehonig

Die Zutaten im Shaker auf Eis kräftig schütteln und in einem Tumbler servieren.

PFIRSICH-SHAKE

4 cl Pfirsichsaft
1 Kugel Pfirsicheis
0,2 l Milch

Die Zutaten im Blender mit 2 TL Crushed Ice aufschlagen und im Longdrinkglas servieren.

THE BODY

3 cl Mangosirup
10 cl Buttermilch
3 cl Kokosmark
Mineralwasser

Mangosirup und Kokosmark mit der Buttermilch im Shaker auf Eis kräftig durchmixen, in ein hohes Longdrinkglas füllen und mit Mineralwasser auffüllen.

SANDDORN-MIX

0,2 l Kakao
1 EL Honig
2 TL Instant-Kaffee
1 El Sanddornsaft

Die Zutaten im Shaker auf Eis kräftig schütteln und über ein Barsieb in ein Milchglas seihen.

FITNE

Fitneß-Cocktail

Rosa Radies

FITNESS-COCKTAIL
Für 4 Gläser

1/4 l Tomatensaft
1 Becher Joghurt
4 Eier
Salz
Pfeffer frisch gemahlen
1 Prise Cayennepfeffer
1 EL Petersilie
2 EL Schnittlauch
2 EL Zitronenmelisse
1/2 Flasche Heilwasser
Kräuterzweige

Tomatensaft, Joghurt und die rohen Eier im Mixer kräftig mixen. Mit Salz, Pfeffer und Cayennepfeffer abschmecken. Fein geschnittenen Schnittlauch, gehackte Petersilie und Zitronenmelisse unterziehen und auf vier Gläser verteilen. Mit dem Wasser auffüllen und mit Kräuterzweigen servieren.

ROSA RADIES
Für 4 Gläser

1 Bund Radieschen
400 ml Buttermilch
100 ml Rote Beete-Saft
1 Messerspitze Kräutersalz
kohlensäurehaltiges Mineralwasser

Radieschen von Wurzelenden und Grün befreien, waschen und vier Spiralen für die Dekoration schneiden. Dann die Radieschen mit der Buttermilch im Elektromixer sehr fein pürieren. Rote Beete-Saft und Salz dazugeben und nochmals kurz pürieren. Radieschenmilch auf vier Gläser verteilen, mit gekühltem Mineralwasser auffüllen und jeweils mit einer Radieschenspirale oder einem aufgeschnittenen Radieschen dekorieren. Gut gekühlt sofort servieren.

- DRINKS

MÖHREN-MILCH-MIX

1 Eigelb
6 cl Milch
6 cl frisch gepresster Karottensaft
1/4 Apfel
1 TL Honig
Babykarotte

Apfel schälen und entkernen. Das Apfelviertel mit Eigelb, Milch, Karottensaft und Honig im Mixer mit zwei Eiswürfeln durchmixen. In ein vorgekühltes Glas gießen und mit einer Babykarotte dekorieren.

Möhren-Milch-Mix

Kräuter-Trunk

KRÄUTER-TRUNK

1 Eigelb
10 cl Milch
1 TL Zitronensaft
Salz, Pfeffer
2 TL Crème fraîche
2 EL Naturjoghurt
Schnittlauch
Petersilie
Dill

Die fein geschnittenen Kräuter mit den übrigen Zutaten im Mixer mit zwei Eiswürfeln durchmixen. In ein vorgekühltes Glas gießen und mit Kräutern dekorieren.

FITNESS-DRINKS

SPINAT-DRINK
Für 4 Gläser

300 g Spinat (tiefgekühlt)
1 kleiner Apfel
2 EL Petersilie
Saft 1/2 Zitrone
500 g fettarmer Kefir
2 Spritzer Worcestershiresauce
weißer Pfeffer, Muskat
Knoblauchpulver, Salz

Spinat auftauen lassen, Apfel schälen, Kerngehäuse entfernen und klein schneiden. Zusammen mit dem Spinat, Petersilie und Zitronensaft gut durchmixen. Den Kefir langsam dazugießen, alles gut verquirlen und mit den Gewürzen abschmecken.

FENCHEL-KEFIR
Für 4 Gläser

1 Fenchelknolle mit Grün
1 kleiner Apfel
1 Banane
500 g fettarmer Kefir
2 EL Honig

Fenchel putzen und klein schneiden. Das Grün grob hacken. Apfel schälen, Kerngehäuse entfernen und würfeln. Banane in Scheiben schneiden. Alles in den Mixer geben, pürieren und langsam den Kefir dazugießen. Honig unterrühren und nochmals alles kräftig durchmixen.

Karotten-Kefir Drink

APFEL-MÖHREN-DRINK
Für 4 Gläser

500 g Möhren
1 kleiner Apfel
Saft 1/2 Zitrone
500 g fettarmer Kefir
weißer Pfeffer, Salz
1 Prise Zucker

Möhren waschen, gründlich abbürsten oder schaben und in Scheiben schneiden. Apfel waschen, Kerngehäuse entfernen und würfeln. Möhrenscheiben und Apfelwürfel im Mixer pürieren. Den Zitronensaft und Kefir hinzugeben, nochmals kräftig durchmixen und mit den Gewürzen abschmecken.

Apfel-Möhren-Drink
Fenchel-Kefir · Spinat-Drink

316

FITNESS-DRINKS

KAROTTEN-KEFIR-DRINK
Für 4 Gläser

500 g fettarmer Kefir
Saft 1 Zitrone
weißer Pfeffer
250 g Karotten
2 EL Honig
1/2 TL Anis (gemahlen)

Kefir mit Zitronensaft und Pfeffer verrühren. Karotten bürsten oder schaben, fein raspeln und mit Honig und Anis im Mixer pürieren. Dabei etwas Kefir zugießen und mit restlichem Kefir auffüllen. Nochmals gut durchmischen und kühl servieren.

GRÜNER JUNGE
Für 4 Gläser

3/4 l Milch
200 g frischer, grüner Spinat
3 Stengel Basilikum
3 EL Honig
frisch gemahlener weißer Pfeffer
100 g Weichkäse mit Blauschimmel

Spinat und Basilikum waschen, abtropfen lassen und Stiele entfernen. Milch in den Mixer geben. Spinat und Basilikum nach und nach hinzugeben und pürieren. Honig und eine Messerspitze Pfeffer unterrühren. In Gläser füllen und mit dem klein gewürfelten Weichkäse bestreuen.

MINI STARS

3 cl Diät-Aprikose-Nektar
4 cl Diät-Orange-Nektar
Mineralwasser
Kumquat
Erdbeere

Säfte im Shaker mit Eiswürfeln gut schütteln, in ein Cocktailglas abseihen und mit Mineralwasser auffüllen. Mit Kumquat und Erdbeere dekorieren.

FITNESS-DRINKS

TOMATEN-MIX

1 Ei

8 cl Consommé double (Fleischbrühe)

4 cl Tomatensaft

1 cl frisch gepresster Zitronensaft

Salz, Pfeffer

Tabasco

Worcestershiresauce

Gurkenscheibe

1 Stange Staudensellerie

Ei, Fleischbrühe, Tomaten- und Zitronensaft mit Gewürzen und sechs bis sieben Eiswürfeln im Shaker kräftig schütteln. In ein vorgekühltes Glas abseihen. Mit Gurkenscheibe dekorieren und die Selleriestange ins Glas stellen.

Tipp: Mit etwas Knoblauch schmeckt der Tomaten-Mix noch pikanter.

Tomaten-Mix

Fitness-Drink mit Honig

FITNESS-DRINK MIT HONIG
Für 1-2 Gläser

1/4 reife Banane

1-2 EL frisch gepresster Zitronensaft

1-2 EL Honig

1/8 l frisch gepresster Orangensaft

1/8 l frisch gepresster Ananassaft

3-4 Blätter Zitronenmelisse

Mineralwasser

Orangenspirale

Banane in Stücke schneiden und mit dem Zitronensaft im Mixer ganz fein pürieren. Honig und Säfte hinzufügen, alles nochmals kurz mixen. Zitronenmelisse in feine Streifen schneiden und in ein vorgekühltes Glas geben. Zu zwei Dritteln mit dem Mixgetränk füllen und Mineralwasser aufgießen. Mit Orangenspirale oder -scheibe dekorieren.

FITNESS-DRINKS

ANISETTE
Für 4 Gläser

1 EL Anissamen
1 Prise Safran
1 EL Kleehonig
1 unbehandelte Orange
kohlensäurehaltiges Mineralwasser

Die Anissamen im Mörser zerstoßen und mit 1/4 Liter Mineralwasser aufkochen. Zehn Minuten ziehen lassen. Durch ein Sieb abgießen, das Safranpulver und den Honig darin auflösen und abkühlen lassen. Orange spiralförmig abschälen. Die Orange halbieren, den Saft auspressen und in den Anissud geben. Die Anis-Orangen-Mischung über je einen Eiswürfel in vier Gläser gießen und mit Mineralwasser auffüllen. Mit den Orangenspiralen dekorieren.

Tipp: Dieser Drink hilft, wenn Ihr Magen rebelliert!

Anisette

Apple Sour

APPLE SOUR
Für 4 Gläser

1/4 l Sauerkrautsaft
2 EL Zitronensaft
60 ml Apfeldicksaft
1 EL Eiweiß
kohlensäurehaltiges Mineralwasser
4 Apfelspalten
Kümmel

Die Säfte in einen Rührbecher geben, das Eiweiß hinzufügen und alles mit dem Handmixer oder Schneebesen schaumig schlagen. Auf vier Gläser verteilen und mit Mineralwasser aufgießen. Mit Kümmel bestreuen und Apfelspalte auf den Glasrand stecken.

MORGEN-MIX
Für 4 Gläser

1/2 l Milch
4 EL Weizenkeime
0,15 l schwarzer Johannisbeersaft
2 Birnen
1 Becher Natur-Joghurt

Die Birnen schälen und entkernen. Zusammen mit dem Saft und dem Joghurt im Mixer pürieren. Die Hälfte der Weizenkeime untermischen, in Gläser füllen und mit den übrigen Weizenkeimen bestreuen.

319

FITNESS-DRINKS

MARATHON

100 ml Milch
50 ml roter Traubensaft
50 ml Orangensaft
1 Eigelb
2 EL Ovomaltine (Getränkepulver)
Orangenscheibe
dunkle Trauben

Milch, Säfte, Eigelb und das malzhaltige Getränkepulver im Shaker mit drei bis vier Eiswürfeln kräftig schütteln. In ein hohes Glas abseihen. Mit Orangenscheibe und Trauben dekorieren.

Marathon

KRAFT-DRINK
Für 2 Gläser

400 g Buttermilch
3 EL Honig
3 EL Malzextrakt
2 Eigelb
4 EL Weizenkeime

Buttermilch im Mixer mit Honig, Malzextrakt und Eigelb kräftig verquirlen und in Gläser geben. Mit Weizenkeimen bestreuen.

Schnittlauch-Liebchen · Errötender Dill · Kräuter-Weiblein

SCHNITT-LAUCH-LIEBCHEN
Für 2 Gläser

1 Eigelb
175 g Sahne-Dickmilch
1 Prise Safran
2 EL Zitronensaft
3 EL Schnittlauchröllchen
1 EL Sauerampferblätter
schwarzer Pfeffer frisch gemahlen
Salz

Eigelb cremig rühren und mit Sahne-Dickmilch verschlagen. Safran, Zitronensaft und die feingewiegten Kräuter untermischen. Mit Pfeffer und Salz abschmecken und nochmals verrühren. Mit Schnittlauch bestreuen.

Tipp: Statt Sauerampfer können Sie auch Zitronenmelisse, Liebstöckl oder Petersilie verwenden.

FITNESS-DRINKS

KRAUTER-WEIBLEIN
Für 1-2 Gläser

250 g fettarmer Kefir
4 EL gemischte Gartenkräuter
1 EL Zitronensaft
Pfeffer
Knoblauchsalz
Zucker oder Süßstoff
1 EL Haselnüsse (gerieben)

Den Glasrand mit Zitronensaft anfeuchten und in die geriebenen Haselnüsse tauchen. Kefir, die feingewiegten Kräuter (Schnittlauch, Zitronenmelisse, Kerbel, Dill, Petersilie) und den Zitronensaft gut verrühren, mit den Gewürzen abschmecken, nochmals verrühren und vorsichtig in das vorbereitete Glas füllen.

ERRÖTENDER DILL
Für 2 Gläser

250 g Buttermilch
100 ml Karottensaft
4 EL Tomatenketchup
2 EL Zitronensaft
2 EL Dill
weißer Pfeffer
Selleriesalz
Tabasco
Dillzweige

Buttermilch, Säfte, Ketchup und feingewiegten Dill im Mixer gut verquirlen. Mit den Gewürzen pikant abschmecken und nochmals verrühren. In zwei Gläser füllen und mit Dillzweigen dekorieren.

Leicht Athletik

Eisdrink Schlanke Linie

LEICHT ATHLETIK

8 cl Diät-Orange-Maracuja-Nektar
8 cl Diät-Apfel-Nektar
1/2 Apfelscheibe
2 Cocktailkirschen

Säfte im Mixglas gut verrühren und im Longdrinkglas auf Eiswürfeln servieren. Mit Apfelscheibe und Cocktailkirschen dekorieren.

EISDRINK SCHLANKE LINIE

1/8 l Buttermilch
flüssiger Süßstoff
Vanillearoma
1 TL Zitronensaft
200 g Erdbeeren oder Himbeeren
100 ml Diät-Eis Schoko-Vanille

Die eiskalte Buttermilch mit Süßstoff, Vanillearoma und Zitronensaft abschmecken und in ein Kelchglas füllen. Einige schöne Früchte für die Dekoration zur Seite legen. Die übrigen pürieren und mit etwas flüssigem Süßstoff süßen. Auf die Buttermilch gleiten lassen. Das Milchspeiseeis in grobe Würfel zerteilen und auf den Drink geben. Mit Früchten garnieren und mit Trinkhalm sofort servieren.

FITNESS-DRINKS

STARTER

8 cl Selleriesaft
2 cl Karottensaft
8 cl Milch
1 cl Zuckersirup
1 Eigelb

Die Zutaten im Elektromixer aufschlagen und in einem dekorativen Glas servieren.

HOLLÄNDER

4 cl Möhrensaft
4 cl Sauerkrautsaft
1 Prise Curry
1 TL Eigelb

Die Zutaten im Elektromixer aufschlagen und in einem hohen Longdrinkglas servieren. Mit Kürbisstücken garnieren.

VIRGIN MARY

20 cl Tomatensaft
1 cl Zitronensaft
Salz
Pfeffer
2 Spritzer Worcestershire Sauce
Tabasco
Staudensellerie

Die Säfte mit Worcestershire Sauce im Rührglas auf Eis mischen und mit den Gewürzen abschmecken. Mit einem Stück Staudensellerie dekorieren.

APPLE SOUR II

5 cl Apfelsirup
3 cl Zitronensaft
25 cl Sauerkrautsaft
1 Eiweiß
0,4 Liter Mineralwasser

Die Zutaten, ohne Mineralwasser, im Shaker auf Eis kräftig schütteln und über ein Barsieb in einen Tumbler seihen. Mit Mineralwasser auffüllen.

POWER JUICE

10 cl Rote-Bete-Saft
10 cl Möhrensaft
2 cl Zitronensaft
1 Prise Pfeffer

Die Säfte in ein Longdrinkglas auf Eiswürfel geben, etwas Pfeffer darüber streuen und verrühren. Nach Geschmack garnieren.

GOLDENER SCHAUM

5 cl Selleriesaft
5 cl Ananassaft
8 cl Bananensaft

Die Zutaten im Elektromixer mit 2 EL Crushed Ice schaumig schlagen und in einem Ballonglas servieren.

WITWE BOLTE

4 cl Zitronensaft
4 Prisen Salz
2 Spritzer Tabasco
1 El Zucker
1 Bund Basilikum
1 cl Gurkensaft
1/8 geschälte Salatgurke

Alle Zutaten mit etwas Eis im Elektromixer zu einem Drink aufschlagen. Mit Gurkenscheiben garnieren.

BAVARIAN TOMATO

0,2 l Tomatensaft
10 cl Sauerkrautsaft
1 TL Kümmel
Staudensellerie

Die Säfte mit dem Kümmel verrühren und mit einem Stück Staudensellerie dekorieren.

KAROTTEN-ROTE-BETE-SAFT

1/2 Glas Karottensaft
1/2 Glas Rote-Bete-Saft
Salz
Pfeffer
Selleriesalz

Die Säfte zu gleichen Teilen mischen und in einem Longdrinkglas servieren. Mit den Gewürzen abschmecken.

FITNESS-DRINKS

MARACUJA-KAROTTEN-COCKTAIL

100 g Papaya
2 Maracujas
4 cl Karottensaft
2 EL Weizenkeime

Das Fruchtfleisch der Maracujas mit den übrigen Zutaten pürieren. In einem Cocktailglas servieren.

SANDDORN-BUTTERMILCH

3 cl Selleriesaft
2 EL Sanddornsirup
15 cl Buttermilch
1 TL Honig
3 EL Haferflocken

Die flüssigen Zutaten im Mixer aufschlagen, vor dem Servieren die Haferflocken unterrühren.

ROTE-BETE-DRINK

Für 4 Portionen

125 g Ananas
250 g Rote Beten
1 Bund Petersilie
1 EL Sanddorn

Geputzte und klein geschnittene Ananas und Rote Beten im Entsafter entsaften. Nun Sanddorn und fein gehackte Petersilie unterrühren. Gekühlt servieren.

ORANGE BEAUTY

1 frische Feige
1 halber Pfirsich
2 TL Karottenpürree
1 Spritzer Zitronensaft
10 cl Molke

Alle Zutaten im Mixer mit 3 EL Crushed Ice aufschlagen. Im Glas servieren und garnieren.

HOT POWER BEER

1 cl Selleriesaft
1 Msp. Merrettich
1 Msp. Senfpulver
2 Spritzer Tabasco
Herbes Bier

Meerrettich und Senfpulver mit Tabasco in einem hohen Glas mit dem Selleriesaft verrühren. Mit herbem Bier auffüllen.

HONOLULU SOUR

5 cl Ananassaft
2 Prisen Salz
2 cl Joghurt
12 cl Sauerkrautsaft
3 Prisen Ingwerpulver

Die Zutaten im mit Crushed Ice im Blender frappieren und in einer Cocktailschale servieren.

TRAUBEN-APFEL-ORANGEN-MIX

0,2 l Orangensaft
5 cl Traubensaft
5 cl Apfelsaft

Die gekühlten Säfte vermischen und in einem dekorativen Glas servieren.

VITAMIN-COCKTAIL

Für 4 Portionen

2 Äpfel
1 Grapefruit
1 Orange
1 Zitrone
1 Birne
200 g Trauben
4 Karotten
4 Tomaten

Äpfel, Karotten und Birne entsaften, Orange, Zitrone und Grapefruit auspressen. Den Saft zusammen mit den Trauben und den Tomaten kräftig durchmixen.

ORANGE MORNING

Für 4 Portionen

1 l Orangensaft
2 cl Kirschsaft
2 TL Erdbeermark
1 TL Honig
2 Eier

Alle Zutaten im Blender gut durchmixen. In einer Karaffe kühl stellen

KIWI-APFEL-DRINK

1 Kiwi
1 Apfel
Ingwerwurzel
1 EL Sahne

Kiwi und Apfel mit einem kleinen Stück Ingwerwurzel getrennt entsaften. Nun die Säfte mischen und die Sahne unterrühren. Gekühlt servieren.

HEISS SERVIERT

Eier-Glühwein

APFEL-TEE-PUNSCH
Für 4 Personen

3-4 TL schwarze Teeblätter

1/2 l Wasser

1/2 l naturtrüber Apfelsaft

Saft 1/2 Zitrone

50-100 g Honig

2 Zimtstangen

unbehandelte Zitronen- und Orangenschale

1 kleiner Apfel

Teeblätter im Teefilter oder -sieb mit siedend heißem Wasser übergießen und ca. fünf Minuten ziehen lassen. Apfel schälen und in Spalten schneiden. Apfelsaft mit Zitronensaft, Honig, Zimt, Apfelspalten, Zitronen- und Orangenschale unter Rühren langsam aufkochen. Bei geringer Hitze ca. fünf Minuten ziehen lassen. Zimtstangen und Zitrusschalen herausfischen. Den Apfelsaft mit dem heißen Tee vermischen.

Tipp: Sie können den Teepunsch noch verfeinern, indem Sie ein wenig Sanddornmus untermischen und die Apfelspalten mit Gewürznelken spicken.

Apfel-Teepunsch

EIER-GLÜHWEIN

1 Eigelb

1 Glühfruchtbeutel

1 große Tasse schwarzer Tee

2 Nelkenköpfe

einige Tropfen Zitronensaft

Zitronenscheibe

Nelkenköpfe

Schwarzen Tee aufgießen. Mit den Nelkenköpfen ca. fünf Minuten ziehen lassen. Eigelb mit 4 cl Glühfruchtaufguss und Zitronensaft schaumig schlagen und vorsichtig mit dem Tee (Nelken vorher abseihen) vermischen. Eventuell nochmals erhitzen, aber nicht kochen! In einem hitzebeständigen Glas heiß servieren. Zitronenscheibe mit Nelken spicken und auf den Glasrand setzen.

WEIHNACHTS-TEE
Für 4-6 Personen

4-6 TL Ceylon-Tee
3/4 l Wasser
2 1/2 unbehandelte Zitronen
4-6 Stück Würfelzucker
1 1/2 Orangen
Gewürznelken

Teeblätter im Teefilter oder -sieb mit siedend heißem Wasser übergießen und ca. fünf Minuten ziehen lassen. Die Schalen von zwei Zitronen mit dem Würfelzucker abreiben und in eine Teekanne geben. Eine halbe Orange in Scheiben schneiden, die Schale ringsherum mit Gewürznelken spicken und ebenfalls in die Teekanne geben. Auf ein Stövchen stellen und mit dem Tee und dem Saft einer halben Zitrone und einer Orange aufgießen. Vor dem Servieren kurz ziehen lassen.

Tipp: Darf es ein bißchen Alkohol sein? Dann geben Sie zwei Eßlöffel Cointreau oder Grand Marnier hinzu.

TROPEN-TEE
Für 4 Personen

3 TL Hibiskustee
1 TL Schokoladentee
1/2 TL Matetee
1 TL Brombeertee
1 TL Ingwertee
1/2 TL Orangenblütentee
2 Messerspitzen Zimt

Die verschiedenen Teesorten und den Zimt in einem trockenen, sauberen Gefäß mischen oder zusammen in einen Teefilter geben. Mit kochendem Wasser übergießen und je nach Geschmack vier bis fünf Minuten ziehen lassen.

MOHREN-KAFFEE
Für 6 Tassen

4 Riegel bittere Schokolade
1/2 l Kaffee
1/4 l Schlagsahne

Die Schokolade im Wasserbad schmelzen lassen, den heißen Kaffee dazugießen und mit der Schokolade verrühren. In vorgewärmte Tassen füllen und mit einer Sahnehaube bedecken.

Tropen-Tee

Weihnachts-Tee

HEISS SERVIERT

CAFÉ BORGIA
Für 2 Tassen

1 Tasse starker, heißer Kaffee
1 Tasse heißer Kakao
100 g Schlagsahne
Puderzucker
geriebene Orangenschale

Kaffee und Kakao zu gleichen Teilen in zwei Tassen geben. Die mit Puderzucker geschlagene Sahne daraufsetzen und mit geriebener Orangenschale bestreuen.

HUCKLE-BERRY-DRINK

4 cl Heidelbeersirup
6 cl heißes Wasser
1 cl Orangensaft
Orangenscheibe

Den Heidelbeersirup in einen Becher gießen, mit heißem Wasser verrühren und den Orangensaft hinzugeben. Mit Orangenscheibe dekorieren.

Mokka-Punsch

MOKKA-PUNSCH

50 g Schlagsahne
1 Eigelb
1 EL flüssiger Honig
1-2 TL lösliches Kaffeepulver

Sahne halbsteif schlagen. Einen Teelöffel Kaffeepulver in 100 ml heißem Wasser auflösen. Eigelb und Honig im warmen Wasserbad dick cremig schlagen. Kaffee unterrühren. In ein hitzebeständiges Glas füllen, Sahne darübergeben und etwas unterziehen. Mit dem restlichen Kaffeepulver bestreuen.

Gewürzter Schoko-Mokka

GEWÜRZ-TER SCHO-KO-MOKKA

1 Kapsel Kardamom
1 Prise Koriander
200 ml Milch
1 EL lösliches Kaffeepulver
1 TL lösliches Kakaopulver
1 EL flüssiger Honig

Kardamomsamen aus der Kapsel lösen und im Mörser zerreiben. Mit dem Koriander in die Milch geben. Aufkochen, Kaffee- und Kakaopulver darin auflösen und mit Honig süßen.

VANILLE-TEE
Für 6 Tassen

1 Vanilleschote
6 TL schwarzer Tee
1 l Wasser
weißer Kandis

Vanilleschote mit einem scharfen Messer einritzen und zusammen mit dem Tee mit kochendem Wasser übergießen. Drei bis vier Minuten ziehen lassen, durchsieben und mit Kandis servieren.

TÜRKISCHER MOKKA
Für 4 Mokka-Tassen

4 EL fein gemahlener Kaffee
2 EL Zucker
4 Mokka-Tassen Wasser
Kardamom
Nelkenpulver

Das Kaffeepulver in einem langstieligen Topf mit dem Zucker und dem Wasser verrühren. Aufkochen lassen. Den Schaum, der sich auf der Oberfläche bildet, vorsichtig abheben und auf die Tassen verteilen. Kaffee dazugießen und mit einer Prise Kardamom und Nelkenpulver würzen.

326

HEISS SERVIERT

Schoko-Espresso

Kaffee Italienisch

CAFÉ MONT-MARTRE
Für 3 Tassen

50 g bittere Schokolade
2 Tassen starker Kaffee
1/8 l Sahne
1 Prise Zimtpulver
Zucker

Die Schokolade im Wasserbad schmelzen lassen, den heißen Kaffee dazugeben und gut verrühren. Nach Geschmack süßen und mit einer Prise Zimt aromatisieren. Die Sahne vorsichtig unterziehen und in vorgewärmten Tassen servieren.

SCHOKO-ESPRESSO
Für 2 Tassen

2 Messlöffel á 7 g Espresso
2 TL Zucker
2 Kugeln Schokoladeneis
4 Mokkabohnen

Espresso aufgießen, in zwei Kaffeetassen gießen und süßen. Je eine Eiskugel hineingeben, mit Mokkabohnen dekorieren und sofort servieren.

KAFFEE ITALIENISCH

1 gehäufter TL löslicher Kaffee
1/8 l Wasser
1 Eigelb
2 TL Zucker

Wasser erhitzen. Das Eigelb in einer Tasse mit dem Zucker verrühren und den löslichen Kaffee hinzugeben. Unter ständigem Rühren vorsichtig mit heißem Wasser auffüllen.

KARAMEL-PUNSCH
Für 4-6 Gläser

300 g Zucker
1/2 l starker Tee
3/4 l weißer Traubensaft
Saft 1 Zitrone

Den Zucker in der Pfanne karamelisieren und mit dem Tee ablöschen. Erhitzen, bis sich der Zucker aufgelöst hat.
Den Trauben- und Zitronensaft dazugießen. Etwa fünfzehn Minuten ziehen lassen. Nochmals erwärmen, aber nicht kochen. In Punschgläsern servieren.

CAPPUCCINO
Für 6 Tassen

8 gestr. EL stark gerösteter Kaffee

3 Tassen Wasser

3 Tassen Milch

Kakaopulver

Zucker

Den gemahlenen Kaffee mit drei Tassen Wasser filtern. Die Milch erhitzen. Kaffee und Milch zu gleichen Teilen in die Tasse gießen. Etwas Milchschaum daraufgeben, mit Kakaopulver bestreuen und mit Zucker servieren.

PASADENA-PUNSCH
Für 4-6 Gläser

1/4 l schwarzer Tee

2-3 TL flüssiger Honig

1 Flasche Mangosaft

Saft 1 Zitrone

Saft 1 Orange

Orangenscheiben

Den frisch aufgegossenen Tee mit Honig süßen. Mango-, Zitronen- und Orangensaft hinzugeben und nochmals erhitzen, aber nicht kochen lassen. In hitzebeständige Gläser füllen und mit Orangenscheibe dekorieren.

Cappuccino

HEISS SERVIERT

CAFÉ ORANGE DO BRASIL
Für 2 Tassen

1/4 l Kaffee
brauner Zucker
2 Orangenscheiben

Zwei Tassen Kaffee zubereiten. Die Tassen zur Hälfte mit braunem Zucker füllen, je eine Orangenscheibe darüber geben und den heißen Kaffee aufgießen. Nicht umrühren!

HOLUNDER-PUNSCH
Für 4-6 Personen

1 l Holundersaft
1/2 l starker schwarzer Tee
1 unbehandelte Orange
1 unbehandelte Zitrone
1 Zimtstange
2 Nelken
Zucker
1 TL Sanddornsirup

Orange und Zitrone spiralförmig schälen. Den Saft auspressen und zusammen mit den Zitrusspiralen, Holundersaft, Tee, Zimtstange und Nelken erhitzen, aber nicht kochen lassen. Mit Zucker und Sanddornsirup süßen, abseihen und in Punschgläsern servieren.

Café Orange do Brasil

Schokolade Mexikanisch

SCHOKOLADE MEXIKANISCH
Für 4 Gläser

1/2 l Milch
3 EL lösliche heiße Schokolade
1 Päckchen Vanillinzucker
1/2 TL Zimt
4 EL Sahne
2 Eigelb
1 EL Zucker
4 Zimtstangen
Mandeln
Für den Kakaorand:
Eiweiß und Kakaopulver

Gläser in Eiweiß und dann in Kakao tauchen. Die Milch mit der löslichen Schokolade, Vanillinzucker, Zimt und der Sahne in einem Topf verrühren und langsam erwärmen. Das Eigelb mit Zucker verquirlen und die Schokoladen-Milch dazugeben. In die vorbereiteten Gläser füllen und mit Mandeln bestreuen.

HEISS SERVIERT

ESPRESSO MINT

1 Tasse Espresso
1/2 TL Minzsirup

Vor dem Brühen des Espresso Minzsirup in die Tasse geben. Erst nach dem Servieren umrühren.

MENTHO

1 Tasse heißer Pfefferminztee
1 TL Minzsirup
Zucker

Pfefferminztee zusammen mit dem Minzsirup aufbrühen. Nach Geschmack mit Zucker süßen.

PERFECT COFFEE

1 TL Mandelextrakt
1 Tasse heißer Kaffee
1 Kugel Schokoladeneis

Mandelextrakt aus dem Reformhaus in den heißen Kaffee rühren; dann Schokoladeneis dazugeben und im Becher servieren.

SALBEI-TEE

1 Tasse heißer Kräutertee
3 Salbeiblätter
Honig

Frische Salbeiblätter mit heißem Kräutertee aufgießen und nach Geschmack mit Honig süßen.

KINDERGLÜHWEIN

2 cl Traubensaft
1 EL Himbeersirup
1/2 Zimtstange
4 Gewürznelken
2 Spritzer Zitronensaft
1 TL Honig

Den Traubensaft mit Himbeersirup und den Gewürzen erhitzen, nicht kochen! In Teegläser abgießen. Zitronensaft und nach Geschmack Honig hinzugeben.

APFELDUFT

1 EL Tee mit Apfelaroma
1 Apfel
1 EL Kandis
1/2 Zimtstange
2 Gewürznelken
1 Zitronenscheibe
Pimentkörner
Koriander

Tee, den geschälten und in Stücke geschnittenen Apfel sowie Kandis in 0,25 l Wasser ca. 10 Minuten köcheln lassen. Nun Zimtstange, Gewürznelken und Zitronenscheibe hinzugeben und mit den Gewürzen abschmecken.

INGWERMILCH

0,2 l Milch
1 EL kandierter Ingwer
Zucker

Die Milch mit dem Ingwer zum Kochen bringen und nach Geschmack süßen. Damit sich keine Haut bildet, ab und zu umrühren. In einem Glas mit würzigem Gebäck servieren.

SCHLEHENPUNSCH

Schwarzer Tee
2 cl Schlehensaft
Sanddornsirup
3 Spritzer Zitronensaft
Zucker

Tee und Schlehensaft in einem Topf bis kurz vor den Siedepunkt erhitzen. Nun 1 TL Sanddornsirup, Zitronensaft und Zucker nach Geschmack hinzufügen und umrühren. Im Glas servieren.

HEISS SERVIERT

HOLUNDER-TEE

3 TL Holundertee
Honig
Zitrone

Holundertee mit heißem Wasser aufbrühen, durch ein Sieb in eine Tasse geben und nach Geschmack mit Honig süßen. Mit Zitrone servieren.

MARSHMALLOW CHOCOLATE

1 Tasse heiße Schokolade
5 Marshmallows

Marshmallows in eine Tasse mit heißer Schokolade geben und schnell servieren.

KARACHOC

1 Tasse heiße Schokolade
1 TL Karamellsirup
Sahne

Heiße Schokolade in eine Tasse geben, Karamellsirup hineinrühren und mit einer Sahnehaube krönen.

KARDAMONWOLKE

1/2 Tasse heißer Kaffee
1/2 Tasse heiße Schokolade
1 TL Honig
1 Msp. Kardamon
5 cl flüssige Sahne

Heißen Kaffee und Schokolade zu gleichen Teilen mischen und mit Honig und Kardamon abschmecken. Anschließend flüssige Sahne einrühren.

MARACUJA-TEE

1 Tasse heißer Schwarzer Tee
1 TL Maracujasirup
1 TL Honig

In ein Glas heißen Schwarzen Tee, Maracujasirup und Honig geben. Anschließend umrühren und servieren.

WINTERTRAUM

1 Tasse heißer Kaffee
1 Msp. Lebkuchengewürz
1 TL Zucker
1 Spritzer Zitronensaft

In eine Tasse heißen Kaffee, Zucker und Lebkuchengewürz geben und umrühren. Nach Wunsch mit Zitronensaft verfeinern.

BLACK FOREST

1 Tasse heiße Schokolade
7 Kirschen
1 TL Zucker
Schlagsahne
Schokoladensirup

Kirschen mit Zucker und etwas Wasser aufkochen, in ein feuerfestes Glas geben und mit heißer Schokolade auffüllen. Mit Sahnehaube, Schokoladensirup und Kirsche garnieren.

ATAI B-NANA

4 TL Grüner Tee
40 g Zucker
Frischer Minzezweig

3 cl Wasser mit Zucker zum Kochen bringen, den Topf vom Herd nehmen und den grünen Tee sowie einen Minzezweig hinzugeben. 4 Minuten ziehen lassen und dann in kleine Gläser abseihen.

REZEPT

DRINKS MIT ALKOHOL

3 Beauties	76
Abendbrise	203
Abendrot	167
Acapulco	117
Acapulco Toddy	149
Ace	58
Ada Cocktail	105
Addison	56
Adios Amigos	73
Adria Look	171
Affinity	90
African Queen	195
African Queen II	211
Afrikaner	60
After Diner	154
After-Dinner-Drink	83
Aga Khan	59
Air Mail	168
Akzent	153
Alabama Cocktail	40
Alba	45
Alexandra	211
Alice	95
Allred	58
Almond Cooler	102
Amaretto Cup	211
Amaretto Stinger	93
Amaretto-Brandy-Cocktail	43
Amaretto-Punsch	192
Amaretto-Punsch II	218
Amber Glow Frappé	74
American Beauty	33
American Coffee Flip	201
Americano	109
Amor	89
Ananas-Apfel-Punsch	192
Ananas-Kefir	210
Angel Face	50
Angelo	108
Animation Cocktail	148
Annabella-Cocktail	60
Apfel-Bowle Sachsenhausen	179
Apfel-Cidre-Punsch	190
Apfel-Drink	124
Apfel-Grog	235
Apfel-Kiwi-Bowle	189
Apfelsaft-Cocktail	147
Apple	44
Apple-Orange Cream	155
Après-Ski	149
Apri Top	112
Apricot Cocktail	161
Apricot Cooler	112
Apricot Fizz	109
Apricot Sour	150
Aprikosen-Melonen-Bowle	180
Arawak	75
Arawak Cream	75
Armagnac Collins	41
Armagnac Sour	41
Arosa	95
Asiatischer Tee	228
Auld Alliance	85

Aviation	102
Azoren Cocktail	44
Azteken Punch	97
B and B	39
B and P	39
Bacardi Cocktail	66
Bacardi Fireside	226
Bahia Frappé	77
Bahia	72
Bahia II	76
Balance	104
Bally Belt	170
Baltikum	169
Baltimore Egg Nogg	190
Banana Boat	53
Banana Dream	68
Banana Fun	153
Banana Lemon	151
Bananacup	238
Bananen-Beeren-Bowle	175
Bananen-Punsch	190
Band C	150
Banjino Cocktail	58
Barbara Cocktail	96
Barett	95
Barracuda	65
Batavia	193
Batida Cocktail	153
Batida Fizz	60
Batista	75
Beach	74
Beau Rivage	74
Beeren-Flip	129
Bellini	159
Bénédictine Cocktail No.1	40
Bermuda Highball	30
Berryrosso	153
Best Wishes	76
Betsy Ross Cocktail	41
Between the Border	94
Between the Sheets	34
Big Boy	42
Bijou	60
Bishop	95
Bitter Dream	142
Bitter Egg	132
Bitter Tears	42
Black Coco	65
Black Daiquiri	64
Black Daisy	64
Black Egg	127
Black Mozart	239
Black Russian	44
Black Russian II	99
Black Sunset	68
Blanche	148
Block and Fall	30
Blondie	208
Bloody Mary	100
Blue Baltic	168
Blue Bay	156
Blue Boar	99
Blue Day	154
Blue Dream	38
Blue Dream	49
Blue Eyes	59

Blue Gin Kinley	59
Blue Hawaiian	77
Blue Lagoon	97
Blue Lagoon II	148
Blue Moon	76
Blue Moon II	140
Blue Moon III	150
Blue Moon IV	205
Blue Pitú	149
Blue Sky	153
Blue Sunset	118
Blue Tango	165
Blue Top	57
Blue Velvet	56
Blueback	58
Blut-Orangen-Sekt-Mix	143
Bobby Burns	91
Bolero	73
Bombay	32
Bombay Punch	75
Bombay-Punsch	193
Bon Accord	80
Bonne Chance	106
Bonnie's Love	113
Border Shake	210
Bossa Nova	75
Botnia 84	75
Bourbon Sour	89
Bourbonnaise	91
Brandied Cordial Médoc	41
Brandied Garden	211
Brandied Ginger	40
Brandini	43
Brandy Alexander	39
Brandy and Soda	42
Brandy Buck	43
Brandy Crusta	32
Brandy Daisy	35
Brandy Melba	43
Brandy Melba II	44
Brandy Punch	43
Brandy-Champagner-Punsch	44
Brandy-Orange-Squirt	41
Brandy-Punsch	191
Brasilian Macho	152
Brombeer-Punsch	226
Bromillchen	209
Bronx	52
Bronx Dry	136
Brown Fox	93
Bull Dog Cooler	56
Bull Shot	97
Bunny Hug	90
Burgunder Punsch	188
Bushranger	72
Büsumer Eierpunsch	233
Cacaoflip	114
Café à l'Orange	214
Café Acapulco	194
Café Amsterdam	216
Café Andaluse	238
Café Bon	197
Café Brulot	213
Café Capriccio	216
Café Flambé	221
Café Galliano	210
Café La Bamba	198
Café Mexicaine	217
Café Noisette	220
Café Port	239
Café-Chocolat Flip	196

Caipirissima	76
Caledonian	93
Caledonian Sunrise	95
Calvados Sour	124
Calvados-Punsch	191
Camel Juice	210
Campari Colada	156
Campari Estivo	154
Campari Maracuja	152
Campari Negroini	149
Campari Prosecco	168
Campari Shakerato	156
Campari Sour	108
Campari Testarossa	148
Campari Wodka	105
Cape Town Cocktail	41
Capri Cocktail	30
Captain's Chocolate	239
Captain's Dream	87
Captain's Strawberry	72
Caribbean Blue	116
Caribbean Cherry	38
Caribbean Night	67
Caribbean Nightmare	64
Caribbean Royal	164
Caribbean Star	165
Caribbean Sunset	148
Caribic Cassis	72
Carita Flip	40
Carmencita	70
Carrol Cocktail	40
Casa Blanca	224
Casino	47
Cassis Special	135
Cat	211
Centenario	73
Chamäleon	151
Champ	158
Champagner à l'Orange	160
Champagner Cocktail	158
Champagner Flip	159
Champagner-Tee	202
Champs-Elysées	32
Chapeau Blanc	106
Chérie	39
Cherry Blossom	32
Cherry Brandy Flip	111
Cherry Light	114
Cherry Rum	74
Cherry-Tee	228
Chi-Chi	96
Chicago	160
Chicago Cocktail	41
China-Tee-Punsch	228
Chinese	45
Choc Grand Marnier	238
Chocolate Coco	72
Chocolate Rum	78
Ciderific	237
Ciderlup Nr. 1	178
Citrus Cooler	78
Claret Cooler	42
Claret-Punsch	193
Claridge	47
Cocktail	139
Cocktail 2000	172
Cocktail Negresco	134
Coco de Martinique	156
Cocody	207
Coconut Fizz	79
Cocteau Cocktail	38

Coffee Cobbler Bourbon	194
Coffee Egg Nogg	192
Coffee Westindia	215
Cognac Amer	44
Cognac au Lait	210
Cognac Cocktail	35
Cognac Collins	34
Cognac Framboise	32
Cognac Highball	44
Cognac Orange	36
Cognac Sour	30
Cognac Tropical	31
Colonel Collins	83
Colonel Kremlin	103
Colt Cruiser	72
Concorde	59
Cool Cinamon	190
Corail	118
Corcovado	154
Cornucopia	173
Cosmo	60
Costa Del Sol	62
Costa-Rica-Bowle	188
Country Glory	162
Crazy Wonder	116
Cream Fizz	45
Creamy Orange	40
Crista Solar	103
Cuba Libre	66
Cynar 4 + 4	155
Cynar Lemon	151
Cynar Russia	154
Cynar-Apfeldrink	156
Da'Berry	42
Daiquiri	70
Dänischer Würzkaffee	223
Danish Mary	123
Dark Barfly	152
Davis	73
Deansgate	113
Delicious Sour	53
Derby Fizz	81
Desert Storm	56
Dickmilch-Cocktail	208
Diplomat	38
Dirty Diana	129
Dirty Mother	42
Dizzy Lizzie	165
Domenico Punsch	218
Don Frederico	74
Don Frederico II	76
Don Gregory	99
Don José	92
Don José II	95
Double 07	42
Double Apple	84
Drambuie Punch	91
Drambuie Sour	90
Drambuie Special	94
Drambuie Swizzle	111
Dream For Two	66
Dream Of Naples	91
Duchess	152
Dunlop	75
Dusty Martini	94
Eastwind	103
Egg Highball	131
Egg International	130
Egg Sour	91
Eier-Grog	234
Eiscafé Flambiert	199
Eiskaffee Karibik	198
El Diabolo	126
Eldorado	151

332

EGISTER

Elefanten-Kaffee	239	Glühwein	235	Himbeer-Aprikosen-		Kumquat-Drink	192
Elisa	122	Godfather	91	Bowle	192	Küstennebel	239
Emanuella	106	Goggel Moggel	127	Himbeer-Campari-		La Même Chose	110
Empire	55	Golden Dawn	58	Drink	133	La Vie En Rose	121
Erdbeer-Brandy-		Golden Dream	136	Holland House	59	Latin Lover	133
Frappé	40	Golden Fire	163	Holländischer Kaffee	239	Lbs	170
Erdbeer-Orangen-		Golden Gate Sling	76	Honig-Erdbeer-		Le Doux Jardin	37
Bowle	191	Golden Girl	154	Punsch	91	Lemon Egg	132
Erotica	169	Golden Nail	94	Honig-Punsch	231	Lemon Tea	202
Exotic Blue	115	Golden River	135	Horizon	94	Lemon-Kiwi-Sorbet	60
Exotic Fruit Party	171	Golden Rum Shake	62	Horse's Neck	91	Lemon-Tea-Bowl	190
Exotische Frucht-		Golden Star	164	Hot Maria	224	Light Ski	137
Bowle	181	Golden-Orange-Fizz	45	Hurricane	76	Lightday	102
Eye-Opener	72	Goldfever	172	Hurricane II	84	Limettensekt	169
Face Saver	105	Goldtaler	165	Ice Land	101	London Fever	56
Fair Weather	44	Golfer's No. 1	122	Icebreaker	157	Long and Strong	100
Fanciulli	86	Grand Champagner	167	Imperial	59	Long Island Iced Tea	126
Fancy Mauritius	121	Grand Fruit	153	Ingwer-Tee	191	Los Angeles	55
Feel Like Holiday	171	Grand Marinha	156	Irish Coffee	212	Los Angeles II	101
Festus	105	Grand Marnier		Irish Crusta	81	Lucky Litschi	159
Feuerzangenbowle	236	Champagne	168	Irish Whiskey Fizz	86	Lumberjack	92
Fiesta	169	Grand Marnier Café	238	Jack Rose	123	Luna Rossa	158
Fifty-Fifty	46	Grand Marnier Sour	150	Jägercola	152	Lychee-Bowle	178
Fil d'argent	104	Grand Royal	54	Jägercream	149	Mai Tai	66
Finndinghi	73	Grand Tonic	156	Jägerinha	157	Mai-Bowle	174
Fireball	47	Grape Adventure	168	Jägerorange	152	Malven-Punsch	230
Fireball II	152	Grapefruit-Honig-		Jägerredbull	148	Mandarin-Fizz Ätna	164
Fisherhouse Punch	174	Drink	146	Jägertonic	150	Mandelkaffee	239
Flamingo	107	Grasshopper	67	Jamaica Banana Bay	236	Mandelmilch-Drink	
Flamingo II	128	Great Britain	57	Jamaica Inn	65	mit Eis	205
Florida Cocktail	61	Green Banana	66	Jamaica Sun	236	Mango Milk Shake	211
Flush	88	Green Devil	56	Jamaica-Punsch	193	Mango Tequila	140
Flying	171	Green Fizz	60	Jamaican Ginger	59	Manhattan Dry	82
Flying High	114	Green Island	131	James	45	Manhattan Sweet	83
Flying Scotsman	92	Green Love	154	James Bond	170	Maracuja-Milch mit	
French 75	159	Green Monkey	153	Japala	128	Zitronen-Sorbet	204
French Cocktail	34	Green Morning	48	Jaques Lameloise	170	Maracuja-Tee auf Eis	202
French Cocktail II	46	Green Poison	155	Jardin d'or	37	Marawood	103
Friends	61	Green Show	151	Jo's Finest	73	Margarita	125
Frisco Sour	93	Green Summer	116	Joghurt-Orange	208	Marillen-Cafe	199
Froot Loop	105	Grog Dauphin	234	Johannisbeer-Brombeer-		Marilyn	139
Frou Frou	172	Grüne Witwe	115	Bowle	186	Marnissimo	222
Frozen Bellini	171	Guadeloupe	157	Joker III	49	Martinez	61
Frozen Brandy	42	Guiliana Crusta	94	Juicer	141	Martini Dry	51
Frozen Bronx	58	Guillaume	117	Jungle Juice	147	Martini Medium	55
Frozen Brum	74	Gulf Stream	169	Kaffee Abstrakt	200	Martini Sweet	55
Frozen Caruso		Habana Moon	73	Kaffee-Flip	201	Martinique	107
Cocktail	50	Happy Fin	102	Kaffee-Grog	224	Mary Stuart	111
Frozen Purple	79	Happy France	36	Kaffee-Longdrink	200	Matador	128
Früchtewodka	104	Happy Inka	127	Kaktusblüte Eiskaffee	194	Maximilian	168
Fruchttee-Bowle	184	Happy Together	131	Kalte Ente	182	Mazagran	196
Frühlings-Punsch	193	Hastings	160	Kamikaze	103	Melon Daiquiri	75
Fruit Brandy	40	Havard	157	Kaminfeuer	231	Melonen-Cocktail	126
Fruit Punch	179	Heiße Kirsche	231	Kangoroo Jumper	104	Melonen-Milch-	
Fruit Romance	155	Heiße Schokolade mit		Kanonier-Punsch	190	Shake	211
Funky	155	Rum	232	Katerkiller mit Honig	145	Melonenbowle	
Gala Rose	167	Hemingway's Rum		Kilimanjaro	155	Buchara	184
Garibaldi	45	Cocktail	78	King Peter	120	Memphis Delight	86
Gatsby	120	Herbstsonate	121	Kir Blackberry	159	Messicano	57
George Collins	100	Herren-Gedeck	162	Kir Royal	159	Mexican's Cocktail	122
Gewürzkaffee	219	High Hat	192	Kirsch-Kuss	34	Miami Sunset	88
Gimlet	51	High in the Sky	105	Kirsch-Melonen-Mix	120	Milch-Punsch	232
Gin & It	61	High Noon	124	Kirsch-Punsch	193	Millenium-Punch	190
Gin Daiquiri	54	Highball	84	Kirsch-Punsch II	233	Millionaire	90
Gin Fizz	50	Highland Dream	90	Kirschbowle	182	Mint Julep	80
Gin Manhattan	47	Highland Special	88	Kirschmilch mit		Mirabellen-Bowle	188
Gin Old Fashioned	54	Highlander	91	Schuss	210	Mitternachtstee	229
Gin Safari	58	Hilton Fling	110	Kirschmund	169	Mockingbird	128
Gin Salty Dog	52			Kiwi Colada	62	Mojito	68
Gin Tonic	53			Kiwi Kir Royal	166	Mokka-Eier-Punsch	219
Gin-Lemon-Drink	61			Kokos-Traum	190		
Ginger Grape	141			Konfetti	62		
Ginger's Luck	45			Kosakenblut	220		
Gingerball	148			Kuller-Pfirsich	162		
Gipsy	166						
Gladness	105						
Glögg	238						

Mokka-Eis-Flip	197
Mokka-Milch	206
Mondtau	117
Monte Carlo Imperial	60
Monte Carlo	
Imperial II	173
Monte Rosa Freeze	103
Morning Dew	86
Morning Glory	35
Moro On The Rocks	143
Moscow Apple	102
Moscow Mule	98
Mountain Skier	88
Movie Star	161
Mr. Bear	94
My Own	58
Nachtmütze	238
Nacional	74
Nevada	68
New Orleans	54
New Orleans Fizz	56
Nice Adventure	61
Nicky	57
Night Shadow	95
Noddy	55
Nordische Bowle	187
Normandie Crusta	122
Normandy	117
Normandy Golden	
Dawn	55
Northpole	102
Notbremse	39
Number One	165
O'Hearn Special	41
Ohio	153
Old Fashioned	
Cocktail	82
Old Nick	93
Old Opera	61
Old San Juan Cocktail	64
Olympia	43
Olympia II	55
Olympic Dreams	121
Orange Blossom	
Special	54
Orange Cadillac	125
Orange Crusta	45
Orange Crusta II	138
Orange Daiquiri	62
Orange Egg Nogg	193
Orange Fizz	136
Orange Malibu	77
Orange Special	137
Orange-Apricot-Mix	44
Orange-Mango-Shake	169
Orangen Tropic	133
Orangen-Bowle	191
Orangen-Cidre	238
Orangen-Grapefruit-	
Bowle	193
Orangen-Milch-Shake	208
Orangen-Punsch	237
Orangenkaffee	224
Orient-Express	111
Orient-Express II	200
Oster-Kaffee	223
Ouvertüre	173
Pale Cherry	61
Pale Crystal	172
Pale Darling	104
Pale Tequila	155
Panduren Cocktail	132
Papagayo	118
Papaya-Blut-Orangen-	
Shake	211

333

REZEPTREGISTER

Papermoon	139
Party-Löwen-Cocktail	49
Passion Flame	127
Paulchen Panther	136
Peach Ball	86
Peach Fizz	149
Peach Paloma	48
Peach Royal	163
Perfect Love	104
Pflaumentraum	208
Pharisäer	212
Pick the Best	170
Pierrot	157
Pilot House Fizz	171
Piña Colada	71
Pineapple Champ	171
Pineapple Daiquiri	70
Pink Baby	49
Pink Elephant	78
Pink Fire	43
Pink Gin	46
Pink Lady	53
Pink Lady II	57
Pink Panther	56
Pink Peach	173
Pitú Cola	150
Pitúrinha	149
Planter's Punch	66
Plaza	103
Pogo Stick II	57
Pogo Stick	138
Pomme d'Amour	173
Pontresina	77
Portweintrunk	184
Presidente	69
Prickelnde Grapefruit	140
Prince of Wales	172
Printemps	36
Private Lover	33
Pusser's Painkiller	74
Quarter Deck	154
Racing Cup	82
Red Daisy	43
Red Eagle	153
Red Hours	142
Red Kiss	114
Red Lady On Ice	132
Red Lime	149
Red Lion	105
Red Moon	167
Red Orange Sparkling	169
Red Royal	164
Regatta	157
Resolute	57
Rêve d'or	107
Reve Tropical	107
Rhabarber-Shake	206
Rickey	52
Ridley	58
Ritz Cocktail	168
Riz Bar Fizz	170
Rob Roy	83
Rock-Cocktail	87

Rolls Royce	52
Romeo und Julia	108
Rondo	162
Rosa Apfelbowle	177
Rosa Zeiten	180
Rosa's Rosa Bowle	183
Rose Hall	73
Rosenbowle	192
Rote Johanna	209
Rote Wolke	206
Roter Korsar	164
Roter Löwe	230
Rotweinpunsch mit Früchten	237
Royal Cocktail	112
Royal Currant	144
Royal Scot	86
Royal Turkey	92
Rum Alexander	79
Rum Aperitif	78
Rum Bloody Mary	79
Rum Collins	63
Rum Crusta	67
Rum Daisy	79
Rum Gimlet	70
Rum Hawaii	78
Rum Julep	63
Rum Orange	66
Rum Royale	79
Rum Screw Driver	77
Rum Sour	68
Rum Tonic	62
Rumba	69
Rumba II	78
Rummy	79
Russischer Kaffee	216
Rusty Nail	83
Sailer	118
Salty Dog	100
San Juan Cocktail	77
Sandy Beach	96
Sangria	176
Sangria Rosé	187
Sangrita Mary	102
Sansibar	98
Santa Lucia	222
Sauerkirsch-Orangen-Bowle	191
Schlummertrunk	237
Schneegestöber	131
Schoko Grog	218
Schoko-Lady	206
Schoko-Mandel-Shake	210
Schokoladen-Frappé	204
Schokomilch mit Schuss	207
Schwarzwald-Frühling	166
Schwarzwald-Kaffee	216
Schweizer Almkaffee	220
Scorpion	77
Scotch Cherry	95
Scotch Fix	82
Scotsman	168
Scottie	90
Scottish Heart	90
Scottish Surprise	94
Screwdriver	96
Sea of Love	172
Seventy Seven	97
Shaft	161
Sherry-Nuss-Flip	133

Shy Angel	138
Sibirskaya	104
Side Car	30
Silver Bullet	107
Silver Wodka Fizz	104
Singapore Fizz	173
Singapore Sling	46
Sky Boat	87
Smith & Wesson	152
Sombrero Cooler	71
Sombrero Cooler II	77
Something Sassy	173
Sommer-Zitrus-Bowle	177
Sommerglück	120
Sommernachtsbowle	176
Sommertraum	142
Sommerwind	96
South of the Border	151
Southern Banger	92
Southern Colada	92
Southern Dream	166
Southern Gin	61
Southern Mama	65
Southern Sunset	92
Southern Trip	151
Southern Wheeler	114
Sparkling Gin	170
Special Egg	130
Splitter-Kaffee	196
Spotlight	168
Star Clipper	155
Stinger	33
Stockholm 75	171
Strawberry	112
Strawberry Mimosa	172
Strohwitwer	161
Südsee	150
Summer Cooler	146
Summer-Night	135
Summer-Time	31
Summerday	137
Sunrise-Cocktail	134
Sunset	33
Sunshine	130
Super Fox	87
Surfer	47
Süßer Schatten	206
Süßes Geheimnis	206
Sweet & Red	79
Sweet Almond	168
Sweet and Bitter	173
Sweet and Fruity	191
Sweet Lady	217
Sweet'n'Sour	92
Sweet Peppermint	211
Swimming Pool	103
Tabu	72
Tampico	133
Tangaroa	172
Tea Rum	79
Tee für kalte Tage	226
Tee mit Rum	226
Tee-Cocktail	202
Tee-Punsch	192
Tee-Punsch II	229
Temptation	89
Tequila Colada	128

Tequila Picante	150
Tequila Sauer	126
Tequila Sunrise	125
Tequila Tonic	156
Thai's Mokka Flip	210
The Day After	235
The Waikiki	99
Tiger-Lilly	37
Time Bomb	102
Tinckerbel	170
Tipsy Apple	123
Tom Collins	46
Tonic Ohio	85
Top Ten	35
Torpedo	93
Trauben Tropical	138
Trauben-Traum	144
Traubenbowle	182
Traubensaft-Punsch	235
Traubensaftbowle	174
Traumschiff	106
Trinity	59
Triple Sec Orange	149
Tropical Café	215
Tropical Egg	130
Tropical Heat	148
Tropical Orange	136
Tropical Punch	179
Tropical Red	50
Tropical Sun	77
Tropicana	126
Tutiosi	90
Tutu Rum Punch	78
Union Club	93
Valencia Smile	169
Vampire Vine	157
Väterchen Aljoscha	99
Väterchen Frost	125
Vitamin-Stoß	146
Viva España	53
Vodkatini	101
Volcano	157
Vulcano	97
Vulcano II	158
Wachmacher	201
Wake Me Up	128
Waldorff Astoria	210
Weiß und Heiß	234
Whiskey Hot Toddy	239
Whisky Flip	89
Whisky Roller	85
Whisky Sour	80
Whisky-Lemon-Cocktail	93
Whisper	83
White Dream	123
White Lady	48
White Rose	57
Why-Kiki	85
Wiener Fiaker	213
Wild Flowers	202
Wild Kiwi	69
Wild Ocean	154
Wodka Crustsa	104
Wodka Gibson	99
Wodka Tonic	105
Wolga Clipper	102
Würziger Teepunsch	230
Würzkaffee	238
Xuxu Margarita	151

Yellow Star	53
Yellow Submarine	80
Zitronen-Cocktail	132
Zombie	71
Zoom	45
Zorro	152
„Schwarzer" Tee	144

DRINKS OHNE ALKOHOL

American Glory 276
Ananas-Kaffee 291
Ananas-Kiwi-Bowle 279
Ananas-Traum 258
Ananasminze 276
Anisette 319
Apfel-Buttermilch 304
Apfel-Ingwer-Bowle 284
Apfel-Möhren-Drink 316
Apfel-Tee-Punsch 324
Apfelcocktail mit
  Waldmeister 255
Apfelduft 330
Apple Sour 319
Apple Sour II 322
Aprikosen-Bowle 280
Aprikosen-Butter-
  milch 309
Aprikosen-Orangen-
  Mix 302
Aprikosen-Orangen-
  Drink 308
Atai B-Nana 331
Baby Piña Colada 277
Bahamas 276
Banana Boat 266
Banana's Affair 259
Banana-Summer-
  Dream 242
Bananen-Bowle 283
Bananen-Kefir 301
Bananen-Mokka-Flip 288
Bananen-Tropic-
  Drink 298
Bananenmilch-Hokus-
  pokus 309
Bavarian Tomato 322
Beerenbowle 285
Berrybowl 287
Big Apple 243
Birnen-Buttermilch 306
Black Forest 331
Black Prince 312
Blaubeerdrink 313
Blondine 312
Blueberry Plant 277
Blüten-Shake 303
Blutorangen-Früchte-
  Cup 248
Brown Coconut 310
Buttermilch-Drink
  mit Eis 310
Cafe Bananas 293
Cafe Borgia 326
Cafe Mademoiselle 294
Cafe Montmartre 327
Cafe Orange do
  Brasil 329
Cafe Sorbet 292
Canadian Dream 276
Cappuccino 328
Carlotta 263
Carmen 257
Carom 262
Champion 265

Cherry Coco 312
Cherry Colada 272
Chicago Cooler 276
Chicos Traum 253
Citronella 313
Coffee on the Rocks 291
Come On 245
Cool Down 244
Copa Banana 311
Coucher Du Soleil 305
Dänischer Trunk 312
Davis-Cup 252
Davis-Cup Special 261
Drink Olympic 262
Dschungeldrink 286
Durstlöscher 263
Earl-Grey-Punsch 287
Eicolada 270
Eier Fizz 271
Eier-Punsch 275
Eierglühwein 324
Eiertraum 270
Eis Cup 274
Eiscreme-Soda-Kaffee 290
Eisdrink Schlanke
  Linie 321
Eisiger Tee-Cocktail 294
Eiskaffee Alaska 288
Eiskaffee Copacabana 288
Eiskaffee Frappé 289
Eiskaffee Sommer-
  wind 292
Eistee 296
Erdbeer-Kefir 300
Erdbeermilch-Sim-
  salabim 309
Errötender Dill 321
Espresso Mint 330
Europa-Eiskaffee 290
Exotic Dreams 274
Exotic Punsch 273
Exotica 252
Fancy Fruits 243
Fenchel-Kefir 316
Fiesta 268
Fiesta II 286
Fitness-Cocktail 314
Fitness-Drink mit
  Honig 318
Flip Flop 272
Fresh-Up Exotisch 256
Früchte-Bowle 286
Fruchtige Teebowle 281
Fruit Boy 260
Fruit Cup 286
Fruitcup 277
Funny Winter 265
Gemüse-Buttermilch 305
Gespritzte Erdbeer-
  milch 300
Gewürzter Schokola-
  den-Mokka 326
Goldener Schaum 322
Göttertrunk 274
Granito di Lampone 277
Grapefruit-Drink 249
Grapefruit-Spezial 259
Green Coconut 268
Greenland 245

Greeny 254
Grüne Witwe 312
Grüner Junge 317
Grüner Munter-
  macher 247
Gurken-Kefir 308
Hagebutten-Zitro-
  trunk 297
Happy Monday 305
Hawaii Blue 253
Hawaii-Drink 295
Himbeer-Drink 304
Himbeer-Kaltschale 286
Himbeerschaum 312
Holländer 322
Holunder-Punsch 329
Holunder-Tee 331
Honig-Egg-Nogg 286
Honigmelonen-Bowle 287
Honolulu Sour 323
Hot Power Beer 323
Huckleberry-Drink 326
Ingwermilch 330
Jägertrunk 295
Jogger 260
Jogging Flip 250
Johannisbeerdrink 305
Juanita 255
Kaffee Alaska 292
Kaffee Cool 292
Kaffee Elisabeth 295
Kaffee Italienisch 327
Karachoc 331
Karambole-Ananas-
  Bowle 287
Karamel-Punsch 327
Kardamonwolke 331
Karibik-Traum 289
Karotten-Kefir-Drink 317
Karotten-Rote-Bete-
  Saft 322
Kinder-Sangría 286
Kinderglühwein 330
Kirsch-Drink 308
Kirsch-Malven-Trunk 297
Kirsch-Shake 313
Kiwi Dream 273
Kiwi-Apfel-Drink 323
Kiwi-Drink 258
Kiwi-Milch-Mix
  mit Eis 311
Kiwi-Mint 246
Kokosnuss-Tee 301
Kraft-Drink 320
Kräuter-Buttermilch 306
Kräuter-Trunk 315
Kräuter-Weiblein 321
Kreolen-Punsch 287
Kussmund-Cocktail 267
Leichtathletik 321
Limbo Beat 249
Malven-Punsch mit
  Orangen 287
Malventee 296
Mandarinen Shake 313
Maracuja-Karotten-
  Cocktail 323
Maracuja-Tee 331
Marathon 320
Marisa 256
Marshmallow
  Chocolate 331
Matchball 261

Melisse-Fruchttrunk 297
Melony 277
Menthapoll 277
Mentho 330
Miami 250
Mini Stars 317
Minimi 313
Mistral 246
Möhren-Kaffee 325
Möhren-Milch-Mix 315
Mokka-Punsch 326
Mokka-Shake 304
Morgenmix 319
Moro Spezial 251
Mowgli 252
Multifruit 276
Nordland-Tee 290
Nothing 260
Obst-Flip 300
Orange Beauty 323
Orange Fresh 264
Orange Morning 323
Orangen Flip 268
Orangen-Bowle
  Elisabeth 287
Orangen-Butter-
  milch-Shake 302
Pasadena-Punsch 328
Peach Tree 277
Pepper Tonic 277
Perfect Coffee 330
Pfefferminz-Fee 303
Pfefferminz-Limonade 294
Pfirsich-Bowle 278
Pfirsich-Joghurt-Shake 302
Pfirsich-Kefir 305
Pfirsich-Shake 313
Piña Colada Shake 289
Power Juice 322
Pussy Cat 260
Pussyfoot 250
Queen Charlotte 276
Quitten-Trunk 307
Radieschendrink 309
Red Coconut 276
Red Fruits 277
Red Rose 267
Red Slip 257
Red Tea 298
Rhabarber-Bowle 285
Rosa Radies 314
Rosa Trauben-
  Cocktail 263
Rosenbowle 278
Rote Johanna 300
Rote-Bete-Drink 323
Roter Mond 250
Rotes Früchtchen 266
Salbei-Tee 330
Sanddorn-Butter-
  milch 323
Sanddorn-Mix 313
Schlehenpunsch 330
Schnittlauch-Liebchen 320
Schoko-Espresso 327
Schokolade Mexika-
  nisch 329
Sommerbrise 288
Sommerfrische 299
Sommertraum 276
Spinat-Drink 316
Sport Flip 277
Springtime 267
Stachelbeer-Butter-
  milch 307

Starter 322
Strawberry Fields 244
Südsee-Eiskaffee 290
Südwind 262
Summer Garden's
  Cup 280
Sundowner 271
Sunset 266
Surprise 267
Süßer Sieg 298
Tarita 264
Tea Flip 312
Tea Tonic 301
Tee-Pfirsich-Trunk 302
Teebowle Assam 284
The Body 313
The Winner 247
Tiebreaker 261
Tomaten-Buttermilch 307
Tomaten-Kefir 305
Tomatenmix 318
Trauben Flip 268
Trauben-Apfel-
  Orangen-Mix 323
Trauben-Bowle 283
Trauben-Flip 306
Trauben-Melonen-
  Bowle 287
Tropentee 325
Tropic Star 259
Tropic-Bowle 282
Tropical Cooler 255
Tropical Hit 307
Tropical Love 260
Türkischer Mokka 326
Vanille-Tee 326
Veritas 265
Virgin Mary 322
Vitamin-Cocktail 323
Waldmeister-Bowle 283
Weihnachtstee 325
Wiener Eiskaffee 293
Wintertraum 331
Witwe Bolte 322
Ziel-Linie 249
Zimtmilch mit Birne 312
Zitronen-Bowle 286
Zitronen-Schoko-
  Buttermilch 306

BILDNACHWEIS

Aalborg/Teubner 123
Amselfelder Weinkellerei 180, 182, 183, 186, 189
Anton Riemerschmid 126
A. Racke 85, 87
Asbach Uralt 22
Asmussen 66, 224, 236
Bacardi Deutschland, Hamburg 43, 76, 77, 79, 92, 102, 148, 150, 151, 152, 154, 157, 169, 287
Bacardi/Hosie 65, 67, 68, 70, 71, 178
Bildarchiv U. Hoeschen 40, 104, 191
Bols 40, 41, 50, 53, 57, 58, 68, 69, 73, 74, 76, 78, 79, 90, 91, 93, 94, 97, 103, 111, 112, 115, 116, 148, 149, 150, 151, 152, 153, 154, 155, 156, 157, 161, 171, 237, 277
C. A. Kupferberg 158/159, 164, 167, 174, 176, 188/189
Campari Deutschland GmbH, München 79, 105, 106/107, 108, 148, 149, 152, 153, 154, 157160
Carl Mertens CMS-Grasoldi Besteckfabrik 11
Cherry Heering 120
CMA 17, 19, 200/201, 203, 208, 222, 232, 233, 290/291, 303, 306, 307, 317
Cognac/IPR & O 12, 30, 31, 32, 34/35, 36
Deutsche Ei-Information 16, 23, 127, 128, 129, 135, 234, 235, 268-275, 314, 315, 318, 324
Deutscher Kaffee-Verband 200, 201, 214, 220, 221, 288, 292, 302, 326, 327, 328/329
Drambuie/Hosie 26, 110, 113
Dujardin 37, 144
Eckes AG 23, 33, 35, 38/39, 112, 137, 259, 265, 321
Eggers & Franke 48, 125, 230
Fasttrek Media, Bochum 41, 42, 43, 44, 45, 56, 57, 59, 61, 74, 75, 76, 77, 78, 92, 94, 95, 102, 104, 105, 151, 155, 156, 157, 190, 237, 238, 276, 286, 287, 312, 322, 330
Gordon's/Hosie 13, 46/47, 49, 51, 52, 54/55
Granini 146, 259, 265, 266, 281
Hansen 64
Herm. G. Dethleffsen/Dr. Muth PR 80, 82, 83, 84, 88/89, 123
H. H. Pott Nfgr. 62, 65, 69, 70/71
Hirschquelle 23, 24, 96/97, 98, 109, 124, 135, 140/141, 181, 182/183, 185, 187, 189, 248/249, 250/251, 252, 253, 254, 256/257, 258, 264, 278/279, 280, 284, 285, 294, 300/301
Honig-Verband 145, 146, 318
I. B. Berentzen 188
IDM 19, 23, 24, 147, 178, 179, 242/243, 244, 245, 246, 255, 256, 257, 279, 280, 284, 314, 319

Imagine Fotoagentur, Hamburg 40, 41, 42, 43, 44, 45, 56, 57, 58, 59, 60, 61, 72, 73, 74, 75, 76, 77, 78, 79, 90, 91, 92, 93, 94, 95, 102, 103, 104, 105,148, 149, 150, 151, 152, 153, 154, 155, 156, 157, 170, 171, 172, 173, 190,191,192, 210, 211, 237, 238, 276, 277, 286, 287, 312, 313, 322, 323, 330, 331
Info Bananen 175, 242, 298/299, 301
Informations-Centrale Eiskrem (ICE) 23, 133, 134, 204/205, 310, 311, 321
Irish Whiskey Informationsbüro/Dr. Muth PR 80/81, 86
Jacobs Suchard 194, 195, 196, 197, 200, 216, 217, 223, 290
Kirsberry/Teubner 120/121, 230/231, 233
Licor 43/Dr. Muth 121, 122
Likörfabrik »Echte Kroatzbeere« 4/5, 22, 126, 158, 159
Lipton 202, 226/227, 228, 294, 295
Martini & Rossi 165
Mast, Wolfenbüttel 148, 149, 150, 152, 157
Melcher & Co., Uerdingen 163
Melitta 16/17, 198, 199, 219, 223, 224, 225, 229, 293, 296, 324/325, 327
Molkerei Alois Müller 22, 124/125, 139, 143, 206, 207, 209, 240/41, 248, 251, 261, 266, 282/283, 304/305, 308/309, 316/317, 320
natreen 298
Nescafé 199, 212, 213, 215, 218, 289, 292/293, 328, 329
Neuseelandkiwi 63, 166
Outspan/IPR & O 136, 143, 176, 177, 250, 302
Pepino Peach 48, 162, 163
Prestige 25
Schott-Zwiesel-Glaswerke 20/21
Schweppes/Teubner 252, 254, 255, 257
Seagram 224
Smirnoff 14, 99, 100, 101
Solberry/Teubner 144, 230
Sopexa 6/7, 23, 117, 118/119, 160
Southern Comfort/Hosie 114, 166
Studio Karl H. Rücken 336
Teekanne 184, 295, 296/297, 299
UNI 99
Vaihinger 8, 100/101, 165, 260
Verein Pro-Traubensaft (VPT) 18, 22, 24, 137, 138, 139, 140, 141, 142, 234, 235, 247, 249, 262, 263, 267, 299, 320
Verpoorten 28/29, 130, 131, 132, 197, 237
Wild Turkey/IGM 88, 167
WMF 27